档案库房技术管理

国家档案局组织编写

中国文史出版社

图书在版编目（CIP）数据

档案库房技术管理／国家档案局组织编写．—北京：中国文史出版社，2018．5（2021．7 重印）

ISBN 978-7-5205-0324-2

Ⅰ．①档… Ⅱ．①国… Ⅲ．①档案管理 Ⅳ．①G271

中国版本图书馆 CIP 数据核字(2021)第 115355 号

责任编辑：詹红旗　戴小璇

出版发行：**中国文史出版社**

社　　址：北京市海淀区西八里庄路 69 号　　邮编：100412

电　　话：010-81136630

传　　真：010-81136666

印　　装：廊坊市海涛印刷有限公司

经　　销：全国新华书店

开　　本：710 毫米×1000 毫米　1/16

印　　张：14．5

字　　数：245 千字

版　　次：2018 年 6 月北京第 1 版

印　　次：2022 年 6 月第 4 次印刷

定　　价：49．00 元

《档案人员培训多媒体教材》编审委员会

主　任：李明华

副主任：胡旺林　王绍忠　付　华　刘鲤生

主　编：杜　梅

编审委员会办公室：

杜　梅　刘剑波　刘振华　梁　琨

《档案库房技术管理》编写委员会

主　任：李世华

副主任：苏东亮　王宪东　沈树范　郑东辉　张志刚

编　委：陈　斌　朱瑞英　李相杰　孙洪鲁

张　静　展　群　韩　磊　孟宪波

出版说明

加强档案人员培训是提高档案工作水平的基础。为进一步规范档案人员培训工作，提高档案人员培训质量，国家档案局组织编写制作了《档案人员培训多媒体教材》（以下简称《教材》）。

《教材》以党和国家有关档案工作的政策、法律法规、规定以及档案工作的有关标准、规范为依据，将档案管理工作中的基本原则和技术要求有机结合，充分体现科学严谨、指导规范、立足实际、面向一线。《教材》按照有关档案工作任务的步骤和流程，详细介绍并演示每个工作环节的规范与要求等，指导学习者准确掌握该项工作的基本技能。

《教材》采用多媒体教学演示光盘和纸质载体教材相结合的形式，二者各自独立又互为补充。《教材》以多媒体教学演示光盘为主，重点对实际操作内容进行形象、生动、规范、准确的演示，逐项演示需完成工作任务的具体操作方法、操作要领、操作程序及注意事项等，使学习者直观了解"做什么""怎么做""做到什么程度"的问题。纸质载体教材作为演示光盘的辅助形式，进一步说明"为什么这么做"等问题。

《教材》是由国家档案局组织编写的。每个科目采用主编负责制，由制作单位完成编写拍摄，国家档案局《教材》编审委员会对各科教材进行终审。

本教材的使用对象主要是有关档案人员，在编写工作中注重规范性、操作性、实用性，坚持以实际工作需求为导向，以规范和提高岗位技能为重点，使教材易教易学，既规范准确，又通俗易懂。

由于多媒体教材的编写制作时间仓促，教材中难免会有疏漏和不完善之处，敬请各使用单位或个人将使用中发现的问题或建议及时反馈给我们（电话：010—55605241），以便我们修订完善。

国家档案局《教材》编审委员会办公室

2018 年 6 月

目　录

绪　论

《档案馆建筑设计规范》（JGJ 25—2010）4.2“档案库”指出，档案库包括纸质档案库、音像档案库、光盘库、缩微拷贝片库、母片库、特藏库、实物档案库、图书资料库、其他特殊载体档案库等，并应根据档案馆的等级、规模和实际需要选择设置或合并设置。档案库房技术管理就是根据档案工作相关要求，采用一定的技术设备、措施和方法，并加以合理应用和规范管理，对档案实行科学保管和保护，防止档案损毁，延长档案寿命，维护档案安全。档案库房的技术管理，是维护档案馆综合管理完整性与安全性的基础条件，是实现档案管理现代化的重要方面，是档案馆的重要任务之一。加强档案库房技术管理应贯彻“以防为主，防治结合”的原则，切实做好档案“八防”即防高温、防高湿、防光、防虫、防尘、防霉、防火和防盗。

我国档案库房管理历史悠久，商周时期出现了最早的中央档案机构——天府，秦朝确立档案库房防火、防盗等制度，汉代修建一批保存文书档案和典籍的处所，如：石渠阁、兰台、东观等，唐代出现了最早的人事档案库房——甲库，宋代全国各级政权的档案库房——架阁库普遍设立，明代档案库房的数量和修建水平都超过了前代，清代档案库房管理不善，档案损失严重。虽然每个朝代档案库房的名称、构造都不尽相同，但它们的历史使命都是为档案的长期保存提供场所和一定的物理条件。新中国成立之前，由于科技水平的局限，档案库建筑本身成了档案“延年益寿”的最重要的因素，侧重从库房建筑层面做到对档案库房的温湿度、有害生物、光照等方面的控制。

新中国成立后，一方面由于社会各方面对档案的利用十分迫切，如20世纪70年代末到80年代中期纠正冤假错案，编史修志等；另一方面因为大量接收进馆的档案中有很多是珍贵的历史档案，而当时档案库房的保管条件恶劣，所以，国家加大了档案馆的建设力度，全国三分之一的档案馆档案保管条件得到不同程度的改善。改革开放以来，我国的经济社会取得了令世界瞩目的成就，档案库房管理工作也取得了巨大进展。1986 年城乡建设环境保护部和国家档案局联合颁布了《档案馆建筑设计规范》，对档案库房建设中的一些关键问题都作了明确的规定和相应的技术要求。1987 年《中华人民共和国档案法》正式颁布，为档案库房管理提供了法律保障，对档案库房建设的发展具有极其重要的意义。2000 年和 2010 年《档案馆建筑设计规范》的两次修订，及一系列相关法规文件的实施，对提高档案库房建筑质量和功能起到明显的促进作用。一些现代化档案库房管理系统、设施开始运用到各个档案库房，如密集架、空调机、去湿机、自动温湿度监控系统等，库房的建筑材料也从防热、防潮湿、防火、防盗等方面综合考虑。但是从整体意义上来说，还是以人工管理方式为主，没有实现整个库房系统化、智能化的管理。在信息技术的大环境下，智能化新型档案库房应运而生。智能型档案库房管理方式从单一、独立、零散的传统库房管理方式转向复杂、综合、联动的现代库房管理方式，将档案、档案密集架、档案温湿度调控系统、消防系统、档案利用系统和档案库房本身连接成为一个大型的多功能自动化管理系统。这种管理方式高效、精确、人性化。从手工到智能的跨越是档案库房技术管理的大势所趋，只有先进的科学技术与科学管理相结合才能使档案库房管理工作的面貌得以根本改观。现代化档案库房管理将对档案行业整体信息化水平的提高和数字档案馆、绿色智慧档案馆的建设产生很大的促进作用，将档案工作的效率提高到现代化水平，更好地满足社会对档案的需求。

第一章 档案库房温湿度控制

内容提要：

本章主要介绍了温湿度对档案制成材料的影响、档案库房温湿度标准，并对如何测量档案库房温湿度，调控档案库房温湿度，降低温湿度不适宜对档案寿命的影响等进行详细介绍。

我国是一个有着5000多年历史的文明古国，历史的传承离不开承载它的载体。档案作为历史的真实记录，具有重要的凭证和参考作用，需要长期或永久保存。但是，档案的寿命因其制成材料的限制和环境因素的影响又是有限的。随着时间的推移，档案制成材料会逐渐老化，发生载体变质，严重的会损毁，导致档案利用价值丧失。因此，如何解决档案价值的长期性与档案制成材料寿命有限性之间的矛盾，就成为档案保护技术学的主要任务。

众所周知，影响档案寿命的因素复杂多样，但概括起来讲无外乎内因和外因两个方面。内因是指档案制成材料的耐久性，即档案记录材料在保存和使用情况下保持其原有物理强度和化学稳定性的程度，由档案制成材料的化学成分、物理化学性质、原料质量及材料的生产过程等方面决定。外因是指直接或间接影响档案耐久性的环境因素、生物因素及人为因素。档案一旦形成，也就是在内部因素已定的情况下，外部条件就成为影响档案寿命的重要因素。

温湿度是档案保管过程中主要的外在因素之一，它在档案生成到消亡的整个生命周期中，始终影响着档案的寿命。本章节就是从温度、湿度对档案耐久性发生影响的角度，研究适宜档案保存的库房温湿度标准，探讨库房温湿度控制与调节的方法，以制定科学的库房温湿度管理措施，对档案实施最有效的保护。

第一节 温湿度对档案制成材料的影响

档案的制成材料是由承载档案内容的载体材料和反映档案内容的记录材料组成。档案的载体材料种类很多，像我国古代的甲骨档案、金石档案、简牍档案和缣帛档案，分别是以龟甲、兽骨、合金、石头、竹木、蚕丝等动物质和植物质材料为载体的。造纸术发明以来，档案载体材料发生了巨大变革，以纸张为载体的纸质档案大量涌现，成为现存档案的主体。近代，随着科学技术的不断发展，胶片、磁带、光盘等高分子合成材料制成的新型载体档案应运而生。同时，反映档案内容的记录材料也在墨、墨水、油墨、印泥、印台油的基础上，增添了感光、磁性、激光等新型材料。

国内外库房温湿度管理经验表明，库房温度过高或过低、湿度过大或过小，温湿度波动过大，都会对档案寿命构成威胁。

温度对档案制成材料的影响首先表现在，它可以促进档案制成材料大分子转变。档案制成材料是由很多原子和原子团组成的大分子，它们无时无刻不处在振动之中，振动频率取决于这些大分子分子量的大小及其相互作用的能量。这与环境温度密切相关，环境温度升高，振动频率加大，振幅越来越强。当温度升高到一定程度，档案制成材料开始发生旁侧官能团的分离、聚能作用；温度对档案制成材料的影响还表现在，它可以改变反应的活化能。各种反应能否发生以及发生的程度，取决于参加反应的物质的活化能的大小。所谓活化能，是指化学反应中，由反应物分子到达活化分子所需的最小能量。它是一个依赖于温度的量，随温度的升高，活化分子数量增加，导致有效碰撞次数增多，反应速度加快。结果，由于振动物质结构发生变化，其性能也相应地发生了变化。

湿度影响档案制成材料的途径是，在一定温度条件下，环境湿度升高，档案制成材料含水量增大，表现为吸湿；当吸湿的档案转移到低湿环境中时，档案制成材料含水量减少，表现为解湿。环境湿度的变化直接导致档案制成材料结构方面的变化，进而影响到档案载体材料的理化性质及档案制成材料的老化进程。

一、温湿度对纸质档案的影响

纸质档案的制成材料主要是纸张和字迹。决定纸质档案耐久性的内部因素有二：一是纸张中的造纸植物纤维质量、植物纤维的化学性质、造纸过程；二是字迹中的色素成分及其与纸张纤维结合的方式。环境温湿度对于纸质档案的纸张和字迹产生影响，主要表现在纸张纤维老化降解的发生，纸张纤维之间无数毛细孔吸水而造成纸张局部或整体变形，以及字迹在温湿度的影响下，发生褪色、变色、扩散等现象，无法保持原有色泽及清晰度。

（一）温湿度对档案纸张耐久性的影响

1. 温度

（1）低温

通常把库房温度低于0℃称为低温。一般来讲，档案库房温度低一些，会减缓各种不利因素对档案材料的破坏速度，而且不易发霉生虫。这不是说库房温度越低越好。只有当纸张具有正常含水量时，纸张中纤维才具有相应的塑性和柔韧性，获得较理想的强度，提高纸张的耐久性。如果库房温度过低，就会使纸张里的水分产生冰结，致使它的内部结构遭到破坏，影响档案材料的耐久性。因此，库房温度不能低于0℃。

（2）高温

高温是指环境温度高于保护档案要求的温度。对于档案库房而言，温度在30℃就是高温了。一些有害化学物质（如酸、氧化剂等）可以促进档案纸张纤维素的水解或氧化，甚至两种作用都有。随着温度的升高，各种化学反应速度加快，破坏作用加强，便会加速纸张的老化进程。研究表明，如果设定25℃、50%湿度时纸的寿命为1，将纸样分别置于15℃、25℃、35℃条件下老化，结果在35℃时纸的寿命为标准寿命的19%，而15℃时纸的寿命为标准寿命的581%。

美国人巴罗（Barrow）对几种纸张进行的热老化实验表明，在38℃~98℃的范围内，每升高15℃，纸张老化速度平均增加到原来的4.8倍，相当于每升高10℃，老化速度增加1.8倍。

苏联人D. M. 斯乌克选用多种纸张做了温度对纸张物理强度影响的试验，他在相对湿度为65%的条件下，将纸张存放条件从15℃升至25℃，然后测试纸张强度变化的百分率。结果表明，随着温度的升高，纸张的撕裂度平均降低

2.8%，耐折度平均降低13.1%，抗张力平均降低5.5%，耐破度平均降低2.8%，见表1-1。

表1-1　纸张存放温度从15℃升至25℃时强度变化百分率（%）

项目 纸种	撕裂度		耐折度		抗张力		耐破度
	纵向	横向	纵向	横向	纵向	横向	
图表纸	−5.1	−2.9	−23.5	−29.4	−8.6	−3.9	−3.4
字典字	1.5	−1.8	−11.0	0	−4.2	−5.0	0
石板印刷纸	−3.7	−4.2	0	−12.5	−4.8	−3.5	−6.8
机器印刷纸	−2.0	−4.4	−14.2	−14.2	−8.7	−5.6	−1.1

因此可见，许多化学反应会由于温度上升而大大加快，温度每上升5℃，大部分化学反应就会增加一倍。纸在100℃条件下放置72h，相当于在正常库房条件下存放25年。同时，温度对纤维素水解的影响，一般表现在温度越高，纤维素水解反应越快；温度越低，水解反应越慢。当温度在10℃以上时，每升高10℃，水解反应速度就加快1倍~2倍。

2. 湿度

造纸的主要原料是植物纤维，植物纤维中含有纤维素、半纤维素、木质素等化学成分，它们会随着湿度的变化而发生改变。比如纸张中的纤维素、半纤维素分子都含有大量亲水性很强的羟基，它不仅能吸收水等液体，而且还能从空气中吸收水分和气体，从而加速纤维素的水解或氧化反应；再如纸张档案纤维素大分子结构单元的C_2、C_3、C_6上，都含有极性的羟基，能够吸收水分，使得纸张在不同湿度环境中表现为吸湿或解湿。

（1）高湿加速档案纸张水解反应

纤维素是纸张的主要化学成分。常温下，纤维素不溶于水，这种不溶于水的性质有利于档案的长期保存。但纤维素可以发生水解反应，特别是当环境湿度大，纸张含水量较高时，纸张中的酸性物质（如二氧化硫、硫酸铝等）就容易转化成酸，加速纤维素的水解反应。

以纤维素中的二氧化硫为例，它可以溶于水，生成亚硫酸，亚硫酸在一定的催化剂作用下与空气中的氧气进一步作用生成硫酸。这两种酸性物质可以离解出氢离子，为档案纸张的水解提供了条件。纤维素水解的过程也是档案纸张遭受破坏的过程，纤维素加水分解断链以后，生成水解纤维素。水解纤维素的聚合度小于原来的纤维素，机械强度下降，导致纸张强度下降，寿命缩短。

(2)高湿引起档案纸张润胀变形

纸张中的半纤维素具有吸水润胀性，易吸水膨胀，呈现黏滑性。通常把库房相对湿度高于70%的湿度环境称为高湿。湿度过大，纸张吸收水分增多，导致纸张耐折度下降。实验表明，当湿度由40%增至80%时，纸张耐折度可降低25%；当湿度由50%增至90%时，纸张耐折度可降低42%；当湿度由50%增至95%时，纸张耐折度可降低75%。可见，随着环境湿度的增加，纸张的耐折度是急剧下降的。

(3)低湿导致档案纸张解湿脆硬

通常我们把低于50%的湿度环境称为低湿。当环境湿度太低时，档案制成材料所含的水分向外蒸发，不能维持其正常的含水量，使得档案制成材料变硬、变脆，柔性下降。

3. 温湿度的协同效应

温度、湿度对档案纸张耐久性的综合作用，大于它们独立作用之和，表现为协同效应。温度和湿度的综合作用对纸张寿命的影响，见表1-2。

表1-2　温湿度对纸张寿命的影响

寿命倍数 / 相对湿度 / 温度(℃)	一年平均相对湿度(%)			
	70	50	30	10
35	0.14	0.19	0.30	0.68
25	0.74	1.00	1.56	3.57
15	2.74	5.81	9.05	20.70

(二) 温湿度对字迹耐久性的影响

1. 温度

字迹褪色的动力学研究表明，字迹色素的褪变速度与温度成正比，即在其他因素一定时，温度越高，字迹的褪变速度越快。这是因为某些字迹材料中含有油、蜡、树脂等较低熔点的成分，高温会使耐热性差的字迹材料发生油渗扩散现象。比如，早期圆珠笔的字迹材料是以盐基曙红、盐基品蓝、盐基青莲等熔点不高的有机油溶性染料作为色素的，其遇高温极易发生扩散；复写纸字迹材料的色素是盐基品蓝、盐基青莲、油溶黑、立索尔红等油溶性颜料或油溶性染料，其溶剂是油和蜡，长期保存在高温条件下，熔点较低的油和蜡会熔化渗出，色素成分也会随之扩散，使字迹模糊不清，严重时无法阅读。

2. 湿度

高湿使耐水性较差的字迹材料洇化褪色，如蓝黑墨水、纯蓝墨水的色素成分是酸性墨水蓝、直接湖蓝，红墨水的色素成分是酸性大红 G 和曙红 A，这些色素成分都是有机染料。由于有机染料易溶于水，当环境湿度较大时，纸张含水量升高，水溶性染料分子便随水分子在纤维间移动，造成字迹扩散，洇化褪色。

高湿还会加速光、热、氧化剂、酸、碱等对字迹耐久性的影响。某些有害气体也通过水对字迹起破坏作用，如二氧化硫气体，溶于水后变成亚硫酸或硫酸，从而使耐酸性较差的字迹发生色泽褪变。

在潮湿情况下，来自灰尘、空气中的氧化性气体与水作用生成原生态氧。这种原生态氧具有漂白作用，能够促进字迹的漂白褪色。

二、温湿度对胶片、磁带、光盘档案的影响

（一）温湿度对胶片档案的影响

胶片档案是利用胶片上的感光材料在光的作用下能够发生一定变化的特性，把图像等通过光波形式记录在胶片上而形成的档案。档案胶片主要是由影像层和片基构成。其中，银盐型胶片档案的影像层包括记录介质和明胶两部分，记录介质由银和染料组成，明胶主要起分散或固定作用；片基是胶片的载体材料，多由纤维素酯或聚酯加入适量增塑剂、稳定剂、填料等助剂塑造成型。

温湿度对胶片档案的影响主要有以下几个方面：

1. 影像变色

黑白胶片的影像是由一些极细小的银颗粒构成，片基主要有用硝酸纤维素酯制成的硝酸片基、醋酸纤维素酯片基、聚酯片基等。巴罗（Barrow）的纸张热老化实验表明，在 38℃～98℃的范围内，温度每升高 10℃，硝酸纤维片基的老化速度增加 2.45 倍。

彩色影像褪色的实质是乳剂层内的染料发生了氧化还原反应，其褪色的速度与温度、湿度密切相关。彩色影像褪色一般分为明褪和暗褪两种类型。其中，暗褪是与光照无关的一种褪色，主要由温度、湿度的作用以及构成彩色影像的燃料分子本身的不稳定性所致。

2. 明胶变质

明胶是一种蛋白质。明胶分子中含有较多的亲水性基团，使明胶吸湿性较强、含水量较高（约 17%～19%）。明胶具有吸水膨胀、失水收缩的特性，会随着含水量的变化而发生变形。当环境温度、湿度过高时，明胶易吸湿膨胀、易造成胶片档案的粘连和画面尺寸的改变；温湿度过低时，明胶失水收缩而引起画面尺寸的改变，并增大胶片的脆性，尤其在 0℃以下，明胶会因为变脆而使胶片强度明显降低。明胶在高温高湿下会发生水解反应。另外，由于明胶是一种骨胶蛋白，因此含明胶较多的胶片长期处于潮湿环境中，容易滋生微生物，使胶片遭到破坏。

3. 片基老化

胶片片基常用的纤维素酯有聚酯、三醋酸纤维素酯、硝酸纤维素酯。三醋酸纤维素酯片基因为物理、化学性能优良，一直受到人们的青睐，国际标准中也曾把它列为存档胶片。但实践证明，三醋酸纤维素酯在高温、高湿条件下，易出现“醋酸综合症”现象。这是因为三醋酸纤维素酯是一种高分子化合物，在光照、高温条件下，会发生氧化反应；在潮湿、高温、酸和碱的条件下，会发生水解反应。这两种反应的共同效果是使三醋酸纤维素酯分子发生降解，分子链断裂，分子量减少。“醋酸综合症”轻则使片基变形，重则使之碎为粉末，严重影响醋酸片基的耐久性，缩短胶片的寿命。

根据老化实验和阿伦尼乌斯定律可以推导出：在温度 20℃、相对湿度 50%时，如设定醋酸纤维素酯片基的相对寿命与水解速度为 1，那么在相对湿度不变的情况下，温度升高到 27℃时，相对水解率增大到 2，寿命缩短 1/2；若温度降低到 15℃，相对水解率降低到 1/2，寿命延长 1 倍；温度降低到 3℃，寿命延长 10 倍；温度为-12℃，寿命增加 100 倍，见表 1-3。

表 1-3　贮藏温度对胶片寿命的影响

贮藏温度(℃)	相对水解率	相对寿命
27	2	1/2
20	1	1
15	1/2	2
3	1/10	10
-12	1/100	100

试验表明，在保存温度不变的条件下，相对湿度由50%降低到30%时，片基的寿命延长3倍~6倍；若相对湿度为20%时，片基的寿命则延长4倍~10倍。

（二）温湿度对磁性载体档案的影响

磁性载体档案是利用“电生磁”将电信号转变成磁信号，从而在磁性材料上记录信息所形成的档案，使用时再利用“磁生电”将磁性材料上的磁信号转变成电信号而读取声像或数据。它主要包括录音磁带、录像磁带、计算机磁带、硬盘等，最常见的是磁带、磁盘和磁卡。

磁性载体档案由底基材料和磁介质两部分构成。其中，底基材料主要有聚酯、醋酸纤维素酯、聚氯乙烯、玻璃和铝合金等，它们承载着记录档案信息的磁记录介质，是磁性载体档案的基础。

磁带具有一定的吸湿性，当保存环境湿度过大时，磁带会因吸收过多水分而膨胀，造成磁带上的胶粘剂发生水解，导致磁带生霉等；湿度过小时，带基易带静电，使磁带容易吸附灰尘，还会使磁带发脆。而温度过高时，会增加复印效应，破坏磁介质分子原有的排列顺序，造成剩磁改变，并加速带基老化。另外，当外界的温湿度发生剧烈变化时，醋酸纤维素酯会发生显著的尺寸变化，严重时会使磁性涂层脱落；而聚氯乙烯的熔点较低，遇热容易发生变形。温度过低，则湿度难以控制。所以，适宜的温湿度对延长磁带寿命至关重要。

软盘在温度太高时，其塑料外套容易变形，使磁头与盘面接触变差，造成读、写错误。而在太干燥的环境中，软盘易带静电，导致读、写失误。

温度的骤变对硬盘是不利的。在严寒的冬天，把长时间处于寒冷又干燥环境中的硬盘突然移至温暖、潮湿、有暖气的环境中，由于温度的骤变，一方面，可能导致插件脱离而使一些元件不能工作；另一方面，会导致硬盘盘片产生结露现象，使驱动器不能很好地执行命令。

（三）温湿度对光盘档案的影响

在信息记录材料领域，一般将采用激光进行记录和读出的盘状记录介质，统称为光盘。光盘档案通常由盘基、反射层、记录层和保护层组成。盘基使用的材料主要有玻璃盘基、环氧树脂盘基、聚甲基丙烯酸甲酯（PMMA）盘基和聚碳酸酯（Polycarbonate，简称PC）盘基，目前多使用聚碳酸酯盘基；反射层使用的材料主要有铝、银、金、金属合金等；记录层使用的材料主要有Te、

Bi、In、Sb 等金属材料，Tb-Fe、Tb-Fe-Co 等非晶态合金薄膜，磁性材料以及花菁染料、酞菁染料和偶氮染料等。

在光盘档案的使用和保存环境中，最基本、最经常起作用的因素是环境的温度和湿度。在高温高湿环境中，不仅染料层会发生氧化反应，金属反射层也会发生氧化反应。在光盘档案的反射层使用的三种金属中，由于其活化能的不同，其反应速度也不一样，最稳定的是金，其次是银，最差的是铝。

第二节　档案库房温湿度的标准

基于库房温湿度与档案寿命之间的密切关系，认识温湿度的基本特性及其对档案的影响，制订科学的管理标准，采取适宜的管理措施，对有效控制库房温湿度有着至关重要的作用。

一、空气状态参数

库房内外的实际空气均为含有水蒸气的湿空气。库外空气中水蒸气所占的比率会随季节、气候及水蒸气来源的不同而变化；库内水蒸气所占的比率不仅受到库外水蒸气的影响，同时也受到库房围护结构及库房所藏物品的影响。常温下，按体积比计算，库内空气中水蒸气约为 0.7%～1.8%。虽然水蒸气在空气中的含量较少，但它的变化会引起空气干湿度的变化，使档案保护的环境条件随之变化，从而对档案寿命产生影响。一般来说，空气状态参数是描述空气物理性质的指标，如温度、湿度、压力等，其中与档案库房温湿度调控有关的状态参数主要有：

（一）温度

温度是用来衡量物体冷热程度的状态参数，是物质分子、原子无规则运动的宏观表现。空气的温度是表示空气冷热程度的物理量，它反映空气分子热运动的激烈程度，是空气分子平均动能的量度。在档案库房管理工作中，经常使用库内温度、库外温度说明库房内空气的冷热状况。

标识温度的尺子叫温标。它是温度的单位制，是为测量物体温度高低而对温度的零点和分度值作的一种规定。目前，国际上常见的温标有摄氏温度（℃）、华氏温度（℉）、热力学温度（K）。我国自 1973 年以来采用国际实用温标（IPTS-68），1975年进行了修订。该温标规定：热力学温度是基本温度，符号 T，单位是K，读作开尔文，水三相点（水三相点是水的固、液、汽三相平衡共存时的温度），其值为273.15K，即0.01℃的温度为273.15K，绝对零点到水三相点之间温度值平均分为273.15份，每份为1K；该温标还规定，摄氏温度符号是 t，单位是℃，读作摄氏度，国内多用摄氏温度。欧美一些国家常用华氏温度（℉）：规定在一个标准大气压下，把纯水的冰点定为32℉，沸腾定为212℉，中间分为180等份，每一等份代表1华氏度。它们之间存在着一定的换算关系：

$$t\ (℃) = T\ (K) - 273.15$$

$$t\ (℉) = t\ (℃) \times 1.8 + 32$$

$$t\ (℃) = [t\ (℉) - 32] \div 1.8$$

（二）湿度

空气湿度是指空气潮湿的程度，常用含湿量、绝对湿度、饱和湿度、相对湿度等表示。

1. 含湿量

含湿量指1公斤干空气的实际空气所含水蒸气的质量（以g计），用 d 表示，单位为g/kg。在不考虑空气污染时，混合空气由干空气和水蒸气组成。因此，混合空气的压力就等于干空气的分压力与水蒸气的分压力之和，即：

$$P = P_1 + P_2$$

式中，P_1、P_2 分别表示干空气的分压力和水蒸气的分压力。

含湿量与大气压力、水蒸气分压力的关系是：

$$d = 622 \times \frac{P_2}{P - P_2}$$

含湿量是反映空气湿度的重要参数，对空气进行热湿处理时，需要采用含湿量衡量空气中水蒸气量的变化。

2. 绝对湿度

绝对湿度是单位体积空气中所含水蒸气的质量，通常以每立方米实际空气中所含水蒸气的质量表示，符号是 Z，单位是g/m^3。例如，如果1m^{3}的空气中所含水蒸气为5g，那么5g/m^{3}是该空气的绝对湿度。

空气的绝对湿度也可以用水蒸气压力表示。水蒸气压力是水蒸气所产生的压力，它是大气压力（P）与干空气分压力（P_1）之差，即 $P-P_1$，单位是帕

(Pa)。水蒸气压力是由于水蒸气分子在空气中不断地作不规则的运动，分子之间互相碰撞，也向四周碰撞而产生的。这就像水蒸气放在密闭容器中，分子会因不断撞击器壁而产生对器壁的压力一样。水蒸气压力可以反映空气中水蒸气的含量，一般来说，空气中水蒸气含量越多，密度就越大，水蒸气压力也就越大。

绝对湿度与水蒸气压力成正比，与热力学温度成反比，关系式为：

$$z=2.17\times\frac{P_s}{T}$$

式中，P_s是水蒸气压力，T为热力学温度。

3. 饱和湿度

空气所含水蒸气达到饱和量时的湿度称为饱和湿度，用 Z_b 表示。空气具有吸收和容纳水蒸气的能力，但它容纳水蒸气的量是有一定限度的。空气中所含最大限度的水蒸气的量就是饱和量。饱和量与温度有关：温度越高，空气的饱和量越大；反之，温度越低，空气的饱和量越小。

处于饱和状态时，水蒸气分子蒸发速度与凝聚速度相等，蒸发的水分子数与凝聚的水分子数相等，蒸发过程与凝聚过程处于动态平衡，这个平衡受温度的影响而发生变化。饱和湿度实际上是相对湿度达到100%时的一种表示方法。在一定温度下，如果空气中水蒸气超过了饱和量，超过部分的水蒸气就会凝聚成雾或水珠。例如，烧开水时，一旦水温达到一定程度时，壶嘴就会冒出一团团白热气。这说明此时从壶嘴冒出的水蒸气超过了壶嘴周围空气容纳水蒸气的饱和量，超过的部分水蒸气凝聚成雾状细小水珠，即白热气。

饱和湿度也可以用空气中饱和水蒸气压力表示。根据空气绝对湿度的水蒸气压力表示方法，饱和空气水蒸气分压力就是该温度下的饱和水蒸气分压力，用符号 P'_2表示。随着温度的升高，饱和水蒸气分压力升高。

4. 相对湿度

相对湿度是指每立方米（m^3）空气实际所含水蒸气的质量与同温下饱和状态所含水蒸气质量的百分比。

$$\Phi=\frac{Z}{Z_b}\times100\%$$

式中，Z 为空气的绝对湿度。

相对湿度也可以用水蒸气分压力与同温度下的饱和水蒸气分压力之比表示：

$$\Phi=\frac{P_2}{P_2'}$$

相对湿度反映了空气含水蒸气距饱和量的程度，是衡量空气潮湿程度的重要指标。如果空气含有水蒸气的量距饱和量越近，相对湿度的百分比越大，表示空气越潮湿；如果空气含有水蒸气的量距饱和量越远，相对湿度的百分比越小，表示空气越干燥。

如果不用相对湿度，而是用绝对湿度表示库房的湿度，便难以看出纸张含水量的变化。例如，库房绝对湿度大（即空气实际含水蒸气量大），但库房的温度高，水蒸气的饱和量大。虽然此时库房的绝对湿度大，却仍然与饱和量之间存在差异，库房呈现干燥状态。相反，库房绝对湿度小（即空气实际含水蒸气量少），但库房的温度低，水蒸气的饱和量小。虽然此时库房的绝对湿度小，却仍然和饱和量接近，空气中不能容纳更多水分。

举例说明，某档案库房空气的绝对湿度为 7.7g/m^3，温度为 18℃，由于 18℃空气的饱和绝对湿度为 15.4g/m^3，因此，空气的相对湿度为 50%，库房湿度较为适宜。如果绝对湿度不变，温度升高至 30℃，其空气的相对湿度则下降到 25.4%，因为 30℃的空气饱和绝对湿度为 30.3 g/m^3，此时库房空气呈干燥状态。反之，如果库房内的温度下降为 10℃，其空气的相对湿度则上升到 81.9%，因为 10℃的空气饱和绝对湿度为 9.4g/m^3，此时库房空气呈潮湿状态。

因此，相对湿度可以说明空气干燥、潮湿程度，在档案库房日常温湿度管理中应用的非常广泛。相对湿度简称为湿度，通过仪器可以直接进行测量。

温度、绝对湿度、相对湿度三者之间存在以下关系：

第一，在一定温度下，绝对湿度越高，相对湿度就越高，空气越潮湿；反之，绝对湿度越低，相对湿度就越低，空气就越干燥。

第二，当绝对湿度不变，温度升高时，相对湿度就降低；温度降低时，相对湿度就增大。

第三，如果相对湿度不变，若温度升高，则绝对湿度增大；温度降低，绝对湿度就减小。

温度、绝对湿度和相对湿度三者之间的关系对于库房管理有重要的指导意义。档案制成材料的含水量与空气相对湿度直接相关，其含水量的多少取决于空气相对湿度的高低。因此，可以通过控制环境的湿度达到控制档案制成材料含水量的目的，从而达到保护档案的目的。

5. 露点温度

露点温度指空气在水汽含量和气压都不改变的条件下，冷却到饱和时的温度。形象地说，就是空气中的水蒸气变为露珠时的温度叫露点温度。这是因为，当环境温度降低到某一阈值（一个领域或一个系统的界限称为阈，其数值称为值）

时，环境的相对湿度会到100%，这时空气达到饱和状态。如果温度继续下降，空气中的水蒸气就会凝聚成水珠，这种现象叫结露现象。可见，在结露之前，一定有一个温度是空气结露的临界温度，这个临界温度就称为露点温度。它是指空气在含湿量不变的条件下达到饱和状态时的温度。

露点温度本是个温度值，可为什么用它来表示湿度呢？这是因为，当空气中水汽已达到饱和时，气温与露点温度相同；当水汽未达到饱和时，气温一定高于露点温度。所以露点与气温的差值可以表示空气中的水汽距离饱和的程度。

档案库房结露与否不仅取决于库房的实际含水量，而且和库房的当时温度、湿度直接相关。温度越高、湿度越低，越难以结露；温度越低、湿度越高，越容易产生结露现象。结露现象在实际应用中很重要，例如，在夏季高温高湿季节，如果库外的热湿空气袭入库内，它很可能会因为突然遇到库内的低温环境而结露，引起库内湿度增大。因此，在库房管理工作中，夏季要避免热湿空气袭入库内。可以通过检查地面以及库房墙壁下半部有无小水珠产生来判断库房内是否产生结露现象，便于管理；在高温高湿地区进行库房的温湿度调控时，应先降湿，后降温，以免由于增加了库房湿度而产生结露现象。

二、档案库房温湿度的标准

温湿度对于档案寿命的影响是一个无法回避的问题。在对档案库房温湿度进行控制和调节时，应当有一个标准，即库内温湿度要控制在什么范围内，最大允许波动的幅度是多少，从而科学规范地进行档案库房温湿度管理活动。

（一）制订档案库房温湿度标准的依据

档案种类繁多，档案制成材料多样，档案珍贵程度及利用频率各不相同，再加之我国地域辽阔，气候类型复杂，在制订档案库房温湿度标准时，应综合考虑这些因素的影响。

1. 有利于档案的耐久性

温度主要体现为物质材料的热运动程度。温度升高，物质的热分子运动加速，会造成胶片和磁带卷曲而不易恢复。例如，长时间置于40℃的高温之下，胶片片基和带基的柔韧性降低。高温除了造成档案制成材料的直接损坏外，还会促使档案制成材料发生氧化反应，导致档案纸张强度降低。当温度处于露点温度时，档案制成材料的表面会产生结露现象，造成档案制成材料的含水量升高，引起水害。例如，纸张纤维素的水解、胶片乳胶剂的脱落等。当温度降低到0℃以下时，纸张中所含游离水结冰，纸张的脆性增强，抗张强度下降；胶片中的明胶也会变脆，强度降低。因此，只有在适宜的温度范围内，档案制成材料的物理性质才会符合使用要求，才能有利于延长寿命。

高湿对档案的破坏作用也是很明显的。一般情况下，湿度越大，档案的含水量越大。对于纸质档案而言，水分一方面直接参加化学反应来破坏档案，如纸质档案的水解反应；另一方面，它可以直接引起纸质档案的润胀，造成纸张结合力减弱。纸张档案中的部分字迹会洇化褪色，胶片档案中的片基和乳剂层之间的结合力在高湿条件下也会逐渐减小。

温湿度协同作用对档案的破坏作用更加剧烈。温湿度波动大会造成档案制成材料胀缩不均而产生较大的内应力，使其强度明显降低，变形日益加剧，并影响到字迹与纸张间的结合力或胶片片基与乳剂层间的结合。相比较而言，低温和较低湿度对于延长档案的寿命是有利的，一些不常用的珍贵档案可以在低温低湿环境中保管。

因此，在制定库房温湿度标准时，首先要充分考虑到温湿度对档案制成材料的影响，尽可能将温湿度标准制订在适宜档案保护的范围内。

2. 考虑我国气候和经济条件

我国地域辽阔，横跨寒带、温带和亚热带，南北温差极大。比如，南方夏季最高温度达 36℃~37℃，北方冬季最低温度可达-20℃。因此，在制订档案库房温湿度标准时，必须结合我国的气候特征和经济状况，将温湿度的标准范围制定得略微宽松一些，以尽可能降低档案保护工作的费用，使档案保护的标准落到实处。

3. 考虑工作条件

鉴于我国科技发展水平、现代化进程以及综合经济实力的限制，目前我国档案库房管理手段主要还是停留在手工管理阶段，这种管理模式决定了档案库房管理人员不可能脱离档案库房而独立操控档案管理。因此，库房温湿度标准的制订，不能引起工作人员的不适，不能对工作人员产生伤害。实践证明，将档案库房的温湿度标准规定为 14℃以上、24℃以下，相对湿度规定为 50%左右，是人体生活比较适宜的条件。

（二）档案库房适宜的温湿度标准

1. 纸质档案库房的温湿度标准

1986 年，我国城乡建设环境保护部和国家档案局发布的《档案馆建筑设计规范》（JGJ 25—86）中，规定一般档案库房温湿度标准为 14℃~24℃，45%~60%的相对湿度。国家档案局又于 1987 年正式颁发了《档案库房技术管理暂行规定》，进一步明确了各类库房的温湿度标准。该标准于 2000 年进行修订，形成了新的《档案馆建筑设计规范》（JGJ 25—2000），并由建设部、国家档案局〔2000〕56 号文件发布。2010 年建设部、国家档案局再次对该规范进行了修订，形成了 JGJ 25—2010 标准，该标准对于档案库房以及各类技术用房的温湿度标准进行了规定，见表 1-4、表 1-5、表 1-6。

表 1-4　纸质档案库房的温湿度要求

用房名称	温度（℃）	相对湿度（%）
纸质档案库	14~24	45~60

表 1-5　特殊档案库的温湿度要求

用房名称		温度（℃）	相对湿度（%）
特藏库		14~20	45~55
音像磁带库		14~24	40~60
胶片库	拷贝片	14~24	40~60
	母片	13~15	35~45

上述标准规定，在选定温湿度后，每昼夜波动幅度要求温度不得大于±2℃，相对湿度不得大于±5%。

表 1-6　部分技术用房和对外服务用房温湿度要求

用房名称	温度（℃）	相对湿度（%）
裱糊室	18~28	50~70
保护技术实验室	18~28	40~60
复印室	18~28	50~65
音像档案阅览室	20~25	50~60
阅览室	18~28	——
展览厅	14~28	45~60
工作间（拍照、拷贝、校对、阅读）	18~28	40~60

不管库房温湿度标准如何规定，有两点是值得注意的：第一，标准是相对的，不是绝对的，随着经济的发展以及档案保护工作水平的提高，这个标准的量化程度必将会越来越科学，越来越严格。第二，制订标准时必须要有一定的依据，只要有一定的依据，就可以在此基础上寻求共同的标准水平。

2. 胶片档案库房的温湿度标准

胶片档案对环境温湿度的要求较为严格。根据国家档案局 1987 年颁发的《档案库房技术管理暂行规定》，保存一般胶片的适宜温度是 14℃ ~ 24℃，相对湿度为 45% ~ 60%；保存母片的适宜温度是 13℃ ~ 15℃，相对湿度为 35%~45%。2003 年 5 月 1 日实施的修订后的国家标准《照片档案管理规范》（GB/T 11821—2002）中，关于照片档案保管的温湿度标准明确如下：

表 1-7　推荐的存贮最高温度和相对湿度

类型	中期贮存		长期贮存	
	最高温度（℃）	相对湿度（%）	最高温度（℃）	相对湿度（%）
黑白底片	25	25 ~ 50	21	20 ~ 30
			15	20 ~ 40
			10	20 ~ 50
彩色底片	25	20 ~ 50	2	20 ~ 30
			-3	20 ~ 40
			-10	20 ~ 50
黑白照片	25	20 ~ 50	18	30 ~ 50
彩色照片	25	20 ~ 50	2	30 ~ 40

其中，中期贮存是指胶片、照片在表中规定的温湿度条件下，至少能保存 10 年。在中期贮存环境中，24h 内温度的周期变化不应大于±5℃，相对湿度变化不应大于±10%；长期贮存是指胶片、照片在表中规定的温湿度条件下，至少能保存 100 年。在长期贮存环境中，24h 内温度的周期变化不应大于±2℃，相对湿度变化不应大于±5%。各标准中推荐值内较低的温度、湿度环境，更能延长胶片、照片的寿命。

中华人民共和国档案行业标准《档案缩微品保管规范》（DA/T 21—1999）中，详细规定了档案缩微品的贮存环境中温度和相对湿度要求，见表 1-8。

表 1-8　贮存环境温度和相对湿度的要求

感光层	中期(10 年以上)保存		永久保存	
	最高温度(℃)	相对湿度(%)	最高温度(℃)	相对湿度(%)
银-明胶、干银	25	20~25	21	20~30
微泡			15	15~40
重氮			10	10~50
彩色	25	20~50	2	20~30
			-3	20~40
			-10	25~50

3. 磁性载体档案库房的温湿度标准

根据《档案馆建筑设计规范》（JGJ 25—2010）规定，保存磁性载体档案的库房温度应为 14℃～24℃，相对湿度应为 40%～60%。基本数值选定后，24h 内温度变化不得超过±2℃，相对湿度变化不得超过±5%。

《磁性载体档案管理与保护规范》（DA/T 15—95）规定，磁性载体档案在使用场所的温度、相对湿度与库房的温度、相对湿度相差范围应分别为±3℃、±5%。否则，应在使用前，将计算机磁带的使用环境中平衡 3 天以上，录音带、录像带需平衡 24h 以上。

磁带（软磁盘）运输时，应封装在塑料袋中，再放入容器里运输。运输环境的温度、相对湿度范围分别在 4℃～32℃、20%～80%之间为宜。

4. 光盘档案库房的温湿度要求

恒温恒湿的温湿度环境，最适宜光盘档案的长期保存。由于光盘档案的构成物质较为复杂，各种组成物质因其性能不同，其适宜的温湿度条件也不尽相同，要综合考虑光盘各组成物质的特点。

《电子文件归档光盘技术要求和应用规范》（DA/T 38—2008）规定了归档光盘保存、工作和检测的环境条件，见表 1-9。

表 1-9　保存、工作和检测的温湿度及大气压力条件

	温度(℃)	温度梯度(℃/h)	相对湿度(%)	湿度梯度(%/h)	大气压力(kPa)
保存环境	4~20	15	20~50	10	75~106
工作环境	15~35	10	45~70	10	75~106
检测环境	23±2		45~50		96±10

光盘档案保存比较适宜的温度范围是4℃～20℃，较适宜的相对湿度范围是20%～50%，24小时温度变动不应超过2℃，湿度变动不超过5%。高温高湿会加速有害化学物质对光盘材料的破坏。一是使光盘变形，二是使某些光盘材料发生水解。当温湿度波动时，光盘有机玻璃盘基受热或吸水极易变形，并会使读写光点偏离而引起误码。

第三节　档案库房温湿度的测量

库房温湿度测量是库房温湿度调控的基础工作。通过库房温湿度的测量，可以掌握库房温湿度变化的一般规律，以便有计划、及时、主动地采取调节与控制库房温湿度的措施；可以分析确定库房产生不适宜温湿度状况的原因，以便有针对性地采取相应措施，使得库房温湿度调控达到理想的效果；可以掌握库房温湿度调控的有利时机，以最合适的方式，在最恰当的时间，对库房温湿度进行最有效的调控；可以检验库房温湿度管理的措施与效果，为提高和改进档案库房温湿度的管理工作水平提供依据。因此，没有温湿度的测量工作，整个库房温湿度调控工作便失去了基础和依据，也就无法科学地进行。测量温度的仪表称为温度计，测量湿度的仪表称为湿度计。常用的温湿度计多种多样，在档案部门应用较为普遍的温湿度测量仪器、仪表有以下几种类型：

一、温度计

温度计是测量温度的仪器。根据其拓展功能，温度计可以分为掌上温度计、防水型温度计、笔型针式温度计、数字式温度计、便携式数字温度计、盘装数字温度计、打印式温度计、无限时钟温度仪、热敏电阻温度计、热电偶温度计等。

（一）水银温度计

水银温度计是一种膨胀式温度计。常用的水银温度计是由一个盛有水银的玻璃泡、毛细管、刻度和温标等组成的。水银的熔点是-38.87℃，沸点是356.7℃，因此，水银温度计用来测量0℃～150℃或500℃以内范围的温度。用它来测量温度比较简单直观，误差较小；缺点是水银的膨胀系数较小，所以灵敏度较低，另外玻璃管比较脆，容易损坏。

使用水银温度计时应注意以下几点：

1. 选择水银温度计时，首先要看清水银温度计的量程（测量范围）和最小分度值（每一小格所表示的值），然后选择与档案库房温度测量值相符合的水银温度计。

2. 使用前应对水银温度计进行校验，可以采用标准液温度计比较法进行校验，也可以采用精度更高级的温度计校验。然后，将水银温度计垂直悬挂于要测量的库房中，玻璃泡不能碰到库房的墙体。

3. 温度计有热惯性，应在温度计达到稳定状态后读数。读数时应在温度凸形弯月面的最高切线方向读取，眼睛的视线应与温度计内的液面持平。

4. 水银温度计常发生水银柱断裂的情况，消除的方法有：

第一，冷修法：将温度计的测温包插入干冰和酒精混合液中进行冷缩，使毛细管中的水银全部收缩到测温包中为止。

第二，热修法：将温度计缓慢插入温度略高于测量上限的恒温槽中，使水银断裂部分与整个水银柱连接起来，再缓慢取出温度计，在空气中逐渐冷至室温。

（二）酒精温度计

酒精温度计是利用酒精热胀冷缩的性质制成的温度计。在 1 个标准大气压下，酒精温度计所能测量的最高温度一般为 78℃。因为酒精在 1 个标准大气压下，其沸点是 78℃。但是温度计内压强一般都高于 1 标准大气压，所以有一些酒精温度计的量程大于 78℃。在北方寒冷的季节通常会使用酒精温度计来测量温度，这是因为水银的熔点是-38.87℃，在寒冷地区可能会因为气温太低而使水银凝固，无法进行正常的温度测量。

（三）双金属自记温度计

双金属自记温度计是利用不同金属膨胀系数不同的原理，将膨胀系数不同的两块金属片焊接在一起，形成一个双金属膜片（膜版），并把双金属片在不同温度下的不同弯曲度指示出来，以此显示温度。以铜片和铁片组成的双金属膜片为例，已知铁片的热膨胀系数较铜片小，在某一特定温度下呈水平的状态。当温度升高时，金属膜片向铁片方向弯曲。反之，当温度下降时，金属膜片向铜片方向弯曲，见图 1-1。

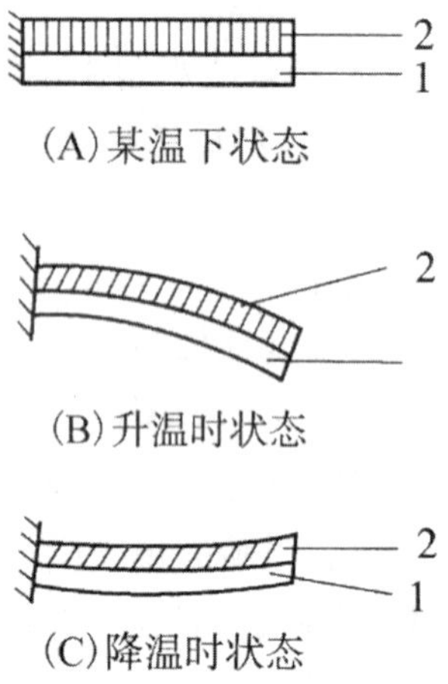

1：铁片，2：铜片

图 1-1 双金属膜片随温度变化示意图

双金属自记温度计的感应部分是双金属膜片，通常做成盘旋形、螺旋形、环形等形状。如果固定双金属膜片的一端，其自由端在温度发生变化时会发生移动。自由端移动距离的大小与温度的变化相一致，使得这种温度计具有等分温度的性质。在自由端连一杠杆，并在杠杆的一端连一指针（记录针），就构成了自记温度计的传动部分，见图 1-2。

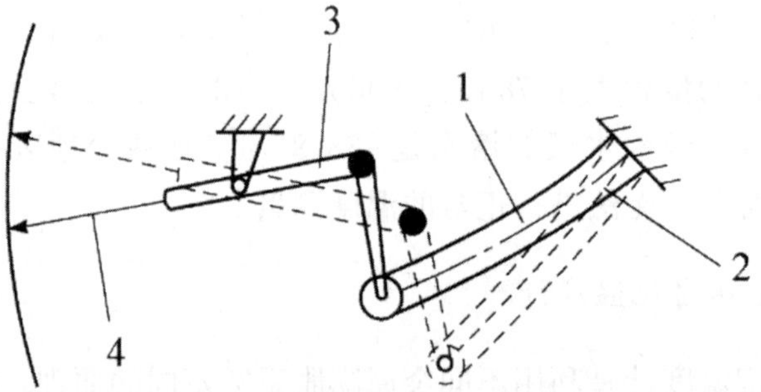

1：膨胀系数较大的金属片，2：膨胀系数较小的金属片，
3：杠杆，4：记录针

图 1-2 双金属自记温度计传动系统

自记温度计的另一结构是自动记录部分，它是在双金属温度计的底座上装有固定主轴和固定大齿轮，做一个记录筒，筒内装有钟表结构。记录筒底有小

齿轮，随着钟表结构的运行，记录筒就绕着固定主轴匀速旋转，这样指针便在记录纸上记录出一天或一周空气温度变化的情况，分别称为日记、周记自记温度计，其外观见图 1-3。

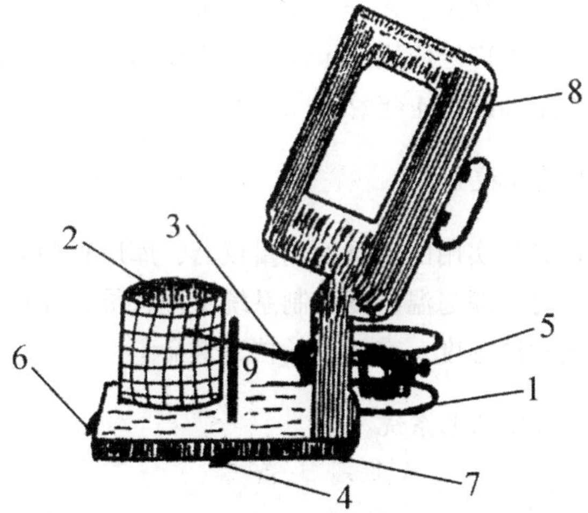

1：双金属片，2：自动钟，3：记录笔，4：笔挡手柄，
5：调节螺丝，6：按钮，7：底座，8：外罩，9：笔挡

图 1-3　DWJ-1 型双金属自记温度计

使用双金属自记温度计时，应注意以下事项：

1. 仪器应水平放置，记录纸要摆平摆正，用金属压条牢固地压在记录筒上；

2. 记录针的笔尖靠记录纸不宜过紧，以免由于摩擦过大使笔尖移动失灵形成记录误差；

3. 除了调节螺丝外，仪器上的其他螺丝出厂时均用红漆封好，不得随意调节；

4. 由于运输等原因，开始使用时仪器指示的温度数值不一定准确，因此，需要调节其调节螺丝，使之与液体温度计指示的数值相符；

5. 要经常保持双金属膜片的清洁，切忌用手触摸。在实际操作过程中，应该经常校对自计时钟及记录纸，以免引起测量误差。

二、湿度计

湿度计是测量空气湿度的物性分析仪器。它往往和温度计结合为一体。例如，ZDR 系列智能温湿度记录仪，测温范围为-40℃～100℃，测湿范围为 0%～100%。温度精度为±0.5℃、湿度精度为±3%。该仪器采用随机附带的通讯电缆与一般计算机串行口相连接，在计算机运行记录仪应用程序，设置好记录仪的记录启动时间、记录周期、停止时间、停止方式等参数，方便使用。目前，由于自动温湿度系统的广泛应用，温湿度计主要用于档案库房温湿度辅助校正作用，温湿度计检定周期为 1 年。

（一）库房温湿度校验法

各库房中配备简易实用的温湿度测量仪器，库房管理人员定时巡查，如果发现温湿度异常，可立即与温湿度控制系统管理人员相互校验数据，及时采取措施，保证库房正常温湿度，有效延长档案寿命。

（二）自动温湿度记录系统

方案一：

采用在无线通信技术 GPRS 网络和短距离通信组合方案，温湿度采集节点（W500）分布在测量区域并测量温度、湿度数据，定时将温湿度数据通过无线发送到 GPRS 网关（GLZJ-GPRS），GPRS 网关将接收到的温度湿度数据通过 GPRS 网络上传到云平台监控软件。任何一台温湿度采集节点（W500）数据超限，GRPS 网关都会发送短信报警、声光报警、断电报警。

方案二：

WIFI 温湿度监控系统：采用无线 WIFI 温湿度实时监控系统，每个库房（冷柜）的 WIFI 温湿度采集节点通过当前的路由器将数据发送到指定的计算机或者云平台，每个库房（冷柜）的 WIFI 温湿度采集器会实时温湿度数据，数据采集异常超限就地实现声光报警。WIFI 温湿度采集器具有自动记录数据功能，以便在 WIFI 网络不稳定，或者暂时断网的情况下，保持数据，恢复网络后，会自动补传之前未传成功的数据。

监控电脑/云平台上进行显示与记录 WIFI 采集器的数据，通过友好的软件界面可任意设定每个区域的温湿度上下限以及报警方式，当温湿度超标时温湿度记录变送器可发出声光报警，同时报警信息由短信报警器发送至多个管理员手机，也可通过拨号的方式提醒相关负责人。温湿度记录变送器通过网络自动校正时间，保证了在服务器停电、故障的状态下继续记录数据，并在来电后进行数据恢复，电压更安全，数据更可靠。

第四节　档案库房温湿度的调控

档案库房温湿度状况直接影响档案的寿命。要使档案库房的温湿度经常保持在适宜的范围内，就必须根据实际情况及时对库内的温湿度进行调控，要采取措施防止和减少不适宜的温湿度对库内的影响，使库房适宜的温湿度趋于稳定，这就是对档案库房温湿度的控制；当库房温湿度不适宜档案保护条件时，要采取措施使库内的温湿度状况得到改善，这就是对库内温湿度的调节。从某种意义上讲，控制是基础，调节是重要的补充。

一、库房内外温湿度变化的规律

控制与调节档案库房的温湿度，首先要掌握库房内外温湿度的变化规律，有针对性地制订库房温湿度调控方案，促使档案库房温湿度达到规定的标准。

（一）库外温湿度变化规律

库外温湿度是指库房周围空气的温湿度，其变化分为周期性变化和非周期性变化。其中，周期性变化又有日变化和年变化之分。日变化是指一昼夜 24h 之内的规律性变化；年变化是指一年 12 个月的规律性变化。非周期性变化没有一定的时间周期，没有明显的变化规律，一般是指不正常的偶然变化，像阴、雨、雾、雪、寒流、暖流等对库外温湿度产生的影响，都属于非周期性变化。

1. 库外温度的变化规律

库外气温日变化主要因太阳周期性照射和照射角度不同所致，其规律是：早晨日出以前气温最低，日出以后气温逐渐升高，至 14～15 时温度达到最高值，以后温度逐渐降低，到次日日出前温度达到最低值。从日出到 14～15 时这段时间温度上升比较快，从 14～15 时到黄昏这段时间温度下降比较慢，从 19 时到次日日出前这段时间温度下降比较快。一天之内温度变化最快的时间是 8 时至 10 时，其次是 19 时至 20 时。

温度的年变化规律因地域的不同而略有不同。我国内陆大部分地区一年之中最热的月份是 7 月，最冷的月份是 1 月；沿海地区最热的月份是 8 月，最冷的月份是 2 月。每年的平均温度大约出现在 4 月底和 10 月底。一般内陆 4 月的平均温度高于 10 月，沿海地区 4 月的平均温度低于 10 月。

2. 库外湿度的变化规律

(1) 库外绝对湿度的变化规律

库外绝对湿度一般是随着温度的升高而增加，随着温度的降低而减少，即绝对湿度的变化和温度的变化是一致的。绝对湿度的变化分为日变化和年变化。其中，绝对湿度日变化有单峰型（图 1-4）和双峰型（图 1-5 ）两种类型。

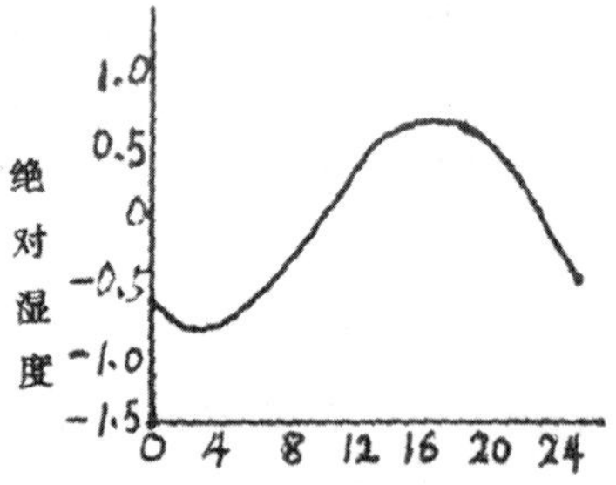

图 1-4　绝对湿度日变化单峰型

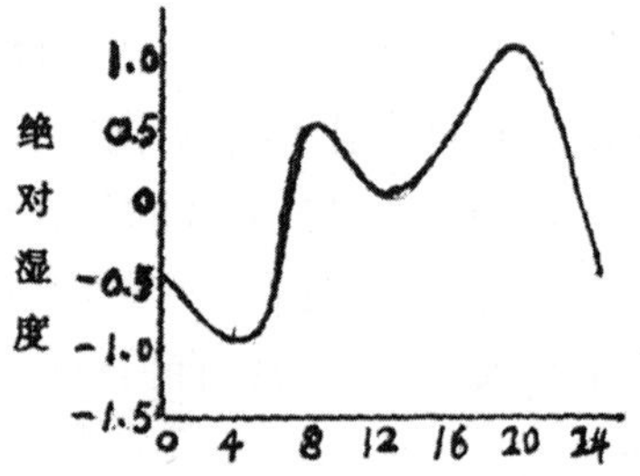

图 1-5　绝对湿度日变化双峰型

沿海地区和内陆地区的秋冬季绝对湿度的日变化多属于单峰型。其规律与温度的日变化规律相似，即凌晨至日出前库外绝对湿度最低，日出后升高，14~15时最高，然后降低，至次日凌晨降至最低。双峰型是指在一昼夜内绝对湿度出现两次高值和两次低值，即凌晨日出前最低，日出后升高，至 8~9 时达到第一次峰值，然后降低，至 14~15 时降至低值，然后升高，至 20~21 时达到第二次峰值，以后又降低，直至次日凌晨降至最低。夏季内陆地区绝对湿度的日变化多属于这种类型。绝对湿度的年变化一般较大，其规律和气温变化规律一致，即 1~2 月最低，7~8 月最高。

（2）库外相对湿度的变化规律

相对湿度的日变化规律一般随气温的升高而减小，随气温下降而增高，即相对湿度的日变化与气温日变化相反。凌晨日出前最高，日出后逐渐降低，至14～15时降至最低，以后又逐渐升高。夏季沿海地区由于从海洋吹向近海陆地的海风13～15时最盛，因此，此时相对湿度最高。相对湿度年变化规律各地不相同，大至分两种类型：一种是内陆干燥而全年绝对湿度变化不大的地区，其相对湿度年变化规律与气温年变化规律相反，即冬季高而夏季低；另一种是相对湿度年变化规律与气温年变化规律基本一致，冬夏季因分别受冬季风和夏季风的影响，水蒸气分压力相差很大，气温升高对相对湿度的影响，不如水蒸气分压力的影响显著，因此，冬季相对湿度低，而夏季相对湿度高。我国大部分地区相对湿度年变化规律属于后一种，但各地因地理位置不同，又各具特点。

（二）库内温湿度的变化规律

库房内的温湿度由于受大气温湿度及库房建筑、存放档案的种类数量等因素的影响，变化规律各不相同，但在一般情况下与库外温湿度变化规律相似，只是变化幅度较小，变化程度有所消弱。

库内温度日变化受库外温度变化影响的快慢及幅度大小、在较大程度上取决于库房的结构及密封情况，如墙体厚薄、门窗密封情况等。一般建筑标准的库房，当库外温度升高或降低后较短的时间内（1～2h），就能导致库内温度的变化。但在一昼夜内，库内最高温度低于库外最高温度，最低温度高于库外最低温度。但是，对于建筑标准较高、门窗密闭好的库房，库内温度就没有明显的日变化。

库内绝对湿度和相对湿度的日变化规律和库外基本一致，但变化速度和幅度均小于库外。若库房密闭良好，库内绝对湿度日变化一般较小或基本无日变化，经过较长时间才会随库外绝对湿度的变化而发生较小的变化。一般档案库房内相对湿度日变化比库外迟1～2h，早晨库内温度最低时，相对湿度最高；午后库内温度最高时，相对湿度最低。库内不同部位的相对湿度也有差别，库内背阴面比向阳面相对湿度高，下部比上部相对湿度高，地面四角和框架之下相对湿度高。

二、档案库房温湿度调控的措施

调节与控制档案库房温湿度的措施很多，比如实行密闭、合理通风或采用机械化设备和化学试剂人为地增温、降温、加湿、减湿等。措施的形式各有不同，但目的都是为了减少或延缓库外恶劣气候对库内的影响，有效保护库内适宜的温湿度趋于稳定状态，以延长档案的寿命。

（一）利用密闭措施控制库房温湿度

密闭是档案库房温湿度调控的基本条件。因为利用机械设备调节和控制库房内温湿度，必须以库房密闭为前提，以防止或减少库外不适宜温湿度影响库内，导致能源浪费；采用自然通风调节库内温湿度，也必须适时地进行库房密闭。但密闭只有控制库房温湿度的作用，没有调节作用。因此，密闭只有与调节措施相结合，才会收到显著效果。

库房密闭的重点是门窗和通风孔。

首先，不设专用封闭外廊的库区入口，应设面积不小于 $6m^2$ 的缓冲间。缓冲间需设两道门，保持出入库房时总有一门关闭。需要频繁出入的库房，可考虑在库门处设置空气幕隔绝库外空气。

其次，库房窗户面积不宜超过外墙面积的 1/10。应多设不留缝隙的固定窗，少设可开启窗。可开启窗和门四周需用环氧树脂等粘结剂以及绒条、泡沫塑料镶边，金属门可镶嵌橡胶条，以确保门窗通风时可开启、密闭时不透风。平时除留必要的门窗通风和采光外，其余门窗均应封闭。所有与外界相通的孔洞，均应设风门或能关闭的阀门。

另外，除库房密闭外，还可以进行档案箱柜密闭和档案密封。这种方式比较适宜于南方潮湿地区的多雨季节，密闭时间一般选在梅雨季节前，被密闭档案的含水量应在 7%左右。箱柜密闭是在温湿度合适的条件下，将部分利用率较低或者很珍贵的档案放入密闭的箱柜中，再将盛有档案的箱柜缝隙用纸条或胶布条密封起来，以隔绝外界的潮湿；档案密封是将档案装入透气度小的聚乙烯塑料等薄膜制成的口袋中，袋口折几下用夹子夹住或者用封口机封住，然后放入箱柜内或直接放在档案架上，同样也可以起到隔绝湿气的作用。

（二）利用通风调节库房温湿度

通风是根据空气流动的规律，有计划地使库内外空气进行交换，以达到调节库内温湿度的一种措施。通风的方法经济、简便、收效快，但必须依据一定的原则，即要对比已经测定的库内外温湿度的实际状况及变化趋势，并以当时当地的风力、风向作参考，有计划、有步骤地进行。否则，会使库内温湿度朝着与保护条件相悖的方向进行。

1. 通风方式

通风有两种方式，即自然通风和机械通风。

（1） 自然通风

自然通风是利用库内外空气自然压力差，使库内外的空气进行交换。这种压力差形成的原因是风和库内外温差引起的空气密度差，或称风压和热压，它们可以单独起作用，也可以共同起作用。

众所周知，风是由于大气压力差所形成的一种自然现象。当风吹向库房建筑物时，空气受阻挡向上方或两侧偏转，迎风侧气压高于大气压，背风侧气压低于大气压，使两侧产生压力差。将库房压力不同处的窗户打开，库外空气从压力较高处进入，从压力较小处流出，即可实现通风。

在库房外墙某一高度设一开口，不论开口两侧最初的气压差如何，由于空气流动，最终库内外气压相等，此时开口处空气停止流动。开口上方气压等于开口处的气压与上方单位面积空气柱重量之差。一般情况下，空气密度小，同样高度的空气柱重量轻；空气密度大，同样高度的空气柱重量重。若库内平均温度高于库外，则库内空气密度小于库外，空气柱重量轻于库外，而使开口上方库内气压高于库外；反之，则开口下方库内气压低于库外。若在开口上下方各设一个窗户，库外空气将从下方窗口进入库内，而从上方窗口流出。若库内气温低于库外，库外空气将从上方窗口流入库内，而从下方窗口流出。如在库房外墙设有较大高差的窗孔，窗口上下方也会因库内外温差而有空气流入或流出。这种现象就是温差或热压引起的自然通风。库内外温差越大，窗孔高差越大，这种自然通风速度越快。

库房实际的自然通风大多是在风和温差联合作用下形成的。这种联合作用可以增强通风效果，也可以减弱通风效果。当采用自然通风散热散湿时，应当打开迎风面下部的窗孔和背风面上部的窗孔，以增强风和温差的联合作用。

（2） 机械通风

机械通风是利用通风机通过管道强制通风。一般是将排风扇、鼓风机安装在库房墙体上，在库房合适位置设立进风口和排风口。进风口通过通风管道和强制送风机的出口相连，在库房进风口设置净化空气的过滤装置，空气经风管过格栅或散流器分布到库房内。出风口通过管道与单设的排风机相连接，将库内空气引出，排至库外。可以采取进风口装在墙角下，排风口设在库房上面的下送上排方法，也可以采取相反的上送下排方法。

机械通风具有通风速度快、通风风量大的特点，是调节库内温湿度的一种简便易行的方法。目前，档案部门经常使用的机械通风设备有离心式通风机和轴流式通风机。

（3）自动通风系统

自动通风系统具备档案库房自动通风换气功能，方法是综合智能控制器通过通风控制模块，连接通风换气设备实现开启或关闭，达到自动通风换气目的。可以设定时间，系统自动打开或关闭设备，无须人员管理。可以通过室外气象站对档案库房外的气象信息实施检测，为档案库房通风换气、温湿度控制提供参考依据。

2. 通风原则

档案库房通风不是在任何情况下都可以进行的，它要受到库外空气温湿度的限制，只有当通风使库内不适宜温湿度得到改善时，方可采取通风措施。因此，通风要遵循一定的原则，并掌握好合适的时机，以达到给库房增温、降温、加湿、减湿的目的。

（1）通风调节库内温度的原则

通风的目的如果是为了增加库内温度，只需库外温度高于库内即可通风；如果是为了降低库内温度，则库外温度必须低于库内。需要注意的是：通风调节温度势必会引起库内相对湿度的变化，因此通风时要兼顾相对湿度，若相对湿度超出规定标准，应停止通风。

（2）通风调节库内相对湿度的原则

判断库房能否利用通风方式调节相对湿度，应比较库内外的绝对湿度，即当库外绝对湿度低于库内绝对湿度时，可以通风降低库内的湿度；当库外绝对湿度大于库内绝对湿度时，可以通风增加库内的湿度。这是因为，相对湿度等于绝对湿度与当时温度下的饱和绝对湿度之比，当温度不变时，只有降低绝对湿度才能使相对湿度降低，反之亦然。

以通风降湿为例，具体判断依据有以下五种情况：

第一，库外温度和相对湿度都低于库内时，可以通风；反之，不能通风。

第二，库外温度低于库内，库内外相对湿度相等时，可以通风；反之，不能通风。

第三，库内外温度相等，库外相对湿度低于库内时，可以通风；反之，不能通风。

第四，库外温度低于库内，相对湿度高于库内，若绝对湿度明显低于库内时，可以缓慢通风。因为只有缓慢通风，不使库内温度明显下降时，库内相对湿度才能降低，如果通风速度过快，反而会造成库内相对湿度上升；当库外温度低于库内，相对湿度高于库内，绝对湿度明显高于或接近库内时，不能通风降湿。

第五，库外温度高于库内，相对湿度和绝对湿度低于库内时，可以通风降湿，但应注意库内温度不要超过规定标准；当库外温度高于库内，相对湿度低于库内，绝对湿度等于或高于库内时，一般不能通风降湿。

如果需要利用通风增加库内相对湿度，其原则一般与通风降湿相反，即当库外绝对湿度高于库内时，可以通风增湿，反之不能通风增湿。另外，通风降湿时库内温度一般也要变化，因此应兼顾库内温度，当库内温度超过规定指标时，应停止通风。

（3）通风调节库房温湿度应注意的事项

第一，通风时应随时监测库内外温湿度的变化情况，一旦库外温湿度不符合通风条件，或库内温湿度发生不正常变化时，应立即停止通风。

第二，通风必须与密闭等控制手段相结合，才能使通风后得到改善的温湿度状态维持较长的时间，以保证通风的效果。

第三，通风中应注意防尘、防有害气体。通风不仅可以调节库内温湿度，还可以调节库内空气流速、空气洁净度、有害气体的浓度。因此，通风时库外风力不得超过 3 级，如果风力过大，空气中含尘量也会增加，此时不利于库房防尘。尤其是当库房没有空气过滤与净化装置时，风力大时更不宜通风。

第四，通风中应防止库内温湿度剧烈波动。当库内外温差较大（如 10℃以上）或湿度相差较大（如梅雨季节）时，应停止通风或缓慢通风，以避免造成库内外温湿度波动较大。

第五，通风时要严防库内结露现象。在库内温度低于空气露点温度时，就会产生结露现象。因此，当库内温度低于库外露点温度时，应严禁通风，否则必然结露；当库内温度与库外空气露点温度接近时，一般不应通风，以免库内物体结露。

第六，通风时应注意库内不留“死区”。库房通风窗洞应合理开设，以利于空气穿越式地通过；库内柜架要顺风向摆设，柜架底层搁板距地面以及靠墙柜架距离墙面都应有适当的间距，以利于空气蔓延式地穿越。要尽量防止库外空气只从库房一侧进出，而不能深入库房内部的局部通风。开启窗距库内地面高度以及窗户本身的高度都应有利于通风。

第七，通风过程应注意防虫、防鼠。库房开启门窗及通风孔洞应配备纱门、纱窗，以防虫、鼠入库。

（三）温度调控方法

温度调控是库房温湿度管理的基本内容之一。我国地域辽阔，南北温差大，需要根据当地温度条件采取合适的调控方法。为了保持档案库房的温度在标准范围内，需要采取增温或降温的方法。

我国北方地区在冬季往往需要给库房增温，以哈尔滨为例，近年来隆冬一月平均气温约-22℃，显然需要采取措施提高库房温度，以保证库存档案的寿命。库房增温普遍使用的方法是暖气。档案库房的暖气以蒸汽热媒为宜，安装在走廊内，通过加热走廊的空气使之与库内空气交换。这种方法经济、效果好、安全可靠。

相反，我国中原地区以及南方，夏季往往需要给库房降温。以武汉为例，近年来夏季平均气温28.8℃，35℃以上的炎热天长达20天以上。因此，给档案库房降温便成为这些地区档案保护工作的重要方面。

各种升温和降温方法中，空调设备应当成为首选，《档案馆建筑设计规范》（JGJ 25—2010）规定，调节温湿度时，特级、甲级档案馆宜采用空调或局部空调，乙级档案馆可采用局部空调。

空调设备一般采用机械压缩式的制冷装置，包括压缩机、蒸发器、冷凝器和节流装置四个相通的部分，其中充灌着制冷剂。压缩机使得制冷剂在空调器中连续不断地流动，实现温度的调节（见图1-6）。

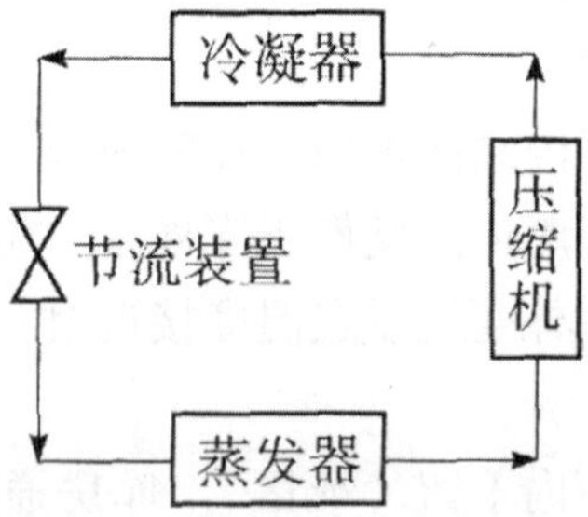

图1-6　单冷型空调器工作原理示意图

降温时，空调器一旦通电启动，气态制冷剂首先被压缩机吸入并被压缩成高压蒸气后排至冷凝器。当风扇吸入的室外空气流经冷凝器，带走制冷剂放出的热量，使高压制冷剂蒸汽凝结为高压液体。高压液体经过节流装置后进入蒸发器，制冷剂通过吸收室内空气中的热量而不断蒸发变成气态制冷剂。这时，制冷剂又变成了低压气体，重新进入了压缩机进行循环往复的工作，空调可以连续不断地运转，从而达到不断降温的目的。使用这种方法库内升温比较均匀，安全可靠，但费用较高。

升温过程在冷暖空调中往往依靠热泵。它利用制冷的原理，在制热时沿用着制冷相反的方向进行，即室内制热、室外制冷来达到取暖的目的。这种方法使用温度范围较小，一般在-5℃以下时机器会停止工作，还有一种是电辅热泵型空调器，即在热泵型空调器的基础上，增加电热元件，用少量的电加热来补充热泵制热时能量不足的缺点，可有效地降低用单纯电加热的功率消耗。外机通过电热丝加热，可以在低至-10℃的温度下启动。

增温或降温处理后，当温湿度达到档案库房规定的要求后，往往需要密闭库房，减少库内库外热量的交换。为此，还需要从库房建筑入手，如适当地选择馆址、使用隔热材料等。

（四）湿度调控方法

我国南北地区的空气湿度相差很大。即使是同一地区，夏季和秋季的湿度也存在较大差异。为此，在库房管理过程中，需要根据当时当地的气候条件进行增湿或者降湿。从而使得库房湿度维持在《档案馆建筑设计规范》（JGJ 25—2010）要求的范围内。

1. 增湿

我国西北地区气候干燥，库内湿度偏低，相对湿度经常在30%左右，因此，需要在库房内采取增湿措施。增湿的方法是通过增加库内空气水蒸气的含量（绝对湿度），从而使相对湿度增大。增湿的方法很多，可以分为自然增湿和机械增湿两类。自然增湿是最简单的库房加湿法。一般做法是：在扫净库房、关闭窗户后，用湿墩布拖地，或者在库内设置敞口盛水的容器，铺以湿草垫、直接用水洒地等。这种方法简单易行，但要注意不要将水溅到档案或装具上，并随时观察库内湿度的变化，一旦库内湿度增加到50%以上，就应该停止加湿。

机械增湿是采用增湿机进行，即用鼓风机鼓动空气，使之流经潮湿的泡沫塑料或麻绳，以增加水表面自然蒸发的能力。离心加湿机是一种利用机械离心的原理，将水直接变成雾气的加湿设备，可连续工作，它具有加湿快、效率高等特点，可用于小型档案库的加湿。增湿机类型很多，例如 JS-1、JS-2 型离心加湿机和 DS101 型喷雾增湿机等。近年研制的超声波加湿器是利用超声波振动把水激活，雾化为 1μm~5μm 的超微粒子，使之迅速气化，达到调节空气湿度的目的，如 YC-D200 超声波加湿器（加湿量为 400mL/h）。据实验，使用这种装置每小时可以向空中增加 2kg~3kg 水分。

选择增湿机时需要根据增湿机的增湿能力和库房面积共同决定。例如，150 型、200 型加湿机每昼夜可分别向空中加 5.7kg~7.0kg 水，适用于 $30m^2$~$40m^2$的库房，而 XE-03-5 型蒸发式增强型加湿机适用于 $120m^2$~$200m^2$的库房。

2. 降湿

降湿是控制库房湿度的重要内容，特别是在我国南方地区，年降雨量大，最潮湿月份的平均湿度在 80%以上，对库存档案的影响很大。档案库房降湿时，既要减少甚至隔绝库外湿气的来源，又要不断地排除已有的库内湿气。因此，可以应用的方法很多，如加强库房建筑、通风降湿、升温降湿（库房温度较低时）、吸潮剂吸湿等。实践证明，使用吸潮剂和去湿机降湿，对档案无不良影响。

（1）吸潮剂

吸潮剂是一类能够吸附或吸收空气中水分的物质。按照吸潮剂与水分结合所发生的变化，可以分为物理吸附法和化学吸附法。物理吸附法是指吸潮剂与水分的结合是物理性混合，不发生化学变化，如硅胶等；化学吸附法是指吸潮剂能够与水分发生化学变化，从而吸收掉空气中的一部分水分的方法，如使用无水氯化钙等。

目前，库房中常用的吸潮剂主要是氯化钙和硅胶两种。

氯化钙（$CaCl_2$）是一种白色固体，有无水氯化钙和工业氯化钙两种。工业氯化钙纯度为 70%~75%，吸湿率为 100%（此时完全溶解），价格便宜，所以在库房中经常使用。无水氯化钙纯度为 95%以上，价格较高，但其吸湿性能较好，吸湿率为 120%~150%（此时完全溶解）。氯化钙吸潮后便溶化成液体，成为含水化合物。

使用前应将氯化钙放在透气度小的袋内并敞口置于能够盛装液体的容器之上，通常是将氯化钙置于竹器内，下面搁置盛水的盆子。吸湿后饱和的氯化钙经加热熬煮后可继续使用。

硅胶（$mSiO_2 \cdot nH_2O$）是无色半透明至乳白色的固体，多制成颗粒状，无臭，无腐蚀性，不溶于水。硅胶具有良好的吸潮性能，吸湿率为 25%~50%。

硅胶吸水后不溶解、不玷污物品。

硅胶有粗孔、细孔之分，也有原色、变色之分。粗孔硅胶吸湿速度快，但易于饱和；细孔硅胶吸湿速度慢，维持的吸湿时间较长。原色硅胶吸湿时 不变色；变色硅胶中通常加入了氯化钴、氯化铁、溴化铜等物质，它能够随着吸潮程度的不同而表现出不同的颜色变化。档案库房多用细孔原色硅胶，在其中加入少量变色硅胶来指示吸潮的程度。由于硅胶较贵，通常是用纱布包成小包放在重要档案的箱柜之中。硅胶的用量与库房的总散湿量、硅胶的吸湿率、吸湿时间有关。

（2）去湿机

去湿机类型很多，它们的去湿原理是，用冷冻方法使通过的空气温度降到露点以下，将一部分水蒸气凝析出来，从而达到去湿目的（见图 1-7）。

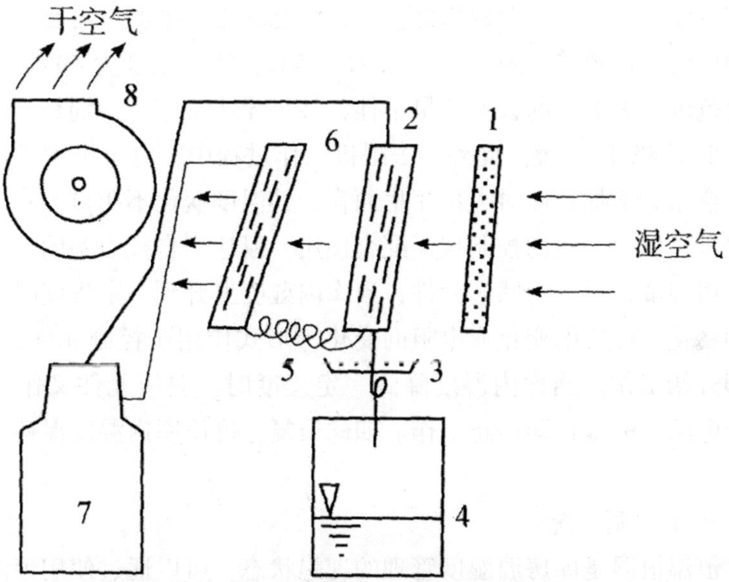

1：过滤网　2：蒸发器　3：凝结水盘
4：凝结水箱　5：节流管(毛细管)
6：冷凝箱　7：全封闭压缩机
8：离心式风机

图 1-7　去湿机工作原理图

去湿机型号很多，去湿能力大小不一，一般为3kg~6kg，也有高达几十公斤的。在具体进行去湿时，一方面要加强库房的密闭，另一方面要选择与库房容量相匹配的去湿机。去湿机容量的选择可以参考表1-10。

表1-10　去湿机去湿量的选择

库房面积（m^2）	去湿机去湿量（kg/h）
100~300	2~4
300~500	6~10
500~1000	10~15
1000~2000	15~20

去湿机的优点主要表现在：第一，性能稳定可靠，可以连续降湿，使用和管理比较方便。第二，去湿效果好。值得注意的是，去湿机需要一定的工作环境。去湿机的工作环境一般为温度15℃~35℃，相对湿度为40%~95%。高于或低于此范围，去湿机的去湿效果不佳，甚至无法工作。特别是不能用于空气露点温度低于4℃的环境。此外，去湿机工作过程中，对于小型库房而言，去湿机温度会略有增加；而对大型库房而言，其温度变化不明显。

去湿机可以与一定的控制仪器配合使用，以达到自控去湿的目的。其自控原理是：用湿敏材料作为感应元件，当库内湿度上升到一定程度时，湿敏元件即以力的变化、位置的变化或电阻的变化等形式作用于控制元件，接通电路，去湿机即开始工作。当库内湿度降到一定程度时，湿敏元件又作用于控制元件，断开电路，去湿机即停止工作。如此反复，可使库内湿度保持在恒定的范围内。

（3）中央空调系统

库房恒温恒湿是库房温湿度管理的理想状态，可以通过使用恒温恒湿机或大型空调机达到这个目的。它是将各空气处理设备（如空气制冷系统、空气加热系统、空气去湿系统、空气加湿系统和空气过滤系统等）组成一个整体，由位式调节器加以控制，从而将降温、升温、加湿、除湿、滤尘等功能结合为一体。由于设备的制冷量、制热量、送风量不同，因此在选择过程中，需要根据库房容积、密封性能、所存档案类型、当地气候条件并结合恒温恒湿机的制冷量、制热量以及送风量具体确定。目前，库房温湿度控制已经融入楼宇自控系统中，从而使得库房设备不仅具有管理温湿度的功能，而且还对库房的光照度、灰尘量等进行综合管理。

思考题：

一、填空题

1. 字迹褪色的动力学研究表明，字迹色素的褪变速度与温度呈（　　　　），即在其他因素一定时，（　　　　），字迹的褪变速度越快。

2. 光盘档案通常由盘基、反射层、（　　　　）和（　　　　）组成。

3. 档案库房增湿的方法很多，可以分为自然增湿和（　　　　）两类。

二、名词解释

1. 相对湿度

2. 露点温度

三、简答题

1. 影响档案寿命的内外因是什么？

2. 档案库房温湿度调控主要有哪些措施？

3. 通风调节档案库房内相对湿度应遵循什么原则？

第二章 档案有害生物防治

内容提要：

本章主要介绍档案有害微生物和害虫的种类及生物学特性，有害微生物和害虫的发生与环境条件的关系，有害微生物和害虫对档案的危害，有害微生物和害虫的防治，档案消毒设备的使用等。

第一节 档案有害微生物和害虫

一、档案有害微生物

微生物并非生物分类学上的专用名词，而是指那些个体微小、构造简单（单细胞、个体结构较为简单的多细胞、甚至没有细胞结构）的低等生物的通称。微生物具有一般生物的生命活动规律，即需要从外界环境不断吸收营养物质加以利用，从中获取生命活动所需要的能量，并合成新的细胞物质，同时排除废物。微生物大多数是单细胞（如细菌、酵母等），少数是多细胞（如霉菌等），还包括一些没有细胞结构的微生物。微生物是一个十分庞大的生物群，有几十万种，而且还不断发现新种。微生物具有六大特点：表面积与体积之比大，代谢转化能力强，繁殖速度快，容易发生变异，对环境适应能力强，分布广泛。绝大部分微生物生存在室外，极少部分生存在仓库中，危害各种仓储物的微生物我们称之为仓库害虫，对档案有害的微生物就属于仓库害虫，它们能够在档案库房内的一般条件下生存，对档案造成一定危害。对档案有害的微生物主要有真菌、放线菌、细菌和霉菌中的一部分菌种。其中，以青霉、曲霉为主和芽枝霉、毛壳霉为次的霉菌，对档案制成材料破坏最大，所以，对档案有害微生物的防治应以档案霉菌防治为重点。1988~1995 年，为进行全国纸质档案霉菌种类与分布调查研究，我国有关人员对全国档案库房微生物抽样调查，从30个省、市、自治区的413个馆，采集菌样1647份，经分离纯化得到霉菌2253株，鉴定出23属，92种（或变种）。其中优势种6属23种，稀有种12种。

（一）档案霉菌的主要结构及特性

众所周知，档案上滋生的霉菌对档案材料和人体的健康危害极大。霉菌是腐生型真菌，与腐生细菌一样，在生态系统中担当着有机物分解者的角色，它们在自然界物质循环中起着重要的转化作用。

霉菌是一些丝状真菌的统称。凡生长在可利用基质上且形成绒毛状、网状或絮状菌丝体的真菌大都称为霉菌。霉菌的细胞是真核细胞，由细胞壁、细胞膜、细胞质和细胞核四个部分组成。霉菌以具有良好分枝的长管状的菌丝为其特征。霉菌的繁殖方式以孢子繁殖为主，在液体培养基中也可以菌丝断裂方式进行繁殖。

档案上最常见的霉菌有曲霉属、青霉属、根霉属、毛霉属、木霉属、毛壳霉属、牙枝霉属和镰刀菌属等，其中，以曲霉属尤为引人关注。

常见的档案霉菌有以下几种：

1. 曲霉属

其主要结构及特性是多细胞有隔菌丝，接触营养基的菌丝分化出厚壁的足细胞吸取营养，足细胞垂直方向伸出直立分生孢子梗，梗的顶端膨大成顶囊，顶囊表面生出辐射状的小梗或梗基，分生孢子在小梗上呈串状，孢子有黄、红、蓝、棕、黑、绿等色。曲霉分解有机物的能力很强。

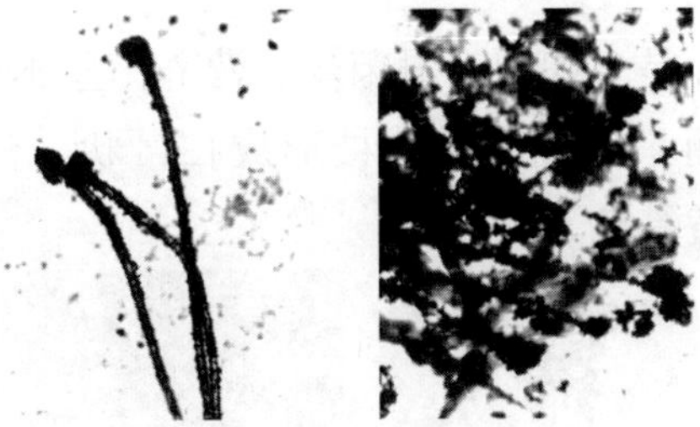

图2-1 曲霉属

曲霉属真菌，属于半知菌纲。RaPer 和 Fennell 在其经典著作《曲霉属》一书中列举了近200个种和许多变种。此属分布很广，从两极到热带都有。空气、土壤等都含有较多的曲霉孢子。

曲霉属能利用许多不同的基质作为它的养料，因为这类菌能产生大量的酶。实际上很少看到一种含有一些有机质而又有一定湿度的物质上不长出曲霉来。在各类档案上最常见的有黑曲霉、黄曲霉、杂色曲霉、米曲霉、烟曲霉、壳曲霉等。这些曲霉孢子一旦落在档案上，只要环境的温湿度合适，便迅速萌发，向纸张、浆糊、装订线、羊皮封面、明胶片基、磁带片基等物质伸出基内菌丝（营养菌丝），菌丝体便产生各种各样的胞外酶到档案材料表面。在这些酶的催化作用下，纤维素、半纤维素、木质素、淀粉、蛋白质、几丁质、果胶等大分子有机物便迅速水解为纤维二糖、葡萄糖、甘露糖、阿拉伯糖、氨基酸、芳香化合物等小分子有机物。通过菌丝细胞膜，小分子有机物就可进入细胞内。因此，档案材料便成为霉菌取之不尽、用之不竭的营养基质。由于酶的催化反应效率为普通无机催化剂的 106~1013 倍，所以这些水解反应在常温常压下以惊人的速度进行着。这些有机小分子化合物在菌丝体内，在各种胞内酶的作用下，或合成细胞自身物质，菌体得以生长发育并繁殖下一代，或参与细胞呼吸作用，继续分解产生能量，供生命活动需要。又由于曲霉繁殖力非常强，在幼小而活力旺盛时，菌丝体产生大量长而直立的分生孢子梗，每个孢子梗上会产生成百上千个分生孢子。每完成一个生活史代，一般只需要 2~3 天时间。因此，曲霉在一个梅雨季节，便可对档案材料的物质结构进行彻底的破坏，而且这些水解反应是不可逆的。

此外，还令人不安的是曲霉属的有些种可产生真菌毒素，其中最重要的是黄曲霉产生的黄曲霉素和杂色曲霉产生的杂色曲霉素（柄曲菌素），这两种化学物质都是超微量致人死亡的强力毒素。

2. 青霉属

其主要结构及特性是多细胞有隔菌丝，营养菌丝不分化出足细胞，分生孢子梗的顶端不膨大，而是经过多次分枝形成扫帚状，分生孢子在小梗上呈串状，孢子一般有青、黄等色。

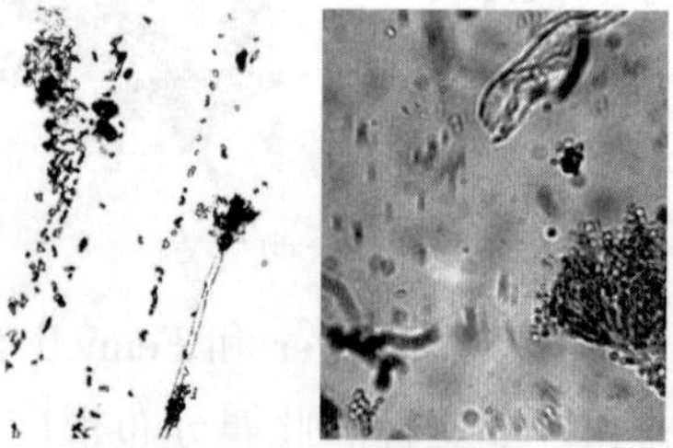

图 2-2　青霉属

3. 根霉属

其主要结构及特性是单细胞无隔菌丝，营养菌丝弧形，有分枝状假根伸入营养基内吸取营养，从假根相反方向伸出直立孢子囊梗，孢子囊生殖。

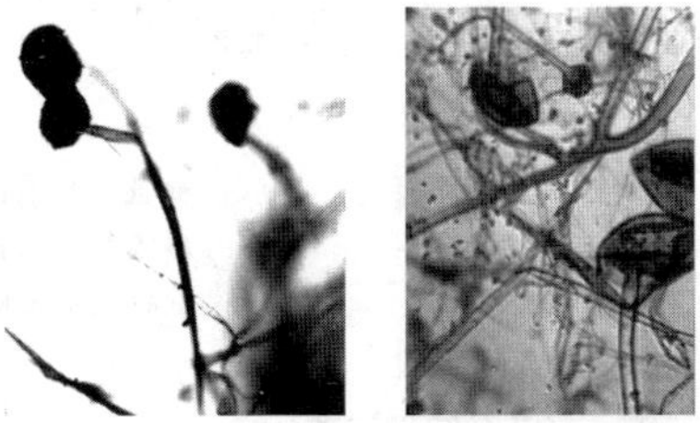

图 2-3　根霉属

（二）档案霉菌的生长条件

档案霉菌在适宜的环境下才能生长繁殖。影响档案霉菌生长的环境因素很多，主要有营养物质、温度、湿度、酸碱度和氧气等。

1. 营养物质

（1）碳源：是构成生物体细胞的有机化合物骨架，为档案有害微生物提供能量。档案库房内有机物丰富，如纤维素、半纤维素、木质素和淀粉等。

（2）氮源：是构成细胞原生质和其他结构（酶、DNA、RNA）的氮素。档案库房内有机氮化物有胶片明胶、皮革封面、胶粘剂等。

（3）无机盐：参与细胞结构物质的组成、能量的转移、原生质胶态的控制、细胞渗透性的调节与维持、酶的辅基成分或激活剂的组成等。微生物所需的微量无机盐极少，在档案库房内容易获得。

（4）生长素：是指能调节微生物代谢活动的一类微量有机物，在档案库房内容易获得。

（5）水分：是原生质的主要成分，是体内物质良好的溶剂，是细胞进行生化反应的良好介质。微生物需要的水分较多，档案制成材料的含水量直接与库房相对湿度有关。

2. 温度

（1）温度对微生物的影响

①温度保证生物化学反应的顺利进行。一切生物化学反应都要有活化分子，在一定范围内，温度升高，反应物分子活性逐渐增加，化学反应才能启动和加速进行。温度越高反应速度越快。

②温度保证生物化学反应催化剂酶蛋白的活性。一般来说，酶的活性随温度的升高而相应提高，低温抑制酶的合成和活性功能，当温度低于最低生长温度时，微生物的代谢活动降低，进入休眠状态；当温度升高超过45℃时，酶蛋白变性或凝固，失去活性，新陈代谢发生障碍。

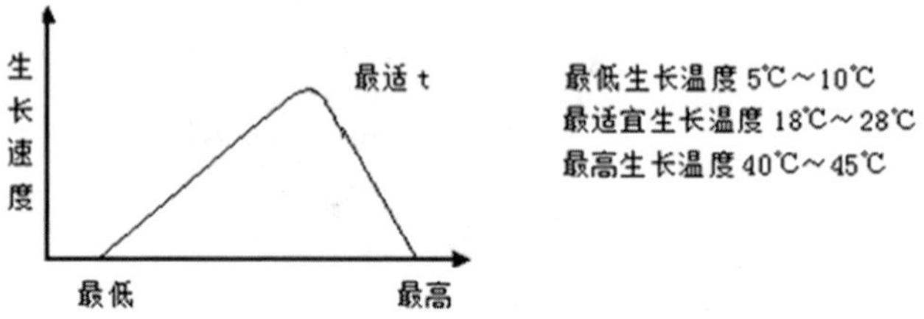

图 2-4　温度对微生物生长速度的影响

（2）档案微生物温度生长类型有：高温性、中温性、低温性，档案微生物大多为中温性嗜室温菌。

不同种类的微生物对高温的抵抗能力不同，即使同种微生物又因发育形态不同而具有不同的抗热性，细菌的芽孢和霉菌的孢子抗高温能力强于营养细胞。

表 2-1　几种霉菌生长与温度的关系

霉菌属类	生长温度（℃）		
	最　低	最　适	最　高
曲霉属	14	28～35	40
青霉属	1	25～28	31～36
毛壳霉属	5	27～29	43
枝孢霉属	0	27～32	40
木霉属	2	25～30	42
拟青霉属	26～31	45	

3. 湿度

（1）湿度对微生物的影响

微生物生长繁殖过程中离不开水。当环境湿度降低过于干燥时，大多微生物不能生长发育，甚至死亡。其主要原因是干燥影响酶的活性，并能引起细胞内蛋白质变性和盐浓度变高，致使微生物代谢不能正常进行，处于休眠状态甚至死亡。

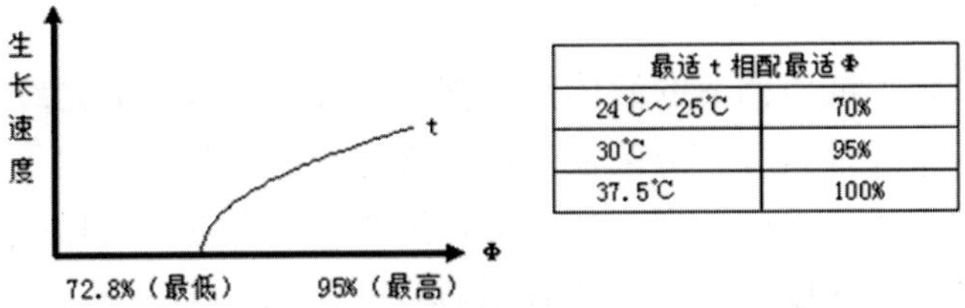

图 2-5　微生物生长与 t、Φ 密切相关

（2）档案微生物湿度生长类型有：喜湿性、中湿性、干生性，档案微生物大多为中湿性，少数为干生性。

表 2-2　几种霉菌生长的最低相对湿度

霉菌属类	生长的最低相对湿度（%）
曲霉属	65～88
青霉属	80～83
毛壳霉属	80～85
枝孢霉属	75～83
木霉属	70～80
拟青霉属	80～85

4. 酸碱度

环境中的酸碱度能影响酶的活性，因为酶本身是酸碱两性化合物，影响细胞膜的渗透性及对营养物的吸收；影响菌体内酶的合成和活性，以及原生质胶体的结构和性质；影响氧化还原电位。

细菌最适 pH 值为 6.5～7.5，霉菌最适 pH 值为 5.0～6.0。霉菌是嗜酸性微生物。

5. 氧气

氧对档案霉菌的生命活动有着极其重要的影响。根据微生物对氧的要求可将微生物分为好氧微生物、厌氧微生物、兼性好氧或厌氧微生物三类。绝大多数档案霉菌为好氧性微生物，它们必须在有氧的条件下生长。

（三）霉菌对档案的危害

档案有害微生物对档案的破坏性很大，其对不同种类档案的危害如下：

1. 对纸质档案的危害

（1）对纸张的危害

①分解纸张。纸质档案的载体是纸张，纸张的主要成分是纤维素，以及少量的木质素、半纤维素等，霉菌在代谢中分泌的各种酶对档案纸张成分进行催化分解，使它们的化学键断裂，从而破坏纸张，导致纸张机械强度下降。

②增加纸张的酸度。霉菌在生长过程中生成多种有机酸，如草酸、乳酸、丁酸、柠檬酸等。此外，微生物细胞在呼吸代谢时也能产生一些有机酸，如甲酸、乙酸、乳酸、琥珀酸等。酸可作为催化剂加速纤维素的水解反应，而这些有机酸长期积累在纸张上，会使纸张酸度增强，给纸张带来极大的危害。

③黏结纸张。霉菌会分泌出黏液使纸张之间发生黏结，如果纸质档案在经雨水浸泡后，出现霉变现象，一定时期后就会形成档案砖，严重时档案会失去利用价值。

（2）危害字迹

霉菌能分泌出各种色素，从而在纸质档案上形成黄、绿、青、褐、黑等霉斑。霉菌与纸张中的微量元素作用时，会在纸张表面形成浅褐色斑痕。霉斑化学成分复杂，大多不溶于水，去除较困难。

2. 对声像档案的危害

（1）对胶片档案的危害

胶片档案包括照片、底片和缩微胶片等。胶片中含有明胶，明胶的主要成分是蛋白质，蛋白质是档案有害微生物生长繁殖所需要的营养物质。而且为使胶片保持一定的弹性和柔软性，明胶中需含有一定的水分，这更有利于霉菌的生长和繁殖。

由于霉菌能分解胶片明胶中的蛋白质，结果使明胶液化，图像模糊，严重时胶片会黏连在一起，造成胶片乳剂膜脱落，影像损坏，无法还原。

另外，霉菌的气生菌丝覆盖在胶片档案的表面，这些气生菌丝能分泌色素，并且还带有各种颜色的孢子，它们会遮住图像，严重影响阅读。

特别值得一提的是，如果胶片在冲洗过程中残留的硫代硫酸盐含量超过规定的标准，那么档案有害微生物在生长繁殖过程中产生的有机酸会从硫代硫酸盐中分解出硫，硫能与乳剂层中的银起化学反应生成硫化银，导致胶片发黄变色。

对胶片档案造成破坏的档案有害微生物主要有霉菌中的米曲霉、黑曲霉、黄曲霉、桔青霉、产黄青霉、球毛壳菌、木霉、黑根霉和总状毛霉等。

（2）对磁性载体档案的危害

磁性载体档案是利用磁记录技术，将声音、图像和数据变成电信号使磁性材料发生选择性磁化来存贮声音、图像和数据的一种档案。磁带档案上很容易滋生霉菌，这与磁带档案的组成材料有关。磁带的磁记录材料由磁粉、聚氨酯粘胶剂和聚酯（涤纶）带基等组成。聚酯带基的聚酯分子结构是聚对苯二甲酸乙二酯，虽然其耐水性和耐高温性都较好，但在电阻率高时却导致静电聚集，从而使磁带容易吸附周围的尘埃及霉菌的孢子。这些孢子落在磁带档案上，一旦环境温湿度合适就会生长繁殖。磁带中的聚氨酯粘胶剂是异氰酸酯和多元醇加聚反应的生成物，分子内有许多氨基甲酸酯基，可作为霉菌进行生命活动所需要的氮源；聚酯带基内所含增塑剂、填料、补充剂等有机物也具有霉菌生长繁殖需要的氮源和碳源；而且磁粉也能提供其生长必需的铁、钴、磷等微量矿物质元素。

危害磁性载体档案的有害微生物主要是霉菌，常见的有黄曲霉、杂色曲霉、腊叶芽枝霉、木霉和桔青霉等。

3. 对机械录音档案的危害

作为机械录音档案保存的唱片多是塑料唱片，有虫胶唱片和薄膜唱片两种。虫胶唱片的主要成分为虫胶，是由紫胶虫等昆虫分泌的胶汁凝固成的物质，属于天然树脂，易遭受霉菌的侵害。在霉菌分泌出酶的作用下，不可溶的虫胶先水解成可溶性的物质，再分解为霉菌可直接吸收的碳源和能源物质。霉菌中的黄曲霉、米曲霉、黑曲霉、米根霉、黑根霉、毛霉等，都具有分解胶质的能力。

至于薄膜唱片，霉菌能以塑料内的增塑剂、填料和补充剂作为营养物质，而且在生长过程中分泌出酶和酸，从而损坏唱片。常见的破坏薄膜唱片的霉菌有桔青霉、黄青霉、拟青霉、棒形青霉、牵连青霉、黄曲霉、灰绿曲霉、杂色曲霉等。

（四）档案仓库害虫对人体健康的危害

1. 真菌对人体健康的危害

真菌种类十分复杂，在自然界大约有十几万种，大多数是不致病的，然而有些真菌又成为各种动植物的病原菌。据估计有 100 种左右的真菌可引起人类发病，这种可致病的真菌称为致病真菌。有些真菌（包括真菌孢子）和生物体有机成分能够引起人的过敏反应。国外的一项研究显示，在成年人中，各类霉菌导致的哮喘比花粉及动物皮毛过敏导致的哮喘要严重得多，并且霉菌会直接降低人体免疫功能，使人体抵抗各种疾病的能力减弱。在一次对北方区县级档案馆库房的空气质量检测中，采用空气自然沉降法取样，培养结果共有16个菌属和细菌被检出。由于地理位置、条件设备、生霉档案情况等因素不同，各区县档案馆略有区别，地下室库房生物污染尤为严重。库房空气中霉菌含量与库房内档案生霉状况有很大关系，因此库房面积、温湿度、采光、通风装置、卫生状态、库内真菌腐殖质、档案装具的用材都影响霉菌的生长，并直接影响档案库房空气中的霉菌含量。长期工作于霉菌污染严重的环境中，会对人体的健康产生危害。库房空气中、档案上的尘埃和霉菌容易造成交叉感染。有害的细菌平时附着在人体皮肤表面或潜伏在人体内部，有以下情况就会引发疾病。

（1）病菌大量繁殖，超过人体免疫系统的负荷；

（2）由于身体状况欠佳或气候变化导致抵抗力下降，原来存在于人体的不致病菌（即所谓条件致病菌）乘虚而入引起发病，如念珠菌病、隐球菌病、曲菌病等；

（3）因组织创伤或直接吸入等途径使病菌侵入体内而发病，如大量吸入烟曲霉孢子或菌丝后出现咳嗽、吐痰、哮喘、发热、乏力、头痛、肌肉关节疼痛等。

除受到各类真菌的威胁，还要随时提防真菌毒素的侵袭。真菌毒素大剂量是致命的，小剂量诱发癌变，而且这些剂量是累积性的。曲霉菌、杂色霉菌产生曲霉素，有强烈促癌及致癌作用，四季均可发生，但常在阴雨连绵的季节后多发；念珠菌毒素导致口腔溃疡；金黄色葡萄球菌产生溶血毒素、杀白细胞素及肠毒素导致急性肠炎、头晕、恶心、呕吐、腹痛、免疫力下降；桔青霉产生的桔霉素可以引起急性或慢性肾脏病变，使肾功能完全丧失；展青霉的代谢产物展青霉素侵害人的大脑和中枢神经系统。人或动物通过吸入或皮肤接触真菌毒素可引发多种中毒症状，如致幻、催吐、出血症、皮炎、中枢神经受损，对机体造成永久性损害甚至死亡。而且霉菌毒素一般都是小分子化合物，机体对霉菌毒素不产生抗体，没有污染性免疫。

2. 细菌对人体健康的危害

芽孢杆菌、假单孢菌等均可在生霉档案中分离出来。档案库房为保证温湿度控制在规定范围内，必须安装空调和去湿设备，研究显示，空调系统军团菌的检出率达50%以上。军团菌属是一类新发现的G-杆菌，是在美国军队暴发肺炎时分离出的致病菌，所致疾病称为军团菌病，代表菌种为嗜肺军团菌，也称军团菌，是当前流行的主要菌种。有关资料表明，目前与室内传染性病原微生物的污染关系密切的疾病主要是军团菌病等。主要症状表现为：发热、伴有寒战、肌疼、头疼、咳嗽、胸痛、呼吸困难，病死率高达10%~20%，与一般肺炎不易鉴别，常伴有肺外症状。军团菌可寄生于天然淡水和人工管道水中，也可在土壤中生存。军团菌经空气的传播性很强，但目前尚未能证实人与人之间的传播。细菌的荚膜和鞭毛可能是致病因素之一，由空气传播，主要是吸入了含有该菌的气雾或尘土而感染，军团菌病全年均可发生，以夏秋季为高峰，气温升高和湿度增加可能是促发因素。

二、档案害虫

档案害虫一般是指能够在档案库房内完成整个生活史或部分发育阶段、并直接对档案馆的馆藏品造成危害、或通过危害装具及建筑等间接对馆藏品造成一定危害的昆虫。档案害虫由于长期离开原始发生地进入仓库后在生物学特性上有不少变化，与其它昆虫相比，具有对高、低温抵抗力强，对干燥抵抗力强，耐饥性强，食性杂，繁殖力强，分布广等特点。档案害虫喜食含有较丰富的纤维素类、淀粉类的物质，纸张、纸制品、淀粉浆糊等都是它们喜欢的食物。多数档案害虫喜暗畏光，它们钻入案卷里、装订处蛀食。

（一）档案害虫的种类

1989年至1993年，国家档案局档案科学技术研究所组织有关人员进行全国档案害虫种类及分布调查，结果得出，危害档案的害虫有54种。近年来，我国的档案害虫已基本得到相应的控制，档案界害虫种类的纪录为24种。根据现有资料，按分布范围、发现次数及对档案的破坏程度，可将这些害虫分为三类，即主要害虫、次要害虫和偶发性害虫。其特征见下表：

表2-3　档案害虫的种类

种类	主要害虫	次要害虫	偶发性害虫
危害程度及特征	不论在档案的局部还是普遍发生，其危害非常严重。	生命力强，分布广，常在档案装具或用品里，偶尔损坏档案，或者是以档案霉菌为食，或者是喜食木质纤维素类物质的害虫。	多为人流、物流或出于某种需要而进入库房内。

续表

种类	主要害虫	次要害虫	偶发性害虫
分类及害虫名称	档案窃蠹、烟草甲、毛衣鱼、药材甲、黑胸散白蚁。	中华粉蠹、鳞毛粉蠹、褐粉蠹、百怪皮蠹、黑毛皮蠹、小圆胸皮蠹、花斑皮蠹、中华园皮蠹、日本蛛甲、肩角薪甲等。	家茸天牛、吉丁、斑毛窃蠹、短鼻木象、美洲大蠊、德国小蠊等。

危害档案最严重的害虫有档案窃蠹、烟草甲等，最普遍的为毛衣鱼。几种常见的且危害较为严重的档案害虫有：

1. 档案窃蠹（*Falsogastrallus sauteri* Pic）

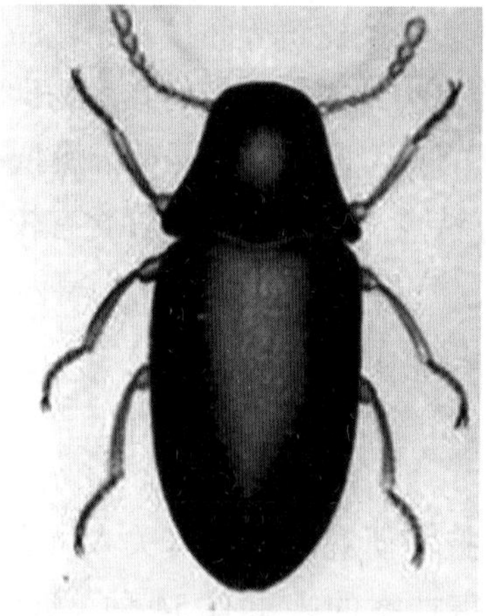

图 2-6　档案窃蠹成虫

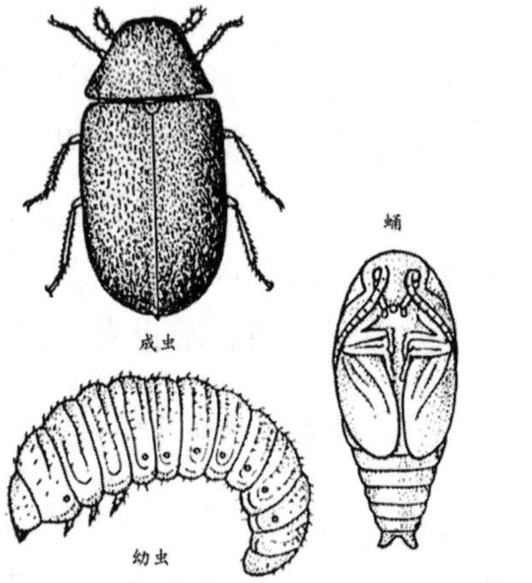

图 2-7　档案窃蠹成虫、幼虫、蛹

（1）形态特征

成虫长椭圆形，体长 2.2mm~2.5mm，呈栗褐色。头部略呈球形，伪死时缩入前胸背板，爬动时露出一部分。触角棕黄色，端部 3 节向侧膨大，端节略呈纺缍形。前胸背板帽状，宽大于长，前缘两侧向下卷，前缘侧角小于直角，后缘角宽钝。翅基和前胸背板等宽，背面凸，体表密被细白毛。卵呈长椭圆形，长约 0.3mm，一端细，不透明，呈乳白色。幼虫乳白或淡黄，长约 3.5mm，被有白色疏毛，头部棕黄色，胸部 3 节较粗大，腹部逐渐向腹面弯曲。蛹长约 3mm，宽约 1mm，呈乳白色，头向下，前胸背板后缘角向两侧隆起。

（2）生活习性

一年一代，发育为完全变态，幼虫在虫道内越冬。虫道条状，长约 10mm ~15mm，宽约 2mm。翌年 3 月中旬，成熟幼虫在虫道中化蛹，蛹期约半个月。4 月上、中旬出现成虫，上午 8 时至 9 时羽化最多。成虫羽化以后以爬行为主，很少飞翔，有趋暗性。羽化后 2~3 天交配，3 天后产卵，卵散产约 20 粒，多产于物体的缝隙中，卵期 10~20 天，孵化出的幼虫钻入寄生内部危害。

2. 烟草甲〔*Lasioderma serricorne*（Fabricius）〕

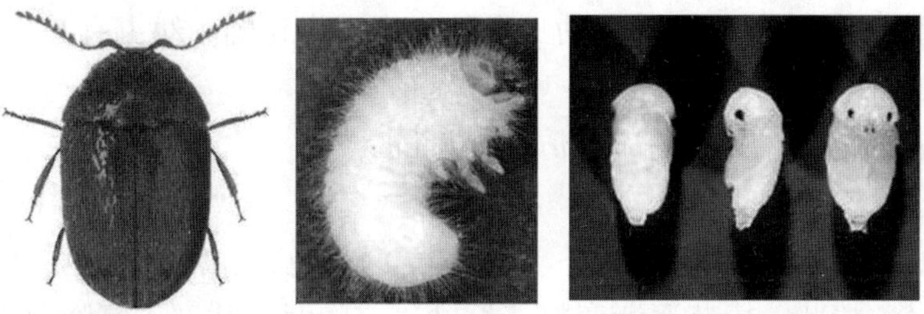

成虫　　幼虫　　蛹

图 2-8　烟草甲成虫、幼虫、蛹

（1）形态特征

成虫身体卵圆形，长约 3mm，黄至赤褐色。头隐于前胸背板之下，背面不能见。前胸背板高凸，圆弧形。复眼大，黑色。触角 11 节，第 4~10 节锯齿状。鞘翅上的刻点不明显，也不排列成纵行。

（2）生活史及习性

一年发生三代至六代。其发育为完全变态。成虫善飞，喜微弱光。在黄昏、夜间或高温潮湿时，四处飞翔。卵单产于档案的装订处或物体的凹陷、皱褶、缝隙中，成熟后在被害物中做茧化蛹，再羽化为成虫。在温度 30℃、相对湿度 70%条件下，完成一代大约需要 29 天。

3. 黑毛皮蠹（*Attagenus unicolor japonicus* Reitter）

图 2-9　黑毛皮蠹

(1) 形态特征

成虫体长3mm~5mm，触角11节，触角棒3节，雄虫触角末节之长约为第9、10二节之和的3倍，雌虫触角末节之长略长于第9、10二节之和。

(2) 生活习性

一年一代，幼虫在仓库缝隙或尘芥物中越冬。在20℃完成一代约需180天。成虫寿命约15天，一般不取食粮食，在晴天，经常飞到田间取食花粉和花蜜，然后交配、产卵。每一雌虫可产卵50粒~100粒。幼虫期较长，约100天，要蜕皮8次~20次，老熟幼虫在幼虫皮壳内化蛹。幼虫有趋光性，喜潮湿，耐饥饿能力强。

4. 花斑皮蠹（*Trogoderma variabile* Ballion）

(1) 形态特征

成虫体长约3mm，卵圆形，赤褐色至深褐色，着生黄褐色、白色细毛。触角11节，棒状，棒节逐渐变粗，长可达前胸背板基部。前胸背板两侧圆，向前端呈弧形，后缘中间突出，两侧刻点密于顶区。鞘翅具褐色与暗红色环状纹与花斑，有时不完全或不明显，毛短而稀疏。雄虫触角棒8节；雌虫触角棒4节，末端则为圆锥形。幼虫长约5mm，棕黄色，着生褐色毛。头每侧有单眼6个，触角3节。体着生芒刚毛，背板侧部生箭刚毛。腹后部有1束细的尾须。

(2) 生活习性

此虫生活力极强，可耐饥寒，食物缺乏时可忍饥数月，甚至达数年，不过体躯逐渐缩小，须待重新获食后再恢复。幼虫在仓库中的缝隙或粮食碎屑中越冬。

图2-10　花斑皮蠹

5. 毛衣鱼（*Ctenolepisma villosa* Fabricius）

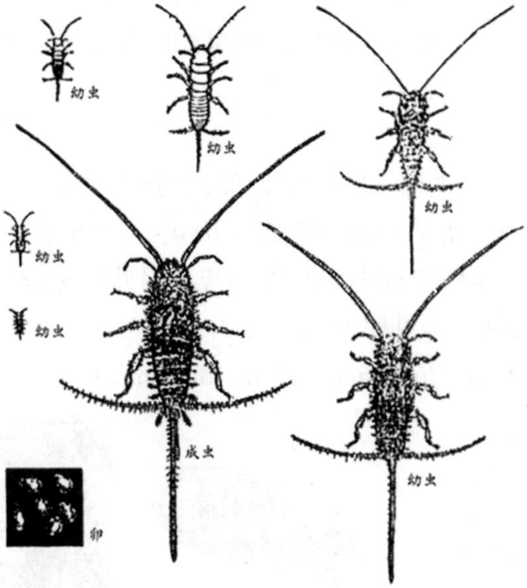

图 2-11　毛衣鱼成虫、幼虫、卵

（1）形态特征

成虫体长 9mm~13mm，无翅，身体背面有灰黑色鳞片，腹面有白色鳞片。胸部宽于腹部，腹部向末端逐渐窄小，尾部有尾须及中尾须，中尾须约等于身长。除若虫个体小、幼龄若虫无鳞片外，其外部形态均同于成虫。

（2）生活习性

一年发生数代，在温暖地区发育很快。卵散产或成块地产在物品上。其发育为不完全变态。成虫、若虫均喜黑暗，隐藏在各种物体的缝隙里，非常活泼，夜出活动，遇光则惊逃。

6. 德国小蠊（*Blattella germanica* Linnaeus）

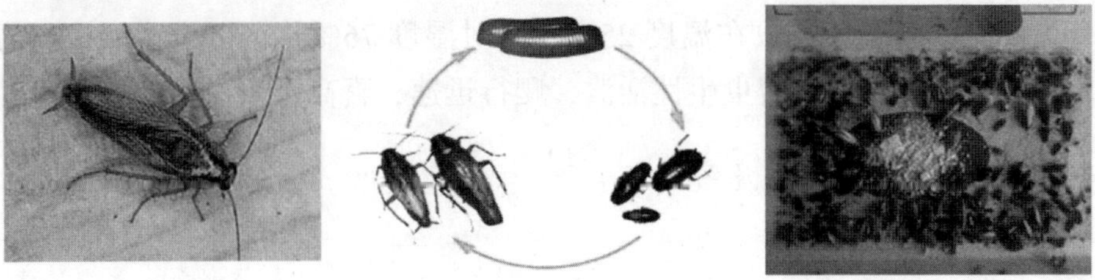

成虫　　幼虫　　卵

图 2-12　德国小蠊成虫、幼虫、卵

（1）形态特征

德国小蠊是室内蟑螂中最小的一种，其体态与常见的其它蟑螂极为相似，体长在 15mm 以下，大小约为一般蟑螂成虫的四分之一。成虫为棕黄色。在前胸背板上有两条平行的褐色纵纹。

（2）生活习性

德国小蠊的生活习性与一般蟑螂相似，喜在宾馆、酒店的中西厨房、酒吧、餐厅等场所活动。德国小蠊一年能经历 4~5 个世代。德国小蠊卵鞘一直拖在雌虫的尾端，直至孵出成虫才脱落。若虫因此随母体到处扩散。若虫经 5~7 次蜕皮后成为成虫，若虫期为 30~56 天。

7. 嗜卷书虱（*Liposcelis bostrychophilus* Badonnel）

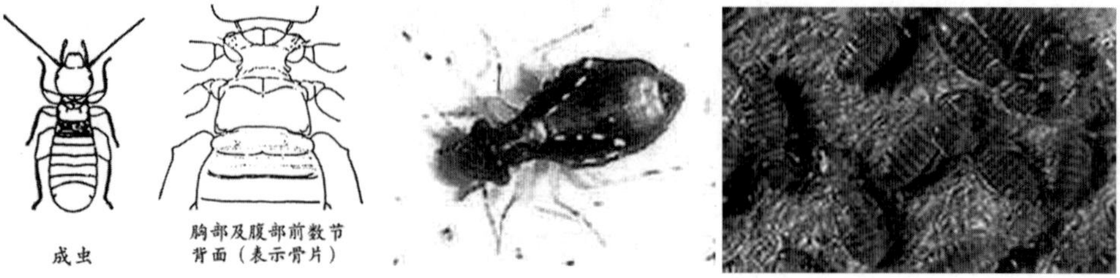

成虫　　幼虫　　蛹

图 2-13　书虱成虫、幼虫、蛹

（1）形态特征

成虫长 0.95mm~1.08mm，扁平，长椭圆形，柔软，黄白色或黄褐色，无翅。头大，唇基突出，复眼较小，呈黑色，咀嚼口器，触角丝状，16 节，胸部窄于头部，中、后胸愈合，后足腿节扁而膨大。成虫跗节 3-3-3 式，若虫跗节 2-2-2 式。

（2）生活习性

一年发生六代，在温度 16℃~35℃条件下，完成一代需要 3 周~4 周，其发育为不完全变态。成虫在温度 25℃、相对湿度 76%并饲以酵素时，其寿命平均为 175 天。成虫、若虫生性活泼，爬行迅速，喜高湿。

（二）害虫对档案的危害

1. 取食档案

档案害虫喜食含有较丰富的纤维素类、淀粉类物质。因此，纸质档案及其用品、装裱档案资料用的淀粉浆糊便成为档案害虫的良好食料。

2. 蛀损和污染档案

不同种类的档案害虫对食物各有选择，并通过钻蛀、侵食和污损覆盖等方式危害档案。档案窃蠹把卵产在粗糙而松软的纸张里，卵孵化为幼虫后就地蛀食，可将整卷档案蛀穿；毛衣鱼喜蛀食带有淀粉浆糊的书脊和裱糊过的档案，使档案呈现不规则缺损；白蚁、褐粉蠹喜食木质结构的档案装具用品，可将其蛀损；条件适宜，危害加剧。虽然近年来档案保护条件逐渐有所改善，但害虫仍然是我们保护档案的大敌，必须引起档案工作者的高度重视。

（三）档案害虫对人体健康的危害

档案库房内的档案害虫除了侵蚀污损档案外，对人体健康也有很大影响。如食菌类害虫携带致病菌，蜚蠊能携带多种致病菌和脏物，其在档案上的呕吐物、排泄物会严重影响人体健康。此外，空气中的尘螨对档案的危害虽然不如一些害虫那么直接，但对人体健康的危害却不容忽视。尘螨普遍存在于人类居住场所的尘埃中，是常见吸入物过敏原中最重要的一种，分类上属于真螨目蚍螨科。在已知的 34 种尘螨中与人类过敏性疾病关系最密切的主要有屋尘螨、粉尘螨和宇尘螨。库房内空气中尘螨的数量与温度、湿度和清洁程度相关。尘螨生长发育的最适温度为 25℃±2℃，温度再高时，发育虽能加快，但死亡率随之增高，低于 10℃时则发育减慢，低于 0℃不能存活。湿度对尘螨数量也起决定性作用，最适宜的相对湿度为 80%左右。尘螨一般在春秋季大量繁殖，秋后数量下降。由于各地的气温不同，同一地区各年的平均气温也有差异，因而尘螨的季节消长亦各不相同。近年来，空调的普遍使用为尘螨的繁殖提供了有利的条件，这也是尘螨剧增的原因之一。根据室内环境监测中心的监测数据，不洁空调吹送出来的螨虫至少在万只以上。尘螨的致敏作用，最典型的是诱发哮喘，同时可以引起过敏性鼻炎、过敏性皮炎、慢性荨麻疹等。

第二节　有害微生物及害虫防治

我国在保存浩如烟海的档案过程中，积累了丰富的档案保护经验，使珍贵的历史记录得以世代相传。我国古代对档案有害生物的防治技术可分为三个方面：一是对档案载体进行加工，使其具有一定的毒性，或减少档案载体的营养成分，使蠹虫无法生存。古代曾使用过的档案载体有金石、甲骨、简牍、缣帛和纸张等。其中金石因为有极大的硬度，化学物理性质相对稳定，害虫不能从中汲取营养物质，故它们基本不需要额外的防虫措施。而甲骨、简牍、缣帛、纸张本身可成为有害生物的营养物质，故需要采取防虫措施。二是采用驱避剂防止有害生物对档案的侵蚀，与前者不同的是，这些驱避剂并不是涂在档案载体上，而是放在保存档案的装具中。驱避剂包括麝香、木瓜、皂角、烟草、芸香草和樟脑等。三是采取晾晒措施，通过晾晒、翻动档案降低湿度，以达到防虫的效果。

进入近现代以来，档案有害生物的防治技术有了很大的发展。首先，随着近代生物科学的发展，人们对有害微生物、害虫的种类和特点有了更加全面的认识。其次，在继承古代防虫技术的基础上，借助现代科学技术发明了各种物理、化学方法来预防和杀灭档案有害生物。在防治档案有害生物时，采取"以防为主，防治结合"的原则，切断档案有害生物的传播途径，控制档案所处环境的温湿度，同时采用物理和化学消毒相结合的方法，取得了良好的效果。

由于进馆档案单位不同，进馆档案的质量也不尽相同。因此，为确保进馆档案质量，把好档案的入口关，要对所有进馆档案首先进行灭菌前霉菌检测培养工作；其次，对进馆档案进行除尘；再次，对进馆档案进行消毒灭菌；最后，再对灭菌后进馆档案进行霉菌检测，经灭菌前后霉菌检测质量对比符合档案入库要求后，再入库保存。

一、档案霉菌和害虫的预防

（一）防霉

霉菌在自然界的分布极为广泛，空气中飘浮着大量的孢子，可以说档案处在霉菌孢子的包围之中。例如："5·12"地震中，北川档案馆全部垮塌，8.5万卷档案全部被埋于废墟之下。震后共抢救清理出6.5万余卷档案。虽然这部分档案已完成除湿、除霉、消毒等工作，档案霉变的情况已经得到了遏制。但是如果要整理出这些档案资料的话，还需要2~3年甚至更长的时间。

根据《档案虫霉防治一般规则》（DA/T 35—2007），在防霉方面主要做好以下四点：

1. 严格控制库房内温湿度，保持温湿度稳定

霉菌生长的最适宜温度为18℃~28℃，相对湿度70%以上，库房的密闭环

境更有利于霉菌的生长繁殖。根据《档案馆建筑设计规范》(JGJ 25—2010)，我们把库房内的温度控制在20℃以下，相对湿度控制在60%以下，这样霉菌孢子不能萌发，生长受到抑制。条件好的档案馆可以用中央空调系统控制温湿度；暂时还没能力达到恒温恒湿要求的档案馆，可采用在密封的库房内安装去湿机控制湿度来防霉；一些条件较差的档案馆，可根据当地的情况采用诸如自然通风、在库房内堆放生石灰等土办法去湿；另外，近年来有人做了在密封塑料袋内放除氧剂防虫防霉试验，效果较好，对一些很珍贵的档案采用此法保存是可取的。

2. 保持库房清洁

微生物常常是由灰尘传播的，所以保持库房清洁，可大大减少微生物危害档案的可能。为了库房清洁，要经常清除库房、装具、设备、档案中的灰尘，及时清理室内垃圾。库房内壁和地面最好涂上防霉涂料或油漆。工作人员进入库房要先穿上干净的工作服、换上工作鞋。有条件的档案馆可增加风淋设施。工作人员不能带任何食物进入库房。提供档案利用时，要提醒利用者爱护档案，注意不要弄脏档案。

3. 减少微生物侵入库房

应避免微生物进入库房。新接收和利用过的档案最好经灭菌处理后再放入库房，以防止微生物污染。对于受了菌害的档案，必须进行消毒处理后方可入库。搞好库房周围环境卫生也是减少微生物侵入库房的重要措施。

4. 使用安全有效的防霉剂

档案库房的防霉剂应符合如下要求：抗菌效力高，即低浓度就有抑菌和杀菌作用；毒性小，对人的安全性好；稳定性好，有效期长，在较长时间内不易分解；无副作用，对档案制成材料无影响。

防霉剂的使用方法很多，可配制成溶液喷洒在库房内空间和四壁；可让某种固体载体吸附，使其徐放挥发；也可将防霉剂加在塑料成分内制成薄膜，用以保护档案。

过去，防霉剂的研究一直注重于化学药品，近年来，随着人们环保意识的提高，科研人员倾向于从天然材料中寻找高效低毒的新型防霉剂。目前，植物性的防霉剂有很好的前景，其中主要是植物挥发油，具有抑菌或杀菌活性，且毒性较低，尤其是作用为气相，不与档案直接接触，符合档案防霉的要求，越来越受到档案工作者的重视。

常用的防霉剂有：香叶醇长效抗霉灵、对硝基苯酚、邻位苯基苯酚、防霉剂 A4 和 TBZ、生物抑制剂 60、fm3 纯天然防霉剂等。

（1）香叶醇徐放抗霉剂

香叶醇是从植物香茅草中提取的一种液体挥发油，通过无机徐放载体收容挥发油并固化成片剂，达到控制挥发速度的目的。本品具有香味，对人体无毒。特点是：药物从载体中释放出来不变质；从载体内部向表面迁移性好，其释放速度为 10~20mg/周；药物和载体相分离时不渗出液状物，不污染物品；易加工成固体。研究表明：香叶醇徐放抗霉剂为 60ppm 时，能有效抑制供试霉菌。用该药熏蒸供试纸张、字迹材料并进行对照，经测试，对纸张、字迹没有明显不良影响。该产品由中央档案馆等单位研制，已在实际应用中取得了良好的社会效益和经济效益。

（2）fm3 防霉剂（纯天然防霉剂）

fm3 防霉剂为我国自行研制的可用于银盐胶片的植物性防霉剂。其特点是：杀菌广谱，杀菌效率高，使用范围大，多效能，安全环保，工艺简单，使用方便。试验表明：在 60ppm 剂量下对纸张、醋酸胶片、录音带、录像带、皮革等六种材料均有良好的防霉作用。

（3）韦陀纯天然防霉剂

韦陀纯天然防霉剂不仅可用于银盐胶片的防霉，还可用于纸质档案、图书、衣物等的防霉。经对黑曲霉等 10 种代表性档案霉菌防霉试验，结果表明，该防霉剂是一种广谱防霉剂。在 60ppm 剂量下对纸张、醋酸胶片、录音带、录像带等材料均有良好的防霉作用；对录像带记录的信号、档案纸张和字迹无明显不良影响。该防霉剂已进行技术转让，并取得了良好的经济效益和社会效益。

（二）防虫

1. 档案害虫发生的基本特点

档案害虫因受温湿度影响，南方多，北方少。然而，也因害虫防治水平、经济条件所限，在同一地区害虫发生情况也不尽相同。

（1）虫口密度小，一馆多虫较为少见

随着经济条件的好转，多数档案馆盖起新库房，档案保管条件有了较大改善，档案库内的温湿度得到了相应的控制，减少了害虫发生基数。同时，档案因搬迁整理，破坏了害虫的生态环境，此类档案馆（室）一般较难发现害虫。

（2）局部生虫因管理疏漏所致

①接收档案时发现害虫，因无杀虫设备而放入箱内或直接放在某一处所特

殊保存，以防止害虫的传播。处于这种情况的档案，随着时间的推移，在适宜害虫生长发育的条件下，害虫生长发育较快，虫口密度较大，几个月内就会使害虫大发生。例如，在亚热带地区，某县档案馆接收的一卷民族历史档案，放在资料室地板上，不到一年就抖出档案害虫 141 条。又如某县档案馆把接收的 21 卷会计档案放在一木箱里隔离保存，经检查虫口密度每卷少则几条，多则 20 余条，虫口密度之大惊人。此类情况在南方山区较为多见。

②案卷目录生虫，案卷目录多在办公室存放，而且马粪纸较多，一旦生虫因远离库房不被重视，认为有个把虫子不会危及档案的安全。年复一年，害虫由少到多，致使虫害加重。

③马粪纸比牛皮纸形成的卷皮（或盒）易生虫。马粪纸制品一般质地疏松，易于使某些钻蛀性害虫将卵产在其内，由于里面的温湿度较稳定，对其后代存活具有保护作用。因此，同一处所其他条件基本相同时，马粪纸易生虫。如南方某市档案馆图书资料架上保存的 1950～1958 年间的国民经济统计资料，凡马粪纸卷皮的均已生虫。虫口密度为 12～24 条/卷，牛皮纸卷皮则无发现害虫。

④档案入库杀虫不彻底，同样会留下隐患。接收档案时发现害虫，为保护档案因陋就简用除尘、翻抖或用穿透力弱的药剂杀虫，虽花时间不少，但没能完全抖出或全部杀灭，仍留有隐患。一旦条件适宜，害虫就会繁殖蔓延。

⑤久放不动的档案易生虫。久放不动的档案，给害虫的生长发育创造了稳定的生态环境，一旦感染害虫，就会大量繁殖造成危害。如南方某县档案馆 50 年代的《新华日报》合订本、苏联共产党历史画册等因极少利用，均已生虫。虫口密度为每卷百余条。待销毁档案生虫的原因也在于此。如某档案馆将待销毁的底图档案堆放在木质箱内多年不动，灰尘和死成虫均很多，幼虫虽不喜食纸张，日久天长底图有几处被蛀。在白蚁发生地区的某一档案馆，将待销毁档案放在一间空房内，不到一年则发现很多黑胸散白蚁，将档案蛀损得面目全非。

⑥局部潮湿易生虫。在我国南方，有的档案馆条件很好，通过典型调查都发现了啮虫目和薪甲科等害虫。其原因是纸页含水量太大，排放太紧，纸页的水分难以散失。害虫发生部位一般多在底层框架上，严重者害虫密度每卷高达 90 余条。

（3）图书资料库比档案库发现害虫的次数多

原因有二：一是缺少必要的防虫药，且防虫药放置时间不当。所谓防虫药，就是在档案尚未生虫以前放置，一旦生虫后再放就无济于事了。因为防虫药一般杀虫效果极差，加之药剂放在敞开的环境里，很难达到杀虫剂量。二是档案害虫具有喜脏畏净习性。图书资料库因种种原因与档案库相比条件简陋、灰尘较多，有的阴暗潮湿，有的长期堆放待整理的图书资料及杂物，为害虫的生存繁殖提供了条件。

（4）现代库房生虫部位奇特不容忽视

为了档案的安全保管有不少单位将库房建成保温、隔热、密闭的现代化库房，库房内温湿度较稳定。然而因经济条件所限，库房内温湿度很难控制在抑制害虫发生的范围，一旦有虫就会生长发育。如在某档案馆库房内白色灯罩和防爆器里曾栖息大量拟裸蛛甲成虫，生虫部位的奇特不容忽视。

（5）害虫以菌为食引起档案霉变

档案的霉变为某些昆虫提供了繁殖蔓延的物质条件。一些昆虫在真菌上完全可以生长、发育，如食蕈甲、薪甲科和啮虫目昆虫多在有霉菌的档案上栖息活动，尤其是高温高湿的南方在那些通透性不好的档案库房里多见，通过多年的研究和实践表明：这类仓贮甲虫一般只食菌类，特别是霉菌，通过取食传播霉菌引起档案霉变，从而对档案造成间接危害。

2. 对档案害虫的防治

在档案保护技术工作中，档案虫害的防治是个非常重要的内容。在防治工作中，预防工作是首要的，抓住了“防”就抓住了害虫防治工作的根本。预防工作做好了，治的任务相对就减少了。反之，则治不胜治，一旦虫害滋生蔓延，则须耗费较大的人力、财力、物力进行抢治，会给党和国家历史文化财富带来不可估量的损失。

档案害虫的防治主要通过生态学研究，掌握有利和不利于害虫发生发展的因素与延长档案的寿命相结合，因地制宜，因陋就简，采取综合防治措施，防止害虫的发生。近年来，由于害虫防治措施得力，有许多害虫（如档案窃蠹、烟草甲、蜚蠊等）在库房内得到相应控制。

由于档案库房基本处于封闭和半封闭状态，是一个可以人为控制的环境。所以通过档案工作者对档案库房加强技术管理，就可以有效地防止或抑制害虫的发生。

（1）增强防治意识，提高防治水平

在我国做好档案害虫防治工作，除了技术条件以外，还受人力、物力和财力的制约。要解决这一问题，就必须提高认识，明确害虫研究及防治工作的重要性、必要性和可行性，加强宣传教育，研究对策，逐步创造条件，充分发挥人的主观能动性，齐抓共管，做到领导与业务部门密切配合，将害虫的防治工作贯穿到档案工作的全过程。

（2）档案害虫防治的基本原则

一是坚持“以防为主，防治结合”的防治思想，统筹兼顾，组织协调，系统防治，将多种防治技术统一起来，进行一体化防治。二是前端控制，预防为主，创造不利于害虫生存的生态环境，破坏害虫生长、发育和繁殖的途径。三是防治技术和材料要选用绿色和无公害的，具备环境与生态友好性，对人、畜以及其他生物无毒害作用，易于进行分解和再循环利用的品种。四是所选的技术和材料对档案、图书、文物基本无损坏。

（3）适时开展害虫的调查工作

档案害虫的调查是害虫防治工作的组成部分，只有定期开展调查研究工作，才能及时了解害虫的种类、分布、发生及危害情况，从而掌握害虫的发生规律及其原因，为害虫防治提供基础数据和对策依据。

（4）制订切实可行的防治措施

害虫的防治必须制订切实可行的防治措施，包括行政的、技术的各项防治方法与措施，还包括害虫防治的阶段目标和长远目标。由于档案的重要性，要使档案内无虫或基本无虫，无论采用物理的或化学的方法杀虫，要求杀灭效果应为百分之百。尤其档案的主要害虫，不允许有活虫存在。因为几头成虫的存在，在性成熟以后可产下数十个或数百个卵。卵孵化后蛀食档案，轻者呈孔洞，重者百孔千疮，影响档案的利用。一条危险的检疫害虫，同样有繁衍后代的可能，使库房内增加新的虫种，给档案的安全带来新的威胁。为此，根据档案害虫的生物学特性，制订以下具体措施：

①保持库房清洁卫生

清洁卫生防虫就是根据档案害虫的生活习性、清除害虫的滋生条件、而达到防虫目的的一种方法。档案害虫一般都具有喜温、喜湿、喜脏、喜阴暗等习性，破坏这些生态环境就会防止害虫的生长发育，繁殖蔓延。因此搞好日常库房卫生，坚持定期彻底清扫，做到库房内无杂物和其他废弃物。具体措施如下：

a. 建立、健全库房内外清洁卫生制度，并认真贯彻执行。不清洁以及受害虫感染的档案材料、衣物不得入库。工作人员不能带任何食品入库，工作人员入库应换工作服、工作鞋。

b. 要经常保持库房四壁、天花板、地面和柜架清洁。保持库房内无孔洞、缝隙。对库房内阴暗角落，应注意经常进行清扫。

c. 进入库房内的装具用品要进行检查清洁和杀虫处理。

d. 库房应安装纱窗、纱门，门窗应严密，以防害虫飞入。建立健全库内外清洁卫生制度，要求计划、组织、时间和工具“四落实”。做到库房四壁、天花板、地板、地面清洁而无蜘蛛网等。库内无杂物和待销毁档案。堵塞孔、洞、缝以防止库外害虫的传播及进入库内。

②加强库房温湿度管理，抑制档案害虫的生长、发育和繁殖

档案害虫喜温畏寒、喜湿畏干。按照一定标准来控制与调节库房温湿度，就能在一定程度上改变档案害虫最有利的生活条件，使档案害虫处于被抑制的状态，减少害虫对档案的危害。为了提高控制效果，必须研究不同密闭对象的用材和密闭技术，做到关则严、开则通，使空调、机械通风与自然通风降温去湿相结合，降低库房内温湿度，抑制害虫发生。

③做好档案入库前的检疫

档案馆的档案来源于社会各个部门，各部门档案的保护条件和保护措施千差万别，因此，档案遭受虫害的可能性和程度也不一样。档案害虫随着档案的流通，在适宜的条件下，其卵会孵化出幼虫，蛹羽化为成虫，对档案造成危害，因此，档案入库前的检疫和杀虫是防治害虫发生的有效措施。为了保护馆藏档案不受害虫感染，档案进馆前必须进行严格的检疫工作。只有经检疫杀虫之后，档案才能进馆。

④定期检查档案

档案入库后，除了整理、编目、提供利用外，基本处于静止状态。如果周围环境适宜，则有利于害虫的生长、繁殖。定期检查档案，既可以及时发现害虫，处理疫情，又可以破坏害虫的生态环境。检查的过程也是翻动档案的过程，它能够破坏档案害虫安定的生态环境，如果定期清扫，可以驱除已有害虫的虫卵，对害虫有一定的防治作用。检查时，需配备放大镜、毛笔等用具。

⑤采用抗虫纸张防止害虫的侵入

任何有机体的生存与发展，都必须具备一定的物质条件，档案害虫也不例外，它们的生长发育同样离不开营养物质。研究害虫与营养物质的关系是生态学研究的组成部分。档案害虫生活在档案里直接取食档案的纸张、布类、丝绸类等，它们有取之不尽、用之不竭的营养物质，然而它们的取食也是有选择性的。研究和实践证明，害虫喜食马粪纸制品的档案材料，如马粪纸卷皮（或

盒）、学籍册档案、善本书函套等。有不少档案馆为了消灭害虫，将马粪纸卷皮、卷盒、函套用多层牛皮纸压制而成的卷皮、卷盒、函套等替换下来，从而增强了档案及其用品的抗虫性。对局部潮湿档案进行干燥处理，破坏害虫的生态条件，减少发生基数，是防治食菌类害虫的最好途径。

⑥药物防虫

适时适量采用防虫药。其注意事项是：采用防治效果好、对纸张字迹无不良影响，对人畜安全的药剂；一个库房最好只用一种药，以防止不同药剂因互相影响而降低药效；药剂应轮换使用，以免害虫产生抗药性；注意防虫药的使用剂量和施药时间。

在档案库房及各种档案装具内放置驱虫药剂，使药物挥发出来的气体在档案周围经常保持一定的浓度，害虫不敢接近档案。目前，我国大多数档案库房都采用这种方法防虫。

安全有效的驱虫剂必须具备以下四个条件：对人体无不良刺激或毒害；对档案制成材料无损害；能挥发或升华，容易扩散；价廉易得，使用方便。

药用植物含有纤维素类物质，在泡制中药的过程中有可能感染害虫，条件适宜就会繁殖蔓延。因此，药用植物性防虫剂，经杀虫处理后方能使用。药用植物作为防虫剂，当它们的有效成分挥发完后，害虫不仅不会离去，反而还会把它们当做美食佳肴。因此，失效的药用植物防虫剂应及时移离库房。

档案库房常用的驱虫剂主要有：

a. 樟脑

樟脑是樟树中所含有的一种化学物质，经过蒸馏、分离提炼而成。樟脑是一种双环萜酮类物质，白色结晶体，由于沸点和熔点很接近，因此，极易升华。难溶于水，易溶于有机溶剂，化学性质稳定，有强烈的樟木气味和辛辣的味道，在常温下能够自然挥发，可用于防虫驱虫。

b. 灵香草植物性防虫剂

据估计，全世界约有1000多种植物对昆虫具有或多或少的毒性。我国广西壮族自治区境内，生长一种具有浓烈香气的药用植物，学名为灵香草，异名驱蛔虫草、广零陵香、广灵香、平南香、满山香、熏衣草。是报春花科多年草本植物。该草含挥发油，具有特别浓郁香气、味苦，有强烈刺激性。长期以来，当地人把它用作熏衣服的香料，同时用作驱虫剂以防止昆虫对衣物的蛀蚀。东南亚一些国家也有将灵香草用于防蛀防腐的传统习惯，我国每年向东南亚地区出口的灵香草数量相当可观。广西的一些档案馆应用灵香草在控制当地档案害虫虫种的危害方面取得一定成效。从中外民间的应用情况、广西档案部门的应用情况以及资料的记载不难看出，灵香草对当地的仓库害虫和某些微生物有一定的防治作用，而对人则无毒副作用。

1997 年我国开始对灵香草用于档案驱虫的研究。档案害虫黑毛皮蠹、花斑皮蠹是目前检测防虫剂的通用虫种，且认为是比较顽固的虫种。灵香草对档案害虫黑毛皮蠹、花斑皮蠹下一代的滞育作用已经通过试验得到证明。

灵香草滞育作用的特点，对档案害虫防治工作具有指导意义。第一，它是确定某种害虫防治适期的重要依据之一。例如在对黑毛皮蠹、花斑皮蠹的防治中，选择其成虫产卵前后的时间适期施药，就可以收到较好的防治效果。第二，它可以配合其他杀虫剂起到综合防治的作用。一般防治害虫的情况是，年年在防治中杀死一部分，第二年又恢复到原来的数量。如果把灵香草与杀虫剂配合使用，那么情况就不同了。当害虫大量发生时，灵香草是不起作用的，因为它不能及时杀灭害虫，不能阻止害虫的危害，但是植物杀虫剂（用量不大）与灵香草混合使用后，灵香草可以抑制害虫的大量发生，使害虫后代的数量大大减少，如此经过一次一次地处理，就会逐渐消灭害虫。

防虫剂对防虫虽起到一定的作用，但完全依靠防虫剂是不可靠的。应和其他措施结合使用，如加强温湿度的管理、建立管理制度等来防止感染害虫，并破坏害虫的生态环境。

二、档案霉菌和害虫的杀灭方法

档案消毒（灭菌、杀虫）的目的就是杀灭寄生于档案库房和档案中的档案有害微生物和档案害虫，消除或减少档案有害微生物和档案害虫对档案的破坏，最大限度地延长档案的寿命，保证档案实体的安全。对已经生霉的纸质档案文献材料，应尽快采取隔离方法，避免交叉感染，并根据档案受损程度区别对待。

（一）档案有害微生物的杀灭

1. 物理灭菌法

物理灭菌法就是利用物理因子对档案有害微生物菌体的作用，使档案有害微生物肌体死亡的方法。常用于灭菌的物理因子有温度、干燥、辐射等，冷冻真空干燥灭菌方法如下：

虽然档案有害微生物忍受低温的能力很强，但在一定条件下，冷冻确实能使一些档案有害微生物死亡。如将温度逐渐下降到冰点，菌体细胞原生质内的水分就会形成许多小晶体，破坏原生质的胶体状态，并机械地挤压菌体细胞，造成菌体破裂死亡。而干燥引起菌体脱水和盐类浓度增高，也能阻止菌体生长或使其死亡。因此，可将档案放在-20℃以下的环境中，在冷冻真空干燥条件下进行灭菌，效果十分显著。

如2001年某省档案馆因地制宜，建立起了一座容积为22m³，可容纳5000卷档案，库内最低温度可达-32℃，通常可保持在-25℃左右的低温冷冻消毒库。对接收进馆的档案进行处理，周期3天，运行效果良好。

2. 化学灭菌法

化学灭菌法是利用化学药剂来杀灭档案有害微生物的方法。最适用于档案灭菌的是化学熏蒸灭菌法，即在一定的温度和压力条件下使熏蒸剂由固态或液态迅速转变成气态，然后渗透到档案中灭菌。熏蒸剂在其所要求的温度和压力条件下能迅速产生对生物致死的气体，穿透到生物体内，使其死亡。熏蒸剂灭菌需要控制的密闭场所，一次处理量较大，而且快速灭菌效果好。

常见的化学灭菌法主要包括：环氧乙烷熏蒸法和中药熏蒸法。

（1）环氧乙烷熏蒸法

环氧乙烷（EO）具有良好的杀菌性能，其杀菌原理是它能与档案有害微生物菌体蛋白质中的羧基（-COOH）、氨基（$-NH_2$）、硫氢基（-SH）和羟基（-OH）相结合，破坏菌体细胞的代谢活动，抑制氧化酶和脱氢酶的活性。环氧乙烷具有良好的扩散穿透能力，对纸张和字迹均无影响。

环氧乙烷是一种易燃、易爆、有中等毒性的危险化学品，它在空气中浓度超过3%遇到明火可能引起爆炸。故一般应采用专用环氧乙烷真空消毒设备。灭菌参数一般为：T18℃~28℃，RH40%~60%，剂量500g/m³，时间24h。

环氧乙烷对高等动物有很大的毒性，当空气中含量达到750ppm时，人在其中呼吸30min~60min就有致命的危险，浓度越高毒性越大。因此，使用环氧乙烷时必须采取有效的防护措施，避免意外事故发生。由于环氧乙烷在浓度较低时，能刺激人的鼻眼黏膜，从而起到警示作用。

（2）中药熏蒸法

以久元380G为例，其操作流程为：将适量药剂放入底层托盘中；将需要消毒档案从库房用专用推车推出后，将推车推进消毒柜，关闭柜门；接通电源，设定消毒时间0.5h~1h。待消毒完成后，关闭电源，打开柜门，推出档案，将档案归还至库房，并做好消毒记录。

（3）局部霉变的处理方法

用医用脱脂棉球蘸取75%的酒精和霉敌混合溶液轻轻擦拭除霉，要注意将棉球适当拧干。使用过的棉球要妥善处理。如纸张霉变面积较大，先灭菌（可采用化学灭菌法和物理灭菌法）然后再用75%的酒精和霉敌混合液棉球擦拭除霉。

（二）档案害虫的杀灭

1. 物理杀虫法

物理杀虫是指利用物理方法破坏害虫的生理机能、使之死亡或不育、以达到防治害虫的目的。物理防治具有方法简便、无残毒、不污染库房内环境、不致使害虫产生抗药性等优点，它具有广阔的应用前景。防治档案害虫既要考虑防治措施的杀虫效力，又要考虑对纸张和字迹耐久性的影响。物理防治法主要有高温杀虫、低温杀虫、射线辐照杀虫和气调杀虫等。

（1）高温杀虫——远红外线辐照杀虫

远红外线辐照杀虫是高温杀虫的一种方法。与一般的高温烘烤杀虫不同，远红外加热是利用它所特有的热效应，以辐射为主，不需要媒介物质的传递。远红外辐照的能量被有机物、高分子化合物和水分等物质吸收后，使物质内部分子产生强烈的共振现象，改变了原子外层轨道上的电子能量，物质分子运动加剧，温度急剧上升，从而使被照物内部和外部同时均匀受热，很快达到害虫致死的高温。一般远红外辐照杀虫的温度控制在50℃以下，辐照时间不要超过30min，在这种条件下对档案纸张不会有明显的影响。

（2）低温冷冻杀虫

低温冷冻法是根据害虫的生物学特征，将害虫置于致死低温条件下达到杀灭的方法。低温冷冻杀虫是美国耶鲁大学图书馆于1976年研究成功的，它具有杀虫效果好、对档案制成材料无影响、不污染环境、无毒、操作简便的优点。长时间的低温会中止害虫的新陈代谢活动，使其死亡，害虫在低温致死温区内，细胞内的游离水就会外溢到细胞间隙而结冰，随着冰晶体的不断扩大，细胞膜受到机械破坏，原生质脱水浓缩以致凝固，使害虫组织和细胞产生不可复原的变化。近年来国内有些档案、图书部门建造了大型冷库，据试验表明，冷冻温度控制在-35℃~-40℃，处理4天，缓冲回温1天~2天，可以杀灭常见档案害虫各虫态。在档案、图书资料入库前的预防性杀虫和生虫材料的杀虫处理方面，取得了理想的效果。

低温冷冻杀虫方法与要求：少量档案的低温冷冻杀虫可采用冰箱、冷柜，大规模杀虫处理需使用大型冷库。智能低温冷冻库通过缓慢循环降温软件系统控制 PLC 调节库房内温度，使库房内温度按系统预设程序降温曲线阶梯性缓慢降温，能避免冷冻杀虫过程中害虫假死现象，实现杀灭档案害虫。某省档案局档案科学技术研究所以花斑皮蠹、黑毛皮蠹和烟草甲为供试试虫，使库房内温度缓慢曲线降至-40℃，再将冷库维持在一定的深冷温度下（-36℃～-40℃）连续循环降温。经过对库房内回温 48h 后和室温放置 24h 后的档案进行观察发现，害虫致死率达 100%。

在进行低温冷冻杀虫时，冷冻的时间必须包括低温对纸张材料的渗透时间；采用温度计实时监测温度变化，精确计算杀虫时间；为保护处理的档案、图书资料，用纸箱或木箱包装后冷冻处理；冷冻结束后，等待温度慢慢回升至室温后再入库，或将处理完毕的档案、图书资料放置于缓冲间 10h～24h 后入库，避免纸张因温度的快速变化出现受潮现象。

（3）气调杀虫（缺氧杀虫）

气调杀虫是已应用于档案、图书部门的一种重要的物理杀虫方法。它是人为地将空气中各种气体的正常比例加以调整，使氧气减少，氮气、氦气、二氧化碳或其他惰性气体增加，从而使昆虫正常活动受到抑制，直至昆虫窒息而死的一种方法。

同化学杀虫相比，缺氧杀虫具有杀虫效果好，无毒气释放，不污染环境，不会使害虫产生抗药性，不损坏档案载体材料等诸多优点，因此深受档案部门欢迎，并且在不少单位已得到应用与推广。目前采用的方法有真空充氮、置换充氮、二氧化碳杀虫等。

①真空充氮杀虫

该法是将真空容器内的空气抽出，容器内的真空度越来越高，充入氮气以降低氧气浓度的一种杀灭害虫方法。真空充氮杀虫密闭时间短，害虫致死快，设备利用率高。据国外报道，在温度为 25℃～30℃的条件下，保持容器内氮气浓度大于 99.99%，处理 1 周～2 周，可以杀死档案害虫；某市档案馆关于真空充氮杀虫的研究结果表明，在氧含量为 0.2%条件下，密闭 96h，可使档案害虫全部致死，目前该设备已在档案、图书部门得到了广泛应用。

真空充氮设备属于专用设备，操作人员需要参加专门的培训，并定期检查设备，确保其正常运行。

②置换充氮杀虫

该方法既可利用现有的氮气，也可以自己制取。在制取时用制氮机将煤油或汽油充分燃烧，消耗空气中的氧气，取得85%的氮气和14%~15%的二氧化碳气体。反应中产生的水蒸汽可通过冷凝除去，剩下的氮气和二氧化碳用于杀虫。充氮降氧杀虫时，容器内的氧气含量在1%~2%时，可以100%致死害虫。置换式充氮降氧杀虫，由于氮气中混有少量二氧化碳，从而提高了杀虫效果。充氮气杀虫的致死时间长短，与杀虫时的温度有关，在氧气含量降到2%以下时，温度越高，致死害虫时间越短。

以上杀虫方法各有利弊。高温杀虫一般不提倡；低温杀虫虽简易方便，但由于虫种、虫态的差异，以及个体耐寒性差异，杀虫可能达不到100%死亡效果；微波杀虫所承受的风险较大，微波腔内温度可达70℃，而且使用不当微波容易外泄，对人体健康有害；高压充氮杀虫对档案材料危害最小，但需要随时监控设备及环境温度变化情况，以免气压过高而发生安全隐患。

2. 化学杀虫法

化学杀虫法是通过使用化学药剂引起害虫生理机能严重障碍以致死亡，该法处理量大，既可杀虫又可预防，同时化学杀虫速度快，作用时间短，费用低，杀虫彻底，方法灵活，用药量可随环境条件、虫种、虫态增加或减少。化学杀虫的缺点是会造成环境的污染，危害人体健康。按药剂侵入虫体的途径分为胃毒剂、触杀剂和熏蒸剂。胃毒剂的作用是药物随食物进入害虫的消化道内，发生毒效，如砷素剂、氟素剂。触杀剂的作用是通过害虫的体壁进入虫体，影响害虫正常的神经传导，使其中毒死亡。熏蒸剂的作用是利用易挥发药剂的蒸气，通过害虫的呼吸系统或由体壁的膜质进入虫体，使害虫死亡。胃毒剂和触杀剂均有一定的局限性，胃毒剂需要害虫将药物食入消化道，触杀剂需要害虫和药剂接触，而害虫的呼吸是随时随地进行的，所以，杀灭档案害虫用熏蒸剂较多。

用于杀灭档案害虫的熏蒸剂必须具备下列条件：

（1）杀虫剂对档案图书制成材料及其装具无明显的不良影响；

（2）杀虫剂具有良好的渗透性，能够把隐藏在档案深处的害虫（包括卵、幼虫、蛹、成虫）全部消灭；

（3）在杀虫剂量范围内，不燃，不爆；

（4）高效低毒，残留量少，对环境污染小，对人、畜毒性小；

（5）经济实用，易于推广。

3. 几种常用的熏蒸剂

（1）硫酰氟

硫酰氟，又名熏灭净。我国于20世纪80年代研制成功。该药具有高效低毒、杀虫广谱、吸附率低、解吸快、残留少、对人畜安全、对档案制成材料无不良影响等优点。

①理化性质：硫酰氟化学性质稳定，可安全地用于室内一般物料的熏蒸处理。在温度26.7℃以下，每立方米用药48g，对以下材料无腐蚀、无残留气味、无色泽影响，如黄铜、不锈钢、铝、锌、银、尼龙、涤纶、人造丝、羊毛、棉花、毛料、彩色纸样、小羊皮革、照相机和工艺品等。

②杀虫效果：硫酰氟最小致死浓度为650ppm，绝对致死浓度为1000ppm，它的毒性比溴甲烷毒性低。用于档案杀虫的剂量为$10g/m^3 \sim 40g/m^3$，密闭24h～48h，可取得100%的杀虫效果。

（2）磷化铝

磷化铝是一种固体型高效杀虫剂，纯品呈深灰色或深黄色，具有使用简单方便、杀虫彻底等优点。

①理化性质：浅黄色或灰绿色粉末，无味，易潮解，不溶于冷水，溶于乙醇、乙醚，稳定。磷化铝对一般金属的腐蚀性较小，对铜有极强的腐蚀性，吸附力小，极易散发。

②杀虫效果：受环境温湿度影响较大，当温度高、湿度大时，潮解放出磷化氢气体较多，杀虫效果好。在同一用药量下，温度低，密闭时间长；温度高，密闭时间短。如：12℃～15℃密闭5天，16℃～20℃密闭4天，29℃密闭3天，低于10℃不宜使用。用药量一般按1片$/m^3 \sim 2$片$/m^3$，可收到预期的杀虫效果。

③杀虫方法与注意事项：磷化氢是一种剧毒气体，为此要注意以下几点：

a. 严格按剧毒药品操作规程，准备好装药的瓦片或其他器皿。

b. 计算施药点和用药量。磷化铝在每个施药点上，片剂不超过300g，粉剂不超过200g，施药点之间距离不得小于1.2m，片剂不得重叠，粉剂厚度不超过0.5cm，施药后，应立即密闭库房，熏蒸结束后，应及时清除残渣，并将其深埋，以防污染扩散。

c. 磷化氢对人有剧毒。人在含有7ppm的磷化氢空气中停留6h即开始中毒，长时间吸入可以致死，在100ppm浓度下人只能生存30min～60 min，在1000ppm的高浓度下人立即死亡。因此，操作人员必须戴防毒面具。

三、档案杀虫灭菌的原则与流程

（一）档案杀虫灭菌人员安全原则

1. 认真掌握熏蒸剂的物理、化学性质及操作方法。

2. 熏蒸操作时要求戴防毒面具、防毒口罩或多层口罩。还要穿好工作服，戴上橡皮手套。施药时要严防药液损伤人体，如发生药液溅在皮肤上，应立即用肥皂水清洗；若进入眼内需立即用清水冲洗干净。操作后工作人员要漱口、沐浴，以免受到污染。

3. 熏蒸操作要求一律在库房外进行，并做好密闭、隔离工作；施药时要力求速战速决，严禁吸烟、进食。

4. 如果发生中毒现象，应立即送往医院救治。

5. 熏蒸结束后要充分通风，如甲醛熏蒸法一般通风 3 天~5 天，最多 7 天左右，人员就可以进入库房了。

6. 为确保人员安全，当库房发生虫害或霉菌时，建议通过购买服务，请专业灭虫公司实施杀虫灭菌。

（二）杀虫灭菌档案的安全原则

应用杀虫灭菌措施要特别注意安全，如应用低温冷冻、微波辐射以及气调杀虫等方法，需要特别注意安全。这里所说的安全包括档案的安全和人身安全。微波辐射杀虫应根据虫种和虫态选择适宜剂量，不要随便加大剂量。微波属介质自身加热，加热速度极快、效率高，使用时应选专用微波机，杀虫时一旦发生故障应立即切断电源，并请专人修理。严禁使用微波分布不均匀的家用微波炉。此外，在杀虫前应先作模拟试验，取得经验后方可用于档案杀虫，以确保档案的安全。

（三）档案杀虫灭菌的环境保护原则

档案库房杀虫灭菌完毕通风排毒时，一定要注意保护周围的环境，不可一次性同时全部开放门窗，可采取分楼层逐渐放气排毒的办法，让有害气体缓慢放入空气中。例如，如果一个 4 楼层的库房，可以先打开 4 楼的前后门，让库房内外空气自动缓慢交换，待 16h~20h 后，再打开库房内排风扇，促使库房内外空气相互交换，同时打开 3 楼的前后门，依次这样做，直到把全部门开完为止。

（四）配备吸尘器、加密封门或过渡门，除尘与防尘相结合

有条件的档案馆可设置空气过滤装置，防止污染气体进入库房。

四、常用档案杀虫灭菌设备

（一）空气净化器

高压静电灭菌型空气净化器的特点是采用了蜂巢形状双区三电场结构系统。净化原理是：当污染的空气经过净化器中的预过滤系统后便进入电场极化区，空气中的飘尘、污染物被迅速极化，极化后的飘尘、污染物可以依靠风机的多次动力循环通过电场区，电场对飘尘不断反复极化、吸集，使室内的空气越来越洁净。高压静电场还有去除异味的功能，空气中异味主要是通过飘尘、气溶胶等介质传播的，不管何种介质，只要通过电场，均能被电场极化、吸收。它也有很强的杀菌作用，高压极板电场的高压易杀灭病菌，净化效率比较高。它可以单独安装，也可以安装在中央空调空气循环系统中。

（二）除尘式图书、档案、资料整理工作台

图书、档案、资料经多年存放，沾染了大量灰尘和微生物。灰尘颗粒会磨损档案，其携带的微生物和有害的化学物质对文献材料危害很大，灰尘颗粒容易通过人体的呼吸系统对人体健康造成不良影响。除尘式文档整理工作台可使整理人员与文档隔离，采用下沉式负压技术，自过滤除尘，使灰尘不会飞起，从而形成洁净的工作空间，达到既能整理档案并除去灰尘，又能保护工作人员健康的目的。该工作台采用静音技术，房间无须设专用抽风道，便于移动。工作台出风口的尘埃微粒达到环保要求，可广泛应用于档案、图书等领域。

（三）熏蒸设备

1. 真空熏蒸机

真空熏蒸机是根据真空和熏蒸原理设计的杀虫灭菌设备，由灭菌箱、真空泵、气体发生器和尾气处理器四部分组成。真空处理机处理档案，可减少熏蒸剂的用药量，缩短熏蒸时间，如某一剂量的熏蒸剂，在常温下熏蒸时间为

14h~24h，而使用真空熏蒸机只需1h~2h。此外，真空熏蒸机是在密闭容器中熏蒸档案，因而可以杜绝毒气外泄，减少环境污染。

2. 熏蒸消毒室

熏蒸消毒室是用于对大批量的档案进行灭菌处理。作为熏蒸室的小房间，必须全封闭。进出气口可加设在房间的下、上面。熏蒸液加热设备可放在室内，也可在室外专门配置熏蒸液气化发生器，由管道通入室内，熏蒸室内设放置档案的木架，一次可熏蒸大批档案，并兼有通风及干燥的功能。

3. 触屏档案文件消毒柜

它采用微电脑自动控制技术，创造性将臭氧与中药蒸熏技术结合在一起。臭氧是已知可利用的最强的氧化剂之一，能在较短的时间内破坏病毒衣壳蛋白的多肽链使RNA受到损伤。同时，极易分解成为氧气，不会造成二次污染。本消毒柜能杀灭沾染在档案文件、图书资料等纸质文件上的大肠杆菌、金黄色葡萄球菌、肝炎病毒、霉菌和各种档案害虫。消杀用臭氧剂量由单片机自动控制，灭菌杀虫按程序进行。消杀率高，无死角，环保无污染，寿命长。用户根据档案文件受污染程度，可选择不同的预置控制模式，进行灭菌杀虫。

第三节　防鼠

危害档案的啮齿动物主要是鼠类，有褐家鼠、黄胸鼠、黑家鼠和小家鼠等。鼠的特性是：食性复杂，善于掘洞啮咬，繁殖能力高，适应能力强。

一、鼠类对档案的危害

鼠类对档案的破坏，主要表现在以下四个方面：

（一）对档案库房建筑物与构筑物的破坏

由于档案库房一般距居民住室较远，与办公室隔开，环境僻静，来往人员少，并且冬暖夏凉，因此，常常引来许多家鼠和少数季节性迁移的野鼠，在库房附近、墙根底下、墙壁内部、地板下面或天棚顶上筑巢栖息，形成许多鼠穴和纵横交错的鼠道。这些鼠穴、鼠道不仅会使雨水、雪水沿其渗入基础，侵蚀基础，损坏库房构筑物，影响库房的使用年限，而且还会破坏墙体、屋顶的空气间层结构和地面的防水、防潮结构，降低库房的隔热、防潮与密闭性能，加重灰尘及有害气体对档案的污染和虫霉对档案的危害，并给库内温湿度的调控造成困难。所有这些必然导致库房内环境条件恶化，从而影响档案的寿命。

（二）对档案库房设备及装具的破坏

老鼠的牙齿十分坚硬锐利，可以经常啃咬硬物。因此，库房内的某些设备和档案装具，如去湿机、空调机、各类仪器仪表、管道、档案柜、档案架、档案箱、档案盒等均可成为老鼠的攻击目标。在鼠害严重的库房存在金属装具被啃掉面漆、啃出沟痕甚至啃穿成洞，木质装具被啃去边角，咬断立柱、纸质装具被成片啃毁等现象。

（三）对档案的破坏

老鼠对档案的破坏是毁灭性的。当老鼠通过鼠洞、门窗、墙壁、天棚缝隙或人为夹带等途径进入库房后，一旦突破档案装具的防线，就会将档案作为攻击对象。它们可以将档案纸张撕成碎片，啃成孔洞，甚至全部咬成纸屑。有的老鼠还将纸张拖入鼠洞做窝，直接在档案柜、档案箱内筑巢、栖息和繁殖，进一步扩大危害程度和范围。对被老鼠破坏的档案，特别是对已成碎屑或撕成碎片等破坏面积较大、程度较严重的档案进行修复是十分困难的，有些档案甚至无法修复，造成无法弥补的损失。

（四）对档案及库房环境的污染

老鼠在档案库房中栖息、活动和啃咬档案的过程中，由于经常排泄粪、尿和唾液等分泌物，从而造成档案和库房内环境的污染。老鼠具有取食、饮水频繁和边吃边喝边排泄的特点。通常一只家鼠每年可排粪 15000 粒～25000 粒。鼠的粪、尿以及分泌物是造成档案及档案库房环境污染的一个不可忽视的因素。美国曾抽样调查过 1000 份样品，发现其中 76%被鼠的排泄物所污染。被老鼠污染的档案常常夹杂着鼠粪，粘附有鼠毛、纸屑、灰尘或其他杂质，并形成各种不同颜色的污斑。这些污染对档案的危害极大，它们遮盖字迹或使字迹洇化、褪变，影响档案的阅读和利用；在灰尘等其他杂质的作用下，还会造成档案纸张相互粘连，进而形成很难修复的档案砖，影响档案的利用。老鼠排泄物在纸张上留下的污斑，一般不能或很难去除干净，从而给修复工作造成很大的困难。由于老鼠是多种自然疫原性疾病的宿主，因此，鼠体及其污染物会将多种病原菌、霉菌、螨类以及跳蚤、壁虱等寄生虫传播给档案管理者和利用者，危害人们的健康。此外，档案装具及档案纸张被老鼠啃咬下的碎屑、碎片以及鼠体的粘附物、排泄物等，还会随空气的流动和老鼠的活动飘散在整个库房空间，造成库房环境的污染。

二、档案库房内鼠类的防治原则

（一）贯彻“以防为主，防治结合”的方针

防比治更重要，因为治是在鼠害发生后的补救措施，档案可能已受到不同程度的危害，而防则具有减少损失、节约费用和避免污染等多方面的优点。但是，如果已经发现鼠患，则必须立即采取有效措施，将其消灭在对档案造成危害之前。

（二）用化学药剂灭鼠应确保档案、库房设备和人身安全

采用化学方法灭鼠，在对药剂的选择和施用毒剂的形式、数量、地点、时间等方面必须保障对档案装具、设备和人身安全。

（三）注意交替使用灭鼠药物和器械

实践证明，连续使用同一种灭鼠药物或器械，会使老鼠产生拒食性和耐药性，故应交替使用不同的灭鼠药物或器械，以保证灭鼠效果。

（四）采取综合措施巩固灭鼠效果

搞好库内外环境卫生，堵塞鼠道，切断水源，对限制鼠类生存与繁殖有积极的意义，可以达到巩固灭鼠效果的作用。

三、档案库房内鼠类的防治措施

1. 防鼠措施

堵塞孔洞缝隙，严禁食物入库，控制水源，搞好卫生，保持整洁，设防鼠器，加强库房管理措施，创造使鼠类不能生长和繁殖的条件。档案库房内灭鼠的方法有机械法、毒饵法、熏蒸法等，使用灭鼠药要注意安全。

（1）建筑物防鼠

封闭建筑物与外界相通的所有孔洞，修缮破损的下水道；建筑物的通风孔、下水道总出口要安装规格为 1.3cm×1.3cm 的防鼠铁丝网；与外界相通的

管道外缝隙要用水泥（或铁丝球）堵上等。

（2）清除鼠类栖息条件

库房内应保持整洁，没用的物品和剔除的档案应及时清除到库外。平时应注意观察并定期清理箱柜，不使鼠类营巢。发现鼠洞、墙缝应及时堵塞。库房周围应做到无杂草，无垃圾，无老鼠可利用的食源、水源和其他隐藏栖息条件。

（3）应用器械防鼠：在档案柜中放置捕鼠夹等。

2. 灭鼠方法

灭鼠方法很多，它们各有特点，只有在使用时相互搭配，才能收到更好的效果。

（1）物理灭鼠

物理灭鼠也称为器械灭鼠法，其历史悠久，应用较多，包括使用各种特制的捕鼠器械灭鼠，或使用一些普通工具灭鼠。该方法具有使用器械构造简单、成本低廉、原料易得、使用方便安全、容易推广等优点。常用的捕鼠器械有老鼠夹、捕鼠笼、粘鼠板等。

（2）化学灭鼠

化学灭鼠也称为药物灭鼠法，是目前应用最广、发展最快、效果最佳的灭鼠方法，适合在档案库房中使用。可分为胃毒灭鼠法和熏蒸灭鼠法两类。胃毒灭鼠法就是把胃毒剂做成毒饵、毒粉、毒水、毒糊和毒胶等形式以达到灭鼠的效果。常用的胃毒剂有磷化锌、毒鼠磷、氟乙酸钠与氟乙酰胺、灭鼠安与灭鼠优、甘氟、灭鼠宁等。熏蒸灭鼠法就是利用熏蒸剂熏蒸灭鼠的方法。其主要优点是具有强制性，不受鼠类摄食行为的影响；节省诱饵用粮；渗透性强、收效快，一般在数小时内即可获得最大效果，多数熏蒸剂兼有杀虫效果。缺点是使用不当会造成环境污染，对人畜安全有影响。档案库房使用的熏蒸剂与档案库房杀虫使用的熏蒸剂基本相同，只是其中某些药剂的使用剂量和熏蒸时间有所不同。

（3）生态灭鼠

采取各种措施破坏鼠类的适应环境，抑制其繁殖和生长，使其死亡率增高。可结合生产进行深翻、灌溉和造林，以恶化老鼠的生存条件。生态灭鼠必须与其他方法配合，才可奏效。

思考题：

一、填空题

1. 档案霉菌在适宜的环境下才能生长繁殖。影响档案霉菌生长的环境因素很多，主要有营养物质、(　　　)、湿度、(　　　) 和氧气等。

2. 根据《档案馆建筑设计规范》(JGJ 25—2010)，我们把库房内的温度控制在（　　）以下，相对湿度控制在（　　）以下，这样霉菌孢子不能萌发，生长受到抑制。

3. 物理杀虫是指利用物理方法破坏害虫的（　　　），使之死亡或不育，以达到防治害虫的目的。物理防治法主要有高温杀虫、(　　　)、射线辐照杀虫和(　　　) 等。

二、名词解释

1. 档案害虫

2. 物理灭菌法

3. 化学杀虫法

三、简答题

1. 防范档案害虫滋生主要有哪些措施?

2. 档案消毒的原则是什么?

3. 鼠类对档案的破坏，主要表现在哪几个方面?

第三章　防光、防尘与防有害气体

内容提要：

本章主要介绍了光、灰尘和有害气体等对档案安全的危害，国家法规标准关于档案库房防光、防尘与防有害气体的有关标准和要求，具体防治措施等。

第一节　防光

一、相关规范与标准

（一）《档案馆建筑设计规范》（JGJ 25—2010）

对于档案库房的光线与照明进行了详细规定：

1. 档案库每开间的窗洞面积与外墙面积之比不应大于 1∶10，档案库不得采用跨层或跨间的通长窗。

2. 档案库灯具形式及安装位置应与档案装具布置相配合。缩微阅览室、计算机房照明宜防止显示屏出现灯具影像和反射眩光。

3. 档案馆照明的照度标准应符合表 3-1 的规定。

表 3-1　档案馆照明的照度标准

房间名称	参考平面及其高度	照度标准值（lx）
阅鉴室	0.75m 水平面	300
出纳台	0.75m 水平面	300
档案库	0.25m 垂直面	≥50
修裱、编目室	0.75m 水平面	300
计算机房	0.75m 水平面	300

(二)《信息与文献 图书馆和档案馆的文献保存要求》(GB/T 27703—2011)

规定纸质档案库房照明和采光应符合以下要求:

1. 照明及采光应消除或减轻紫外线对文献的危害。

2. 自然采光的,窗户应采用防紫外线玻璃并有遮阳设施,防止阳光直射。

3. 照明光源宜选用绿色节能光源;当采用荧光灯时,应采用无紫外线灯或有过滤紫外线功能的灯具。

4. 照明光源的紫外线含量应小于 20μW/lm。

二、防光措施

(一) 减少阳光危害

档案库房可建成无窗库房;设置窗户的库房窗户要少、要小,并避免窗户设在阳光充裕、直接照射的东西方向;窗户玻璃可选用毛玻璃、花纹玻璃、吸热玻璃或茶色玻璃;也可采用遮光窗帘、隔热窗帘,阻止阳光直接照射在档案架上。

(二) 隔离紫外线

可以在库房窗户玻璃上涂刷紫外线吸收剂或粘贴紫外线吸收薄膜;也可用红、黄、绿等有色玻璃或在玻璃上涂白铅粉和桐油的混合剂;窗户可加设窗帘或百页窗,也可设置木板窗或铁皮窗。

(三) 选择合适的照明光源

1. 设计原则

档案馆的照明设计与配置应参照《档案馆建筑设计规范》和《民用建筑照明设计标准》等有关规定,根据各种用房对照明的要求以及技术、经济方面的许可性,制定出相应的方案,合理地选择照明种类和方式、光源、灯具,并进行合理布置。

2. 档案库房的照明配置

档案库房内可配置白炽灯、日光灯、LED 灯,优先选择 LED 灯。《档案馆建筑设计规范》(JGJ 25—2010) 中关于库房照度的规定,是离地垂直面 0.25m 的照度不低于 50 勒克斯 (lx)。这是指档案人员调取档案柜架最下层案卷时,应能看清案卷皮上的文字。离地垂直面 0.25m 是指离库房地板垂直高度 0.25m

的虚拟平面，照度不低于 50 勒克斯（lx）是指最低照度，但在具体设计时可根据实际情况进行调整。

（四）合理确定库房照度标准

档案库房照度一般保持在能够看清的水平，一般以 30～50 勒克斯（lx）为宜。在照明设施安装上避免光直射在档案上，也可降低照度。

（五）尽量减少光的照射强度和作用时间。在日常管理中，如果档案库房中无人操作时尽量将档案柜门关闭，档案库房管理人员只在必要的情况下在档案库房作业，人一旦离开要尽量少开灯或不开灯。在使用档案时，要避免在强光下长时间利用档案，尽量减少利用档案原件进行复印的次数。

第二节　防尘与防有害气体

一、灰尘与有害气体对档案的危害

灰尘是一种颗粒污染物，它对于档案的危害主要表现为：一是增加机械磨损；二是污染档案；三是增加酸碱度；四是增加黏性；五是传播霉菌。有害气体分为酸性和氧化性两种有害气体。酸是纤维素水解的催化剂，加快纸张老化，字迹褪色，胶片发黄。纤维素在氧化性气体（O_3、NO_2、Cl_2）的作用下生成易碎的氧化纤维素。

二、防尘与防污染的规范与标准

（一）《档案馆建筑设计规范》（JGJ 25—2010）

5.6“防尘和防污染”中指出：

1. 档案馆区内的绿化设计，应有利于满足防尘、净化空气、降温、防噪声等要求；

2. 档案库应防止有害气体和颗粒物对档案的危害；

3. 锅炉房、除尘室、消毒室、试验室以及洗印暗室等的位置应合理安排，并应结合需要设置通风设备；

4. 档案库楼、地面应平整、光洁、耐磨。档案库内部装修、档案装具和固定家具等应表面平整、构造简洁，并应选用环保材料。

(二)《照片档案管理规范》(GB/T 1182—2002)

6.3.2“空气净化要求”中指出：

1. 进入贮存室或贮存柜的空气应首先经过机械过滤器过滤，以免空气中的固体颗粒擦伤胶片或与胶片起反应。过滤器宜采用干介质型，应不可燃，其捕捉率不应低于85%；

2. 应使用洗涤或吸收等空气净化装置，去除空气中的二氧化硫、硫化氢、过氧化物、臭氧、酸性雾气、氨和氧化氮等气体杂质。

(三)《磁性载体档案管理与保护规范》(DA/T 15—1995)

7.2.2“清洁管理要求”中指出：

1. 不要用手触摸磁带（软磁盘），应带非棉质手套操作；
2. 不要使磁带（软磁盘）接触不清洁表面，如地面、桌面等；
3. 装磁带（软磁盘）的装具应洁净无尘；
4. 库房地面不应打蜡、铺地毯；
5. 吸尘器的排出气应通向专用容器或库房外；
6. 库房中禁止使用打印机。

(四)《信息与文献 图书馆和档案馆的文献保存要求》(GB/T 27703—2011)

规定了纸质档案库房的空气质量标准应符合表3-2：

表3-2 纸质档案库房的空气质量标准

污染物类别	浓度限值（单位）	备　注
二氧化硫(SO_2)	0.01(mg/m^3)	1h均值
二氧化氮(NO_2)	0.01(mg/m^3)	1h均值
臭氧(O_3)	0.01(mg/m^3)	1h均值
总挥发性有机化合物(TVOC)	0.06(mg/m^3)	1h均值
醋酸	0.15(mg/m^3)	1h均值
可吸入颗粒物	0.15(mg/m^3)	日均值
菌落总数	2500(cfu/m^3)	依据仪器定

注：表中各项参数要求≤标准值。

三、防尘与防有害气体的措施

为有效防尘与防止有害气体对档案的危害，档案库房必须做到：

1. 正确选择档案库房地址。远离污染源是最简单、经济而有效的防护措施。空气中的有害气体、灰尘随空气流动向各方扩展，但离污染源越远，空气中有害气体、灰尘的浓度越低。所以一般将库房地址选择在距工矿和居民集中区较远的地方。对于必须建立在工业区的档案室，尽量选择在上风口，才能减少有害气体和灰尘对档案的污染和破坏。

2. 提高库房周围绿化覆盖率。加强档案库房周围的绿化工作，提高绿化覆盖率，主要因为绿色植物能吸收有害气体，对灰尘有滞尘、过滤和吸收作用，这样就可以净化空气，减少有害气体、灰尘对档案的影响。

3. 提高档案库房的密闭程度。空气中有害气体、灰尘是通过库房门窗的缝隙进入库内的，防止有害气体、灰尘对档案的危害，必须提高库房的密闭程度，阻止污染物的侵入。

4. 对库房进行通风时须采取净化措施。使用空调设备使进入库房的有害气体和灰尘得以净化。采用机械通风，可在通风设备上采取简单的净化措施。

5. 对库房地面、墙壁作防尘处理。减少或避免档案库房起尘，从库房建筑的角度来讲，要求围护结构的内层应选用坚硬耐磨的材料。围护结构的内表面应光滑易清洗，如地面选用水磨石或高标号的水泥来铺设，墙面可粉刷防霉涂料。这种方法比较经济，也可以收到不起尘或少起尘的效果。

6. 建立健全各项管理制度，加强档案规范管理是保护档案的需要。工作人员进出档案库房时要更衣换鞋，以避免由于工作人员进出将库房外的有害物质带到库房。档案入库前必须进行除尘处理，以避免新入库的档案将灰尘带入库房。经常清扫库房，即擦拭地板、档案装具表面及档案上的灰尘，保持库房内的清洁卫生。

思考题：

一、填空题

1. 在档案使用时，要（　　）在强光下长时间利用档案，尽量（　　）利用档案原件进行复印的次数。

2. 光具有一定的（　　），能与物质材料发生能量传递，改变物质内部能级与能量，引起（　　）与性能的变化，从而对档案产生一定的破坏。

3. 对档案有害的气体分为（　　）和氧化性两种。

二、简答题

1. 光对档案制成材料的危害主要表现在哪几个方面？
2. 灰尘对于档案的危害主要表现在哪几个方面？
3. 防尘与防有害气体的措施有哪些？

第四章　档案库房消防技术管理

内容提要：

本章主要介绍了国家关于档案库房消防的相关标准、规范，火灾与防火、灭火的基本知识，档案库房火灾探测与报警装置，档案库房常用灭火剂和灭火设备，档案库房火灾烟气控制等知识。

档案制成材料如纸张、胶片等多是易燃物质，若发生火灾，档案将受到无法弥补的损失。档案库房是保管档案的重要基地，也是为档案保护提供基本物质条件的长久的重要场所。因此，档案库房防火技术管理是否严格、规范、实用，是直接关系档案能否得到长久、安全、完整保护的重大问题。学习掌握国家关于档案库房消防管理的有关法规、标准和现代消防技术知识，切实加强档案库房消防工作，提高档案消防技术管理水平是各级档案工作人员的重要职责和任务。

第一节　档案库房消防管理的技术规范

《中华人民共和国档案法》及其实施办法、《档案馆建筑设计规范》（JGJ 25—2010）、《档案馆建设标准》（建标 103—2008）等国家法律、法规、标准对档案库房的防火都做出了非常严格的规定。新建、改建、扩建国家综合档案馆及其他专业档案馆和档案库房日常管理必须严格按照规定做好防火工作。

一、档案库房的耐火等级

（一）建筑构件的耐火性能

1. 建筑构件的燃烧性能

根据建筑构件的燃烧性能可分为三个类别：第一，非燃烧构件。即在空气中受到火烧或高温作用时不起火、不燃烧、不炭化的构件。如钢、钢筋混凝土、加气混凝土等构件。第二，难燃烧构件。即在空气中受到火烧或高温作用时难以起火、难以炭化的构件。如经过防火处理的木材、刨花板等。第三，燃烧构件。即在空气中受到火烧或高温作用时能立即起火或燃烧，并且在离开火源后能继续燃烧或微燃烧的构件，如木构件。

2. 建筑构件的耐火极限

耐火极限是指建筑构件从受到火作用时起，到失去支持能力或发生穿透裂缝，或者背火一面温度升高到 220℃时，这一段对火的抵抗时间，单位为小时。建筑构件的耐火极限与构件的厚度和截面积尺寸或保护层的厚度成正比，构件厚度和截面尺寸越大，防火保护层越厚，耐火极限就越高。

（二）建筑物的耐火等级

建筑物的耐火等级是由建筑构件的燃烧性能和最低耐火极限决定的。我国将建筑物的耐火等级分为四级：一级建筑物是钢筋混凝土结构或砖墙与钢筋混凝土结构组成的混合结构；二级是钢结构架、钢筋混凝土柱或砖组成的混合结构；三级是木屋顶和砖墙组成的砖木结构；四级是木屋顶、难燃墙体组成的可燃结构。

（三）档案库房的耐火等级要求

根据《档案馆建筑设计规范》，档案馆址应远离易燃、易爆场所，档案馆分特级、甲级、乙级三个等级。不同等级档案馆设计的耐火等级要求及适用范围应符合表 4-1 的规定。

表 4-1　档案馆等级与耐火等级要求及适用范围

档案馆等级	特级	甲级	乙级
耐火等级要求	一级	一级	二级
适用范围	中央国家级档案馆	省、自治区、直辖市、单列市档案馆	地（市）级及县（市）档案馆

二、档案库房防火设计

档案库房选择一级或二级耐火结构，可起到有效防火作用，但仍不能彻底避免失火。为了防止失火及火势蔓延，缩小损失范围，按照《档案馆建筑设计规范》，还应在库房设计安装火灾探测、控制及灭火设备，设置耐火极限较高的防火分隔物（如防火墙、防火门），以及使档案库与其他建筑物保持一定的防火间距。

（一）防火分区

档案库房防火分区最大允许建筑面积：当档案库房为多层，建筑高度不超过24m时，单个档案库房不应大于1000m^2；当高度超过24m时，不应大于700m^2。当防火分区设有自动灭火系统时，其允许最大建筑面积可按上述规定增加1倍，当局部设置自动灭火系统时，增加面积可按该局部面积的1倍计算。特藏库应单独设置防火分区。档案馆库区建筑及每个防火分区的安全出口不应少于2个。

（二）火灾探测及报警设施

档案库内严禁设置明火设施。档案装具宜采用不燃烧材料或难燃烧材料制成。特级、甲级档案馆和属于一类高层的乙级档案馆建筑均应设置火灾自动报警系统。其他乙级档案馆的档案库、服务器机房、缩微用房、空调机房、音像技术用房等房间应设置火灾自动报警系统。

（三）灭火设备

档案馆区应设室外消防给水系统。特级、甲级档案馆中的特藏库和非纸质档案库、服务器机房应设惰性气体灭火系统。特级、甲级档案馆中的其他档案库房、档案业务用房和技术用房，乙级档案馆中的档案库房可采用洁净气体灭火系统或细水雾灭火系统。

（四）防火墙

防火墙直接砌筑在基础或钢筋混凝土的框架上，不开门窗，以防火灾时热气流传播。如需开门，应设防火门封闭。防火墙可以把整个库房建筑的空间分割成若干防火区，从而限制燃烧面积和火势的蔓延。库内的通风及空调管道不宜穿过防火墙。档案库区中同一防火分区内的库房之间的隔墙均应采用耐火极限不低于3.0h的防火墙，防火分区间及库区与其他部分之间的墙应采用耐火极限不少于4.0h的防火墙，其他内部隔墙可采用耐火极限不低于2.0h的不燃烧体。档案库中楼板的耐火极限不应低于1.5h。

（五）防火门

防火门根据其耐火极限分为甲、乙、丙三级。甲级防火门耐火极限不低于1.2h，主要设在防火单元之间的防火墙处；乙级防火门耐火极限不低于0.9 h，主要设在疏散楼梯及消防电梯前室的门洞口处；丙级防火门的耐火极限不低于0.6 h，主要用于管井壁上的检查门。档案库区的缓冲间及档案库的防火门均应向外开启，其宽度不小于1m。空调设备应设在专门房间内，且房门应为甲级防火门。库区内设置楼梯时，应采用封闭楼梯间，门应采用不低于乙级的防火门。

（六）防火间距

防火间距为一栋建筑物起火，对面建筑物在热辐射作用下，没有任何保护措施而不会起火的距离。防火间距一般不小于30m~50m。一栋建筑物发生火灾，其火焰和高温会通过门、窗洞口不断向外喷射，形成强大的辐射热照射附近建筑物，当达到一定值（一般是0.7cal/cm^2. s）时，就可能把对面的可燃物烤着起火，所以一定的防火间距可防止短时间内火势蔓延。

供垂直运输档案、资料的电梯应临近档案库，并应设在防火门外；电梯井应封闭，其围护结构应为耐火极限不低于2.0h的不燃烧体。

档案馆建筑防火设计，除应符合本规范的规定外，还要符合国家现行建筑设计防火规范的有关规定。同时，档案馆内建筑应按现行国家标准《建筑灭火器配置设计规范》（GBJ 140）的规定，配置建筑灭火器。

第二节　档案库房火灾报警装置

一、火灾及火灾信息检测

（一）火灾的基本概念

火灾是一种失去人为控制并造成一定损害的燃烧过程，即在时间和空间上失去控制并造成一定损害的燃烧过程。发生火灾的基本要素是可燃物、助燃物、点火源以及它们之间的相互作用，构成一个燃烧三角形。可燃物主要包括酒精、苯、木材、煤、氢气、乙炔、甲烷、煤气等；助燃物（或氧化剂）通常是空气中的氧气；点火源是指摩擦、撞击、电气火花、静电火花、高温表面、化学反应热、光能、热辐射等。

1. 火灾发生的条件

可燃物质、助燃物质和点火源称为燃烧的三要素。三者只有同时存在，相互作用，燃烧才有可能发生，缺少其中任一要素，燃烧都不能发生。燃烧的三要素只是燃烧的必要条件。要使燃烧能持续发生和蔓延，还必须达到：

（1）可燃物质和助燃物质达到一定的数量和浓度

对于一般可燃物质，空气中氧的含量小于14%时，通常不会发生燃烧。甲烷在空气中的含量小于1.4%或是空气中的氧含量小于12%时，甲烷都不会燃烧。对于固体物质，通常用氧指数来评价其可燃性。氧指数又称临界氧浓度或极限氧浓度。适用于评价塑料、橡胶、树脂、织物、油漆。木材及其他固体材料的可燃性或阻燃性，在模拟大气着火条件下（如大气密度、湿度、气流速度等），将固体材料在不同的氧浓度的氧氮混合气中点燃，测出能维持该材料有焰燃烧的最低氧浓度，即为该固体材料的氧指数。

（2）点火源必须具备一定的强度

电焊火花的温度可达1200℃，能点燃可燃气体与空气的混合物、易燃液体和油棉纱等，但却不能点燃木材、煤炭等，这说明了可燃物质不同，需要的引燃火源的强度也不同。引起一定浓度可燃物质燃烧的最小能量称为该物质的最小点火能量。如点火源的能量小于该物质的最小点火能量，就不能引燃该物质。最小点火能量是衡量可燃气体、蒸气或粉尘燃烧爆炸的主要危险参数。

可燃物质、助燃物质和点火源必须同时存在、相互作用，燃烧才有可能发生的基本理论，是防火技术的根本依据。一切防火技术措施都包括两个方面，一是防止燃烧必要条件的同时存在，二是避免其相互作用。

2. 火灾产生的原因

发生火灾事故的原因主要有以下几个方面：

（1）用火管理不当。无论是对生产用火（如焊接、锻造、铸造和热处理等工艺）还是对生活用火（如吸烟、使用炉灶等）的火源管理不善，都有可能造成火灾。

（2）对易燃物品管理不善，库房不符合防火标准，没有根据物质的性质分类储存。例如，将性质互相抵触的化学物品放在一起，遇水燃烧的物质放在潮湿地点等，都有可能引起火灾。

（3）电气设备绝缘不良，安装不符合规程、规范的要求，发生电气短路、超负载、接触电阻过大等，都有可能引起火灾。

（4）工艺布置不合理，易燃易爆场所未采取相应的防火防爆措施，设备缺乏维护检修或检修质量低劣，也有可能引起火灾。

（5）违反安全操作规程，使设备超温超压，或在易燃易爆场所违章动火、用火，吸烟或违章使用汽油等易燃液体，都有可能引起火灾。

（6）通风不良，生产场所的可燃蒸气、气体或粉尘在空气中达到爆炸浓度，遇明火引起火灾。

（7）避雷设备装置不当，缺乏检修或没有避雷装置，发生雷击引起失火。

（8）易燃易爆生产场所的设备、管线没有采取消除静电的措施，发生放电引起火灾。

（9）棉纱、油布、沾油铁屑等，由于放置不当，在一定条件下自燃起火。

（二）火灾信息的检测

火灾过程中产生的气溶胶、烟雾、光、热和燃烧波称为火灾参量。发生火灾时，伴随着产生燃烧气体、烟雾、温度、火焰和燃烧波等火灾参量，因此通过对这些火灾参量的测量、分析，就可以判定被测区域有无火灾存在。火灾探测就是通过对这些火灾参量的测量和分析，来确定火灾的过程，为进一步实现火灾的预警和控制提供基础信息。

探测火灾参量的探测器称为火灾探测器。火灾探测器的基本功能就是用一种敏感元件对火灾气体、烟雾、温度和火焰等火灾信息作出有效反应，并将表征火灾信息的物理量转化为电信号，送到火灾报警控制器的一种器件。目前针对火灾气体、烟雾、温度和火焰的测量都分别有成熟的产品，如气体探测器、感烟探测器、感温探测器和火焰探测器。

燃烧气体、烟雾、温度和火焰等参量在非火灾条件下也存在，例如：香烟的烟雾、水蒸气和灰尘有类似烟雾的特性；电炉等发热器件产生的温度与火灾产生的温度一样；太阳光对红外火焰探测器构成误报等。因此对于测量单个参量的探测器并不能区别是火灾的烟雾，还是非火灾产生的“烟雾”。研究发现非火灾情况下这些参量通常不会同时出现，而火灾发生时，这些参量常常同时存在。根据这个特点，研制了复合探测器，并证明三参量或四参量的复合探测器误报少，可靠性高。

二、档案库房常用火灾探测器

根据对不同火灾参量响应和不同的响应方法，分为若干种不同类型的火灾探测器，如表 4-2 所示。由表可见火灾探测器的种类繁多，且随着科学技术的发展，新式火灾探测器还在不断出现。

表 4-2　火灾探测器的分类

名称		火灾参量	类型
可燃气体探测器	半导体可燃气体探测器	可燃气体	点型
	催化燃烧式可燃气体探测器	可燃气体	点型
	固定电解质可燃气体探测器	可燃气体	点型
	红外吸收式可燃气体探测器	可燃气体	点型
感烟探测器	离子感烟探测器	烟雾	点型
	光电感烟探测器	烟雾	点型
	红外光束感烟探测器	烟雾	线型
	线型光束图像感烟探测器	烟雾	线型
	空气采样感烟探测器	烟雾	线型
	图像感烟探测器	图像型	点型
感温探测器	热敏电阻定温探测器	定温	点型
	双金属片定温探测器	定温	点型
	半导体定温探测器	定温	点型
	热敏电阻差温探测器	差温	点型
	半导体差温探测器	差温	点型
	热敏电阻差定温探测器	差定温	点型
	半导体差定温探测器	差定温	点型
	缆式线型定温探测器	定温	线型
	分布式光纤感温探测器	定温、差定温	线型
	光纤光栅感温探测器	定温	线型
	空气管差温探测器	差温	线型

续表

名　称		火灾参量	类型
火焰探测器	红外火焰探测器	红外光	点型
	紫外火焰探测器	紫外光	点型
	双波段图像火焰探测器	图像型	点型
复合探测器	烟、温复合探测器	烟、温	点型
	烟、温、CO 复合探测器	烟、温、CO	点型
	红外紫外复合探测器	红外、紫外	点型

（一）感烟式火灾探测器

火灾的起火过程一般都伴有烟、热、光三种燃烧产物。火灾作为一种失去控制的灾害性燃烧现象，在其发生的初期一般均会释放出烟雾颗粒，通常烟雾的出现比火焰和高温都要早。烟雾是早期火灾的重要特征之一，感烟式火灾探测器能对可见的或不可见的烟雾粒子响应。各种类型的感烟探测技术随之不断出现，从最早期的离子感烟技术到光电感烟火灾探测技术，感烟探测技术得到了广泛的发展与运用。据统计，目前我国每年建筑中新安装的火灾探测器数量有 600 万只左右，其中约 80% 为感烟探测器。感烟探测技术使人类在实现火灾早期报警方面向前迈进了一大步，极大地推动了火灾自动探测技术的发展。

感烟式火灾探测器有离子感烟探测器、光电感烟探测器、红外光束感烟探测器、线型光束图像感烟探测器、空气采样感烟探测器、图像感烟探测器等形式。而感烟探测器中，目前在我国应用最广的是离子感烟火灾探测器。

为了防止探测器至报警器间电路断线，或者探测器安装接触不良、探测器被取走等问题发生，故障自动检测回路能够及时发出故障报警信号，以便及时进行检查维修。离子感烟探测器的电路，是由许多电子元器件组成的，电子元器件的损坏将会导致探测器误报警或不报警。为了检查电子元器件是否损坏，可以通过火灾模拟检查回路加入火灾模拟信号，若有问题可以及时维修。确认灯点亮表明探测器动作，以便在现场判定已报警的探测器。

1. 光电感烟探测器

光电感烟探测器是利用火灾烟雾对光产生吸收和散射作用来探测火灾的一

种装置。在火灾发生发展过程中，烟粒子和光相互作用时，能够发生两种不同的过程。烟粒子可以以同样波长再辐射已经接收的能量，再辐射可在所有方向上发生，但通常在不同方向上其强度不同，这个过程称作散射；另一方面，辐射能可以转变成其他形式的能，如热能、化学反应能或不同波长的辐射，这些过程称作吸收。在可见光和近红外光谱范围内，对于黑烟，光衰减以吸收为主；而对于灰白色烟，则主要受散射制约。光电感烟探测器就是利用烟粒子对光的散射和吸收的原理研制、发展起来的一种新型的火灾探测器。光电感烟火灾探测器分为减光式和散射光式

2. 散射光式光电感烟火灾探测器

目前世界各国生产的点型光电火灾探测器多为散射光式。此种探测器的检测室内也装有发光元件和受光元件。在正常情况下，受光元件接收不到发光元件发出的光，因此不产生光电流。在火灾发生时，当烟雾进入探测器的检测室时，由于烟粒子的作用，使发光元件发射的光产生漫射，这种漫射光被受光元件所接收，使受光元件阻抗发生变化，产生光电流，从而实现了将烟雾信号转变成电信号的功能，探测器发出报警信号。

作为发光元件，目前大多数采用大电流发光效率高的红外发光二极管；受光元件大多数采用半导体硅光电池。受光元件的阻抗随烟雾的浓度增加而下降。根据电磁波与气溶胶粒子间相互作用的原理研制成的散射光型探测器，目前已较广泛地应用于火灾自动报警系统中。

（二）感温火灾探测器

物质在燃烧过程中，释放出大量热，使环境温度升高，探测器中的热敏元件发生物理变化，将物理变化转变成的电信号传输给火灾报警控制器，经判断识别，发出火灾报警信号。感温火灾探测器按工作方式分为定温型、差温型和差定温型；按探测器的外形分为点型和线型；按感温元件可分为机械型和电子型。

1. 定温火灾探测器

当局部的环境温度升高到规定值以上时，才开始动作的探测器，称为定温火灾探测器。

2. 差温火灾探测器

当较大的控制范围内，温度变化达到或超过所规定的某一升温速率时，才开始动作的探测器，称为差温火灾探测器。

3. 差定温火灾探测器

差定温火灾探测器综合了定湿式和差温式两种探测器的原理，并将两种探测器的结构整合在一起。同时具备两种功能，一种功能失效，另一种功能仍能稳定运行。

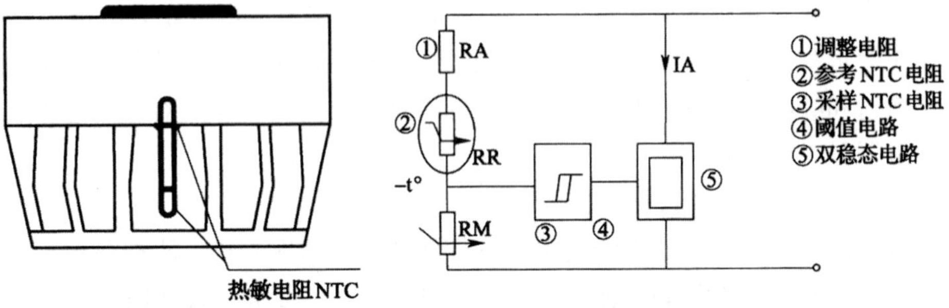

a)　　　　b)

图 4-1　半导体差定温火灾探测器

a）半导体差定温火灾探测器示意图　　b）半导体差定温火灾探测器电原理图

（三）火焰探测器

火焰探测器是继使用多年的感温、感烟探测器后，较晚出现的一种火灾探测器，因而其效益和局限性并未广泛地被人们所认识。火焰探测器一般分为点型火焰探测器、紫外火焰探测器和红外火焰探测器三种。

1. 点型火焰探测器

点型火焰探测器是一种响应火灾发出的电磁辐射（红外、可见和紫外谱带）的火灾探测器。因为电磁辐射的传播速度极快，因此，这种探测器对快速发生火灾（譬如易燃、可燃液体火灾）或爆炸能够及时响应，是对这类火灾早期通报火警的理想探测器。

2. 紫外和红外火焰探测器

响应波长低于 400nm 辐射能通量的探测器称作紫外火焰探测器；响应波长高于 700nm 辐射能通量的探测器称作红外火焰探测器。极少应用在 400nm～700nm 的可见光辐射谱区，因为在这个谱区难以对环境背景辐射与火灾辐射加以鉴别。对背景辐射的鉴别是火焰探测器应具备的基本性能之一。

采用火焰探测器的目的在于要使它在预定时间内，在给定的距离上可靠地探测出规定规模的火焰。为此，应了解火焰的辐射特性，探测器对火焰辐射的响应性能，消除在保护场所中或其附近存在的环境干扰源可能对探测器造成误报的影响，从而提高火灾报警系统的准确性。

（四）气体探测器

气体探测技术比感温、感烟的技术要复杂且昂贵。档案库房一般不需要选择气体探测器。

三、档案库房火灾自动报警系统

（一）火灾自动报警系统的分类

火灾自动报警系统是由触发装置、火灾报警装置、火灾警报装置和电源等部分组成的通报火灾发生的集成设备，如图4-2所示。

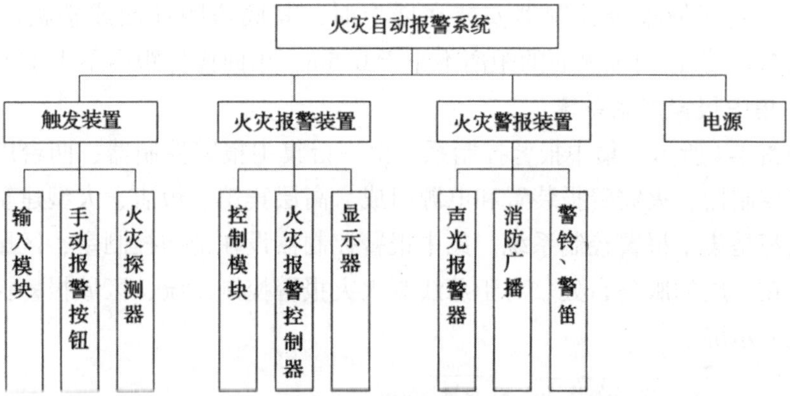

图4-2　火灾自动报警系统的组成

根据工程建设的规模、保护对象的性质、火灾报警区域的划分和消防管理机构的组织形式，将火灾自动报警系统划分为三种基本形式：区域报警控制系统、集中报警系统、控制中心报警系统等，如图4-3、图4-4、图4-5所示。区域报警控制器一般适用于二级保护对象；集中报警控制系统一般适用于一、二级保护对象；控制中心报警系统一般适用于特级、一级保护对象。

1. 区域报警系统

如图4-3所示。区域报警系统包括火灾探测器、手动报警按钮、区域火灾报警控制器、火灾警报装置和电源等部分。这种系统比较简单，但应用很广泛，例如行政事业单位、工矿企业的要害部位和娱乐场所均可使用。区域报警系统在设计时应符合下列几点：

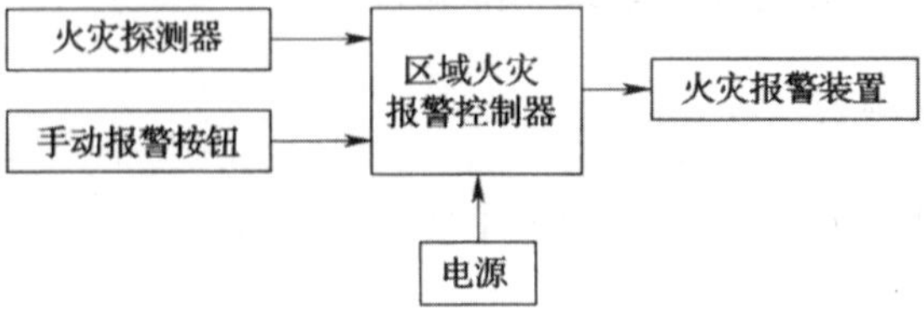

图 4-3　区域报警系统

（1）在一个区域系统中，宜选用一台通用报警控制器，最多不超过两台；

（2）区域报警器应设置在有人值班的房间；

（3）该系统比较小，只能设置一些功能简单的联动控制设备；

（4）当用该系统警戒多个楼层时，应在每个楼层的楼梯口和消防电梯前等明显部位设置识别报警楼层的灯光显示装置；

（5）当区域报警控制器安装在墙上时，其底边距地面或楼板的高度为 1.3~1.5m，靠近门轴侧面的距离不小于 0.5m，正面操作距离不小于 1.2m。

2. 集中报警控制系统

如图 4-4 所示，集中报警控制系统由一台集中报警控制器、两台以上的区域报警控制器、火灾警报装置和电源组成。高层宾馆、饭店、大型建筑群一般使用的都是集中报警控制系统。集中报警控制器设在消防控制室，区域报警控制器设在各层的服务台处。对于总线制火灾报警控制系统，区域报警控制器就是重复显示屏。

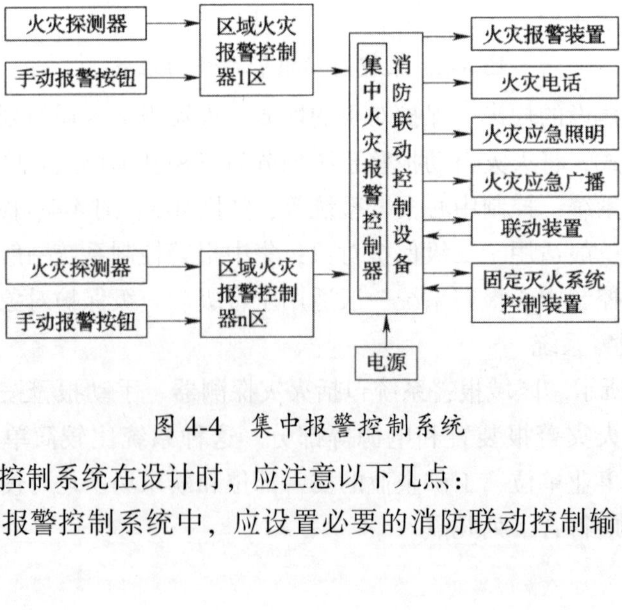

图 4-4　集中报警控制系统

集中报警控制系统在设计时，应注意以下几点：

（1）集中报警控制系统中，应设置必要的消防联动控制输出节点，可控制有关消防设备，并接收其反馈信号；

（2）在控制器上应能准确显示火灾报警的具体部位，并能实现简单的联动控制。集中报警控制器的信号传输线应通过端子联结，应具有明显的标记和编号；

（3）集中报警控制器所连接的区域报警控制器（层显）应符合区域报警控制系统的技术要求。

3. 控制中心报警系统

控制中心报警系统除了集中报警控制器、区域报警控制器、火灾探测器外，在消防控制室内增加了消防联动控制设备。被联动控制的设备包括火灾警报装置、火警电话、火灾应急照明、火灾应急广播、防排烟、通风空调、消防电梯和固定灭火控制装置等。也就是说集中报警系统加上联动的消防控制设备就构成控制中心报警系统。控制中心报警系统主要用于大型宾馆、饭店、商场、办公室、大型建筑群和大型综合楼工程等。

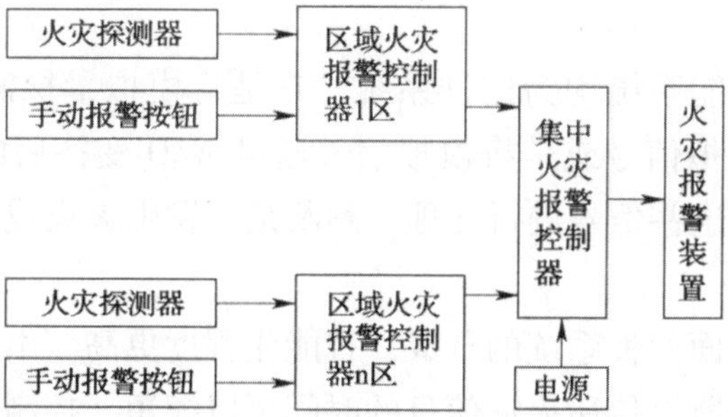

图 4-5 控制中心报警系统

（二）火灾报警控制器

火灾报警控制器（以下简称控制器）是火灾自动报警系统中的主要设备，它除了具有控制、记忆、识别和报警功能外，还具有自动检测、联动控制、打印输出、图形显示、通信广播等功能。当然，控制器功能的多少也反映出火灾自动报警系统的技术构成、可靠性、稳定性和性能价格比等因素，是评价火灾自动报警系统先进与否的一项重要指标。

（三）火灾信号处理

新型的火灾报警系统是“可变阈”系统。判断是否发生了火灾，火灾参数的当前值不是判断火灾的唯一条件，还必须考察在此之前一段时间的参数值。也就是说系统没有一个固定的阈值。火灾参数的变化必须符合某些规律，因此这种系统是智能型系统。当然，智能化程度的高低，与火灾参数变化规律掌握的程度和软件的水平有很大关系。

智能型系统的分析有多种方式。最简单的智能化分析是“上升速率识别”。通常火灾时，火灾参数的上升速率有一定的范围，选取适当的范围作为火灾条件，才是真正的智能化。完善的智能化分析是“多参数模式识别”及“分布智能”，既参考火灾中参数的变化规律，又参考火灾中相关探测器信号间的相互关系，这将把系统的可靠性提高到非常理想的水平。目前智能火灾自动报警系统按智能的分配可分为三种类型。

1. 探测智能

这种系统探测器根据探测环境的变化而改变自身的探测零点，对自身进行补偿，并对自身能否可靠地完成探测作出判断，而控制部分仍是开关量的接收型。这种智能系统解决了由探测器零点飘移引起的误报和系统自检问题。

2. 监控智能

目前大多数智能系统均为这种系统，它是将模拟量探测器（或称类比式探测器）输出的模拟信号或是将模拟信号通过 A/D 变换后的数字信号送到控制器，由控制器对这些信号进行处理，判断是否发生火灾或存在故障。

3. 综合智能

这种系统是上面两种系统的合成，智能化程度更高。由于火灾信息在探测器内进行预处理，所以传递火灾信息的时间可以缩短，控制器也可减少信号处理时间，提高了系统的运行速度，但设备费用提高了。

上述三种智能系统的智能处理是在探测器内或控制器中进行信息处理，由于传感器的输出信息随火灾的发展而变化，而火灾的早期特征是不稳定的，并且具有不同的表现形式，如阴燃、明火和快速发展的火焰等。同时火灾是一种事先不确定的偶然事件，传感器几乎总是在正常的情况下工作。故传感器获得的火灾信号是一种事先不知的不确定信号，另外传感器的输出信号除了随火灾特征变化的信号外，还有随环境条件如温度、湿度、灰尘、电子噪声、人类活动乃至季节昼夜变化等因素的影响，对火灾信号构成了干扰。干扰的特征往往与火灾特征基本相似，因此识别真假火灾的火灾信息处理与其他典型的信息处理相比，要困难得多，复杂得多，由此可见，完备的火灾信息处理工作应在控制器内完成。

第三节　档案库房灭火设备

一、常用灭火剂

灭火剂是能够有效地破坏燃烧条件并中止燃烧的物质。档案库房对灭火剂的使用有特殊要求：第一，灭火剂不能对纸张、绸布、胶片、磁带、光盘等档案载体有腐蚀性。第二，不能增加纸张、绸布等吸潮档案载体的含水量。第三，不能对档案载体的物理、化学性能产生影响。第四，档案库房常有工作人员，无毒、无害除了符合档案管理安全要求外，还要符合国家环境保护要求。第五，要求迅速扑灭发生的初起火灾，防止火灾蔓延造成更大的损失，因而要求所使用的自动灭火装置灵敏可靠。

常见的灭火剂有如下几种：

（一）水

水是不可燃液体，是天然的灭火剂。水的灭火作用主要是具有冷却作用、对氧的稀释作用和稀释可燃液体浓度的作用。适用于可燃的固体物质火灾，不宜扑灭带电设备的火灾，也不能用于纸质材料档案的火灾。

1. 水的灭火作用

水是最常用的灭火剂，它资源丰富，取用方便。水的热容量大，能从燃烧物中吸收很多热量，使燃烧物的温度迅速下降，使燃烧终止。同时，水在受热气化时，体积增大 1700 多倍，当大量的水蒸气笼罩于燃烧物的周围时，可以阻止空气进入燃烧区，从而大大减少氧的含量，使燃烧因缺氧而窒息熄灭。

在用水灭火时，加压水流能喷射到较远的地方，具有较大的冲击作用，能冲过燃烧表面而进入内部，从而使未着火的部分与燃烧区隔离开来，防止燃烧物继续分解燃烧。

水能稀释或冲淡某些液体或气体，降低燃烧强度。水能浸湿未燃烧的物质，使之难以燃烧。水还能吸收某些气体、蒸气和烟雾等，有助于灭火。

2. 水作为灭火剂灭火时形态及应用范围

（1）直流水和开花水（滴状水）

经水泵加压由直流水枪喷出柱状水流称直流水，由开花水枪喷出滴状水流称开花水。直流水、开花水用于扑救一般固体物质的火灾（如煤炭、木制品、粮草、棉麻、橡胶、纸张等），还可扑救闪点大于120℃、常温下呈半凝固状态的重油火灾。

（2）雾状水

由喷雾水枪喷出，水滴直径小于100μm的水流称雾状水。它可大大提高水与燃烧物或火焰的接触面积，因而降温快灭火效率高。可用于扑灭可燃粉尘、纤维状物质、谷物堆垛等固体物质的火灾，也可用于电气设备火灾的扑救。但是与直流水相比，开花水和雾状水的射程均较近，不能远距离使用。

（3）高压细水雾灭火技术

高压细水雾灭火系统，是目前国际上应用非常广泛的一种高效节水、绿色环保的灭火系统。高压细水雾是指在最小设计工作压力下产生的，距喷嘴1米处的平面上，雾滴累积体积分布参数Dv0.99<200微米的水雾（国家标准）。这种细水雾喷放后液滴在下落的过程中有液态转化为气态，带走热量，同时体积迅速增加而形成屏蔽层，将氧气隔离在燃烧中心之外，达到窒息灭火的效果。高压细水雾系统由泵组、灭火分区和区域控制阀三部分组成。该系统适用于扑救A类、B类、C类和电器类火灾。由于它先进的灭火机理，其使用基本不受场所的限制。尤其是对高危险场合的局部保护和对密闭空间的档案馆及库房保护特别有效。具有灭火效率高、不污染环境、灭火以后不影响档案质量等优点，是档案库房灭火系统的理想选择。

3. 不能用水扑灭的火灾

（1）密度小于水和不溶于水的易燃液体的火灾，如汽油、煤油、柴油等油品（密度大于水的可燃液体，如二硫化碳，可以用喷雾水扑救，或用水封阻火势的蔓延）。苯类、醇类、醚类、酮类、酯类及丙烯蜡等大容量储罐，如用水扑救，则水会沉在液体下层，被加热后会引起暴沸，形成可燃液体的飞溅和溢流，使火势扩大。

（2）遇水燃烧物的火灾，如金属钾、钠、碳化钙等，不能用水，而应用沙土灭火。

（3）硫酸、盐酸和硝酸引发的火灾，不能用水流冲击，因为强大的水流能使酸飞溅，流出后遇可燃物质，有引起爆炸的危险。酸溅在人身上，能烧伤人体。

（4）电气火灾未切断电源之前不能用水扑救，因为水是良导体，容易造成触电。

（5）高温状态下化工设备的火灾不能用水扑救，以防高温设备遇冷水后骤冷，引起形变或爆裂。

（二）泡沫灭火剂

泡沫灭火剂有两种，即化学泡沫和空气泡沫。化学泡沫灭火剂是碳酸氢钠和泡沫稳定剂都溶于水中，在和硫酸铝水溶液起反应形成化学泡沫，这种灭火剂对汽油、柴油等易燃液体火灾较为有效。空气泡沫灭火剂可分为普通蛋白泡沫灭火剂、氟蛋白泡沫灭火剂等，可扑灭可燃或易燃液体及一般固体物质的火灾，但不能扑灭醇、醚、酮类水溶性液体引起的火灾。

1. 灭火原理

（1）由于泡沫灭火剂的泡沫中充填大量的气体，相对密度小（0.001～0.5），可漂浮于液体表面，或附着于一般可燃固体表面，形成泡沫覆盖层，使燃烧物表面与空气隔绝，同时阻断了火焰的辐射热，阻止燃烧物本身或附近可燃物质的蒸发，起到了隔离和窒息的作用。

（2）泡沫析出的水和其他液体有冷却作用。

（3）泡沫受蒸发热产生的水蒸气可降低燃烧物附近的氧浓度。

2. 储存条件

（1）泡沫灭火剂的包装容器，应储存在阴凉、干燥，环境温度在25℃～40℃的场所，不能置于露天曝晒，储存温度过低，会使泡沫液的黏度增大，降低混合比会影响泡沫质量；储存温度过高会加速泡沫液的老化变质。

（2）化学泡沫灭火剂的酸性粉与碱性粉应分开存放，并避免受潮和曝晒。

（3）液态泡沫灭火剂的金属容器应内涂防腐层，轻水泡沫灭火剂甚至不能用金属容器，不得混入酸、碱或油类。泡沫灭火剂的储存容器应尽量盛满，储存期一般为5年。

（4）储存期间，不可将不同基料的灭火剂或不同工艺制成的泡沫灭火剂混合；泡沫灭火剂与水一般不做预先混合长期存放。

3. 常用的泡沫灭火剂性能

常用泡沫灭火剂性能比较如表4-3所示。

表 4-3　常用泡沫灭火剂的组成、优缺点和适用范围

名　称		主要成分	缺点	优点	适用范围
蛋白泡沫灭火剂(P)		水、水解蛋白、无机盐	流动性差,抵抗油类污染能力低,不能液下喷射,不能与干粉灭火剂联用	稳定性好	非水溶性可燃液体火灾
氟蛋白泡沫灭火剂(FP)		氟碳表面活性剂、异丙醇、水	有臭味,不稳定,储存期不太长	表面张力和界面张力较低,泡沫流动性能好,抗油类污染强,可液下喷射	非水溶性可燃液体火灾
水成膜泡沫灭火剂(AFFF)		氟碳表面活性剂、碳氢表面活性剂、聚氧化乙烯	泡沫不够稳定,防止复燃和隔离热液面的性能较差	流动性好,在油面铺展迅速,清洁环境污染小	可以用于扑灭油类火灾
抗溶性泡沫灭火剂(AR)	凝胶型抗溶泡沫灭火剂	氟碳表面活性剂、触变性多糖	成本高	泡沫抗溶能力强,能抵抗极性溶剂的消泡作用	主要扑救乙醇、甲醇、丙酮、乙酸乙酯等一般水溶性可燃液体火灾
	氟蛋白型抗溶泡沫灭火剂	蛋白泡沫液、氟碳表面活性剂、多价金属盐			
	抗溶性"轻水"泡沫灭火剂	"轻水"泡沫中添加某种添加剂			
高倍数泡沫灭火剂		发泡剂、泡沫稳定剂、溶剂、抗冻剂	热稳定性较差,泡沫易被火焰破坏	灭火强度大,速度快;水渍损失少,成本低,无毒、无腐蚀性	扑救非水溶性可燃液体火灾和一般固体物质火灾

（三）二氧化碳灭火剂

二氧化碳是目前使用广泛的灭火剂之一。二氧化碳俗称碳酸气，无色，略带酸味，是一种既不燃烧又不助燃的气体。二氧化碳制造方便、易于液化，便于灌装和储存，所以很早就被用作灭火剂。

1. 灭火原理

（1）窒息作用

由于二氧化碳比空气密度大，它能覆盖在被保护对象表面，隔离空气与被保护对象的接触，破坏了燃烧的必要条件，以达到灭火的目的。

（2）吸热作用

二氧化碳灭火剂是以液态充装在灭火器内的，当打开灭火器阀时，液态二氧化碳沿虹吸管到喷嘴处，迅速气化，挥发性体积将扩大760倍，同时吸收大量的热量，使燃烧物温度降低而达到灭火的目的。

实验表明，当燃烧区域空气中含氧量低于12%，或者二氧化碳的含量达到30%~35%时，绝大多数的燃烧都会熄灭。二氧化碳灭火剂对各种物质灭火所需的最低理论浓度见表4-4。

表4-4 二氧化碳的灭火浓度

燃烧物质名称	最低灭火浓度(%)	设计最低浓度(%)	燃烧物质名称	最低灭火浓度(%)	设计最低浓度(%)
氢	62	74	乙醇	36	43
乙炔	55	66	丁二烯	34	41
二硫化碳		66	己烷	33	40
一氧化碳	53	64	苯	31	37
环氧乙烷	44	53	煤气或天然气	31	37
乙烯	41	49	环丙烷	31	37
异丁烷	30	36	煤油	28	34
丙烷	30	36	汽油	28	34
丙烯	30	36	淬火油，润滑油	28	34
乙烷	29	35	丙酮	26	31
戊烷	29	35	甲醇	26	31
丁烷	28	34	甲烷	25	30
丁醚	38	46	二氯乙烯	21	25

2. 适用范围

由于二氧化碳不导电，不含水分，灭火后很快散逸，不留痕迹，不污损仪器设备，所以它适用于扑救各种易燃液体火灾，特别适用于扑救600V以下的电气设备、精密仪器、贵重生产设备、图书、档案等火灾。

二氧化碳不能扑救锂、钠、钾、镁、铝、锑、钛、镉、铀等金属及其氧化物的火灾，也不能用于扑救如硝化棉、赛璐珞、火药等本身含氧的化学物质的火灾。因为二氧化碳可与上述物质发生化学反应，使燃烧加剧。

由于二氧化碳灭火器中的压力是随温度而变化的，低于-20℃时，压力迅速降低，二氧化碳喷射强度也大大降低，失去了灭火作用；温度高于55℃时，压力急剧上升，影响安全使用。因此，国家标准规定二氧化碳灭火器使用的温度范围在-20~55℃以内。对于安装有固定式二氧化碳灭火系统的场所和部位，也同样适用这一规定。

3. 注意事项

（1）二氧化碳是以液态充装在灭火器或瓶中，高压储存的压力太高，低压储存时需要制冷设备，膨胀时能够产生静电放电。充装时必须按有关压力容器、管道和设备的安全操作进行。

（2）不要直接接触液态二氧化碳，以防冻伤。

（3）二氧化碳灭火剂的灭火浓度大，是一种低毒性气体，使用时应注意安全。

（四）干粉灭火剂

干粉灭火剂又称粉末灭火剂，是一种干燥的易于流动的细微固体粉末，是由一种或多种具有灭火功能的细微无机粉末和具有特定功能的填料、助剂共同组成的。其成分主要是以氮气作驱动气体，钠盐作干粉，对火灾具有抑制、窒息、冷却作用。干粉灭火剂按其使用范围主要有普通干粉灭火剂（又称BC干粉灭火剂）和多用途干粉灭火剂（又称ABC干粉灭火剂或通用干粉灭火剂）

1. 灭火原理

干粉灭火剂平时储存于干粉灭火器或灭火设备中，灭火时依靠加压气体的压力将干粉从喷嘴喷出，形成一股夹着加压气体的雾状粉流，射向燃烧物。当干粉与火焰接触时，便发生一系列物理化学作用将火焰扑灭。

（1）抑制作用

灭火过程中，干粉粒子表面发生化学反应。此时若没有抑制链增长的活性物质存在，这种连锁反应将持续自动进行下去，直到可燃物全部化为灰烬。当气溶胶灭火剂喷向高温燃烧区时，气溶胶灭火剂分解出活性自由基，它能迅速与燃烧所需物质发生反应，不断产生活性自由基，可大量掠夺燃烧反应所必需物质，迫使燃烧反应减弱，直至火焰熄灭。

（2）隔离作用

喷出的干粉覆盖在燃烧物表面上，构成阻碍燃烧的隔离层，使它起到了隔离燃烧的作用。

（3）其他灭火作用

干粉灭火时，浓云般的粉雾包围了火焰，可以减少火焰对燃料的热辐射；同时，粉末受高温的作用，将会放出结晶水或发生分解，不仅可稀释燃烧区内的热量，而且分解生成的不活泼气体又可稀释燃烧区内的氧浓度。

（4）ABC 干粉灭火剂的作用

ABC 干粉灭火剂可在火焰中反应生成多聚磷酸盐，覆盖在着火物表面，阻止空气与可燃物的接触而起到防火层的作用，而其中的磷酸铵盐分解放出的氨也能起类似卤代烷那样的均相负催化作用，而且还可使燃烧物表面碳化，减缓燃烧过程，降低火焰温度。

2. 适用范围

（1）普通干粉灭火剂一般装于手提式、推车式干粉灭火器及干粉消防车中使用。主要用于扑救各种非水溶性及水溶性可燃、易燃液体的火灾，以及天然气、液化石油气等可燃气体和一般带电设备的火灾，在扑救非溶性可燃、易燃液体时，可与氟蛋白泡沫联用，以取得更好的灭火效果，并可有效地防止复燃。

（2）多用途干粉灭火剂除具备普通干粉灭火剂的性能外，还可用于扑救木材、纸张、纤维等 A 类固体可燃物质的火灾。

（3）干粉灭火剂适用于扑灭火灾初起的易燃液体、可燃气体和电气火灾。不适于扑灭轻金属和碱性金属火灾。

3. 储存

应放在通风、干燥、阴凉处储存，其堆垛不宜过高，以防结块，应用塑料袋包装且密封。储存期一般为 5 年。

（五）氮气

氮气是空气的组成部分，能占空气体积的 73%。采用空气深冷分离法（空分）制取氧气的同时，能得大量的氮气。它为无色无味的惰性气体，设备、管道内的可燃气体，可以利用氮气进行吹扫，以置换出可燃气体或空气（现场工作中称之为氮气置换），用以设置固定或半固定灭火设备，可作为灭火剂扑救高温高压物料的火灾，效果比较理想。

氮气灭火原理是：将氮气施放到燃烧区后，稀释可燃气体和氧气的浓度，当氮气的施放量达到可燃物维持燃烧的最低含氧量以下时，燃烧即停止，这也是消除燃烧三要素之一助燃物的灭火方法。

（六）七氟丙烷气体灭火系统

七氟丙烷（HFC-227ea、FM-200）是无色、无味、不导电、无二次污染的气体，具有清洁、低毒、电绝缘性好，灭火效率高的特点，特别是它对臭氧层无破坏，在大气中的残留时间比较短，其环保性能明显优于卤代烷，是目前为止研究开发比较成功的一种洁净气体灭火剂，被认为是替代卤代烷 1301、1211 的最理想的产品之一。

（七）惰性气体 IG-541 混合气体灭火系统

IG-541 灭火剂是由氮气 N_2（52%）、氩气 Ar（40%）和二氧化碳 CO_2（8%）三种气体组成的无色、无味、无毒的混合气体，不破坏大气臭氧层，对环境无任何影响。不导电，灭火过程洁净，灭火后不留痕迹。其灭火机理为物理作用，通过降低燃烧物体周围氧气的含量，来达到灭火的目的。IG-541 混合气体灭火系统可用于扑救下列类型火灾：A 类-可燃固体表面火灾，例如木材和纤维类材料的表面火灾；B 类-可燃液体火灾，例如庚烷、汽油燃烧引起的火灾；C 类-灭火前可切断气源的气体火灾；E 类-电器设备火灾，可以用予保护经常有工作人员工作的场地。其灭火剂价格低，主要用于通讯设备、计算机房、工艺控制中心和其他机电设备室等场所。

二、灭火装置

根据《档案馆建筑设计规范》（JGJ 25—2010）规定：“馆区应设室外消防给水系统。特级、甲级档案馆中的特藏库和非纸质档案库、服务器机房应设惰性气体灭火系统。特级、甲级档案馆中的其他档案库房、档案业务用房和技术用房，乙级档案馆中的档案库房可采用洁净气体灭火系统或细水雾灭火系统。”

灭火装置根据其自动化程度的不同可分为人工灭火和半自动灭火等。

（一）人工灭火

人工灭火基本上靠人观测和操作，如库房制订防火、灭火规章制度和责任制，并配备手提式灭火器。中、小型档案馆可采用这种灭火方式。

（二）半自动灭火系统

该系统具有火灾自动探测、报警和灭火功能。火灾刚一出现，自动探测报警装置立即启动报警，若需要，人工启动探测灭火装置进行立即灭火。但这种装置彼此独立，没有连成一个体系，中间需人工判断操作。许多大、中型档案馆都有这种装备。

思考题：

一、填空题

1. 建筑物的耐火等级是由建筑构件的燃烧性能和最低耐火极限决定的。目前我国将建筑物的耐火等级分为（　　）。

2. 发生火灾的基本要素是可燃物、（　　）、点火源以及它们之间的相互作用，构成一个燃烧三角形。

3. 根据《档案馆建筑设计规范》（JGJ 25—2010）中规定："馆区应设室外（　　）系统。特级、甲级档案馆中的特藏库和非纸质档案库、服务器机房应设（　　）灭火系统。特级、甲级档案馆中的其他档案库房、档案业务用房和技术用房，乙级档案馆中的档案库房可采用洁净气体灭火系统或（　　）灭火系统。"

二、名词解释

1. 防火间距

2. 火灾报警控制器

3. IG-541 灭火剂

三、简答题

1. 档案库房常用的火灾探测器分为哪几类？

2. 档案库房火灾自动报警系统分为哪几类？

3. 在档案库房中常见的灭火剂有哪几种？

第五章　档案库房安全防范系统

内容提要：

本章主要介绍了防盗报警系统基本结构，常用防盗探测器的工作原理，档案库房防盗报警系统、出入口控制系统、视频监控系统的系统设计、设备构成和特点等。

档案库房防盗报警系统是用物理方法或电子技术，自动探测发生在档案库房及办公区等布防监测区域内的侵入行为，产生报警信号，并提示值班人员发生报警的区域部位，显示可能采取对策的系统。防盗报警系统是预防非法进入控制区域、盗窃等意外事件的重要设施。防盗报警系统与出入口控制系统、闭路电视监控系统等一起构成了档案库房的安全防范系统。

第一节　防盗报警系统

一、防盗报警系统的基本结构

防盗报警系统可有多种构成模式。如图5-1所示，各种不同报警系统的共同部分是由入侵探测器、信道和报警控制器三部分组成。

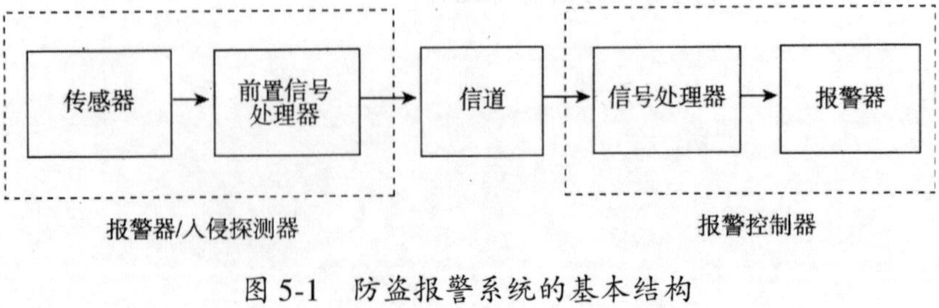

图5-1　防盗报警系统的基本结构

（一）探测器

探测器是入侵报警系统的重要组成部分，一般是安装在防范现场，是用以探测入侵信号的装置。它的核心部件是传感器，传感器的作用是将被探测的物理量（如力、位移、速度、加速度、声、光等）转换成相应的易于精确处理的电量（如电流、电压、电容等）输出的一种转换装置。探测器中的信号处理器（有的探测器只有传感器没有信号处理器）具有将原始的电信号放大、滤波、调制等，使之成为能在信道中传播的探测电信号的功能。探测器种类很多，有磁开关探测器、振动探测器、被动红外探测器、主动红外探测器、玻璃破碎探测器、微波/被动红外双技术探测器等。

入侵探测器是入侵探测系统最前端的输入设备，也是整个报警系统中的关键部分，它在很大程度上决定着报警系统的性能、用途和报警系统的可靠性，是降低误报和漏报的决定性因素。

（二）信道

信号传输通道是联系探测器和报警控制器的信息通道。这不仅包括从探测器到报警控制器之间的导线，还包括其中所有的转换设备。例如，中继放大器、编码译码器、发射接收器等。信道的作用是将探测器输出的电信号及时、准确地传送给报警控制器，并将报警控制器的指令传送给探测器。在报警技术中常用信道有两种，即无线信道和有线信道。

1. 无线信道

无线信号通道要先将探测信号调制到专用的无线频道由发送天线发出，报警控制器或控制中心和无线接收机先将无线信号接收后解调还原为报警信号进行处理。

2. 有线信道

有线信号传输通道是利用多芯线、双绞线、同轴电缆、光缆、电话线等来传送信号的。信号的方式一般有三种：模拟信号、开关信号和数字信号。模拟信号指幅度的取值是连续的信号，缺点是保密性差和抗干扰能力弱，传输距离受限较大，一般要求探测器和报警器之间的距离不可太长；开关信号是将入侵发生和未发生两个事件变为开关的接通和断开两种状态传送给控制器；数字信号指幅度的取值是离散的信号，幅值表示被限制在有限个数值之内。此处数字信号则是由探测器中的单片机系统将探测信号处理为数字信号，然后通过数据总路线进行传输的。

（三）报警控制器

报警控制器是报警控制中心的主机系统，它由信号处理器和报警装置等设备组成，作用是对探测器传来的信号进行分析、判断和处理传输系统传来的各类现场信息。安装在值班室有情况时它发出声、光报警信号，引起值班人员的警觉，以采取相应的紧急处理措施或直接向有关部门发出报警信号。

二、报警探测器

报警探测器根据不同的防范场所选用不同的信号传感器，利用不同传感器的不同技术自动检测发生在布防监测区域内的入侵行为，将相应信号传输至报警监控中心的报警主机，主机根据预先设定的报警策略驱动相应输出设备执行相关动作。

每一种报警探测器都具有在设防区域内探测出入侵人员存在的一定手段，比较理想的报警探测器仅仅是在入侵人员出现时才响应，而对其他不需关注，如猫、狗和老鼠等动物的活动不予响应。要做到这一点很不容易，自然界中的气候、现场状况变化莫测，如温度、湿度、能见度等，还譬如打雷、下雨和大雾天都可能对某些探测器的探测结果产生影响，所以对报警器的选择和安装位置也要充分考虑这些不利因素。

各种探测器有各自不同的工作原理，各有优缺点，探测的范围也不尽相同。要使探测器在任何场合都能有效地发挥作用，就应该进行精心选择、精心安装，安装时尽可能考虑到对不同行业、不同单位有各自不同的情况，故使用的探测器的规格和参数也不相同。为了达到最佳的理想结果，要对用户的实际情况做详细的了解和细致的调查，尽量减少误报警，使探测器更有效地发挥作用。

（一）报警探测器的分类

探测器种类很多，分类方式也有多种。

1. 按传感器的种类（探测的物理量）分类

分为开关式报警器、振动报警器、超声波报警器、次声波报警器、红外报警器、微波报警器和视频报警器、电场报警器和激光报警器等。

开关式探测器和微波/被动红外双技术探测器已列入强制性产品目录。

2. 按探测器的工作方式分类

（1）主动式探测器

工作时探测器中的发射器向防范现场发射某种形式的能量，在接收传感器上形成稳定变化的信号分布。一旦危险情况出现，稳定变化的信号被破坏、形成携有报警信息的探测信号，经处理后产生报警信号。这种探测器中的传感器有发射和接收，如超声波探测器；也有发射和接收分置两个不同壳内的，如主动红外探测器、激光探测器等。

（2）被动式探测器

工作时探测器本身不向防范现场发射能量（不包括电路的辐射能量），而是依靠接收自然界的能量在探测器的接收传感器上形成稳定变化的信号，当危险情况出现时，稳定变化的信号被破坏、形成携有报警信息的探测信号，经处理产生报警信号，如被动红外探测器、振动探测器等。

3. 按探测电信号传输信道分类

分为有线报警器和无线报警器，探测器和报警控制器之间采用有线方式连接的为有线探测器；采用无线电波传输报警信号的为无线探测器。

4. 按报警警戒范围分类

分为点控制式探测器、线控制式探测器、面控制式探测器和空间控制式探测器等。

（1）点控制式探测器

其警戒范围可视为一个点，当这个点的警戒状态被破坏时即发出报警信号，如磁开关探测器。

（2）线控制式探测器

其警戒范围是一条线，当这条线的警戒状态被破坏时即发出报警信号，如主动式红外探测器、激光探测器。

（3）面控制式探测器

其警戒范围是一个面，当这个警戒面上任一点警戒状态被破坏时即发出报警信号，如振动探测器、声控/振动玻璃破碎探测器。

（4）空间控制式探测器

其警戒范围是一个空间，当这个空间中任意一处的警戒状态被破坏时，就发出报警信号，如被动红外探测器、微波探测器、超声波探测器、视频探测器、微波/被动红外双技术探测器。

（二）常用报警探测器

1. 开关报警器

开关报警器是一种点控制型报警器。它是所有报警探测器中最简单、应用最早的一种报警装置。常用的报警开关有磁控开关、压力开关、金属丝开关、压力垫开关、水银开关等。开关报警器的特点是价格便宜，操作简单，工作可靠，误报率低。下面介绍几种常用的报警开关：

（1）磁控开关

磁控开关由一块永久磁铁和一只干簧管组成。干簧管又称舌簧继电器，其结构如图 5-2 所示。它是由两个金属簧片密封在充有惰性气体的玻璃管中组成。当把永久磁铁块靠近干簧管时，两个金属片在磁场的作用下，带上相反的磁性而被吸合；磁铁远离干簧管时，磁场减弱或消失，两个金属簧片本身的弹性作用又恢复原状，开关断开。

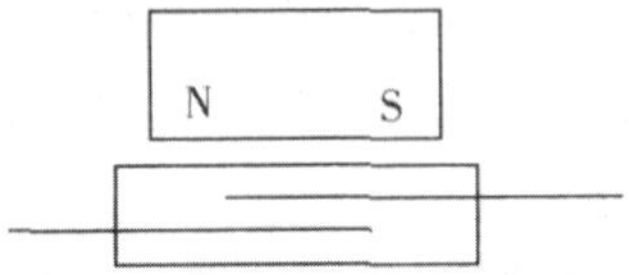

图 5-2　磁控开关结构示意图

磁控开关报警器是一种点控制报警器，主要用来警戒防范场所的门窗。使用时，应将干簧管安装在固定的门框或窗框上，将永久磁铁块装在活动的门或窗上，一旦入侵者打开门窗进入室内，开关断开，触发报警器产生报警。

（2）微动开关

微动开关是电器设备上常使用的一种压力式机械开关。其基本原理是靠外部压力改变金属触点的通断。其结构形式多种多样。图 5-3 表示出两种基本结构的压力开关。

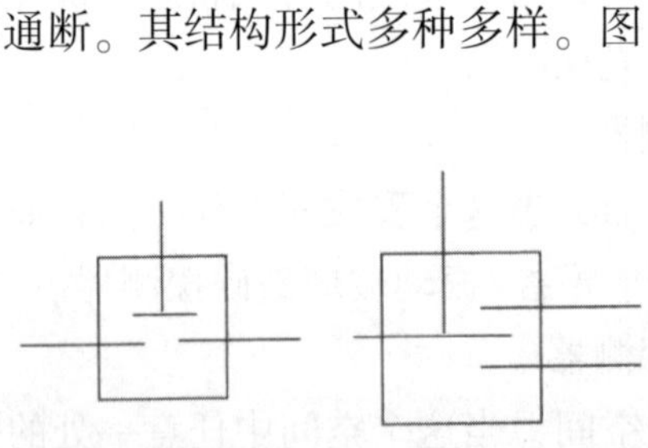

图 5-3　微动压力开关结构示意图

将微动开关的两个打接点通过传输导线与报警控制器连接起来构成一个开关报警器，使用常闭还是常开则应根据报警控制器的具体要求来决定。

与磁控开关一样，微动开关也可以安装在门窗上或贵重物品下面。用微动开关来警戒门窗时，应将微动开关安装在门框或窗框的合页处。当门窗被打开时，压力消失，开关被接通或断开，触发报警控制器产生报警。在某些场合也可使用手动微动开关或脚踩开关。

技防工作中经常使用的人工紧急报警按钮，也属于此类开关，一旦遇到紧急情况即可用手或脚触动开关，及时向相关部门报警。

此开关的特点是：结构简单、安装方便、价格便宜、防震。但抗腐蚀性及动作灵敏程度较差。

(3) 压力垫式开关

压力垫是由两条平行放置的具有弹性的金属带构成，两条金属带之间有几处用很薄的弹性绝缘材料支撑，平时两金属带由于绝缘材料的支撑作用互相不接触，相当于开关断开，当有人或物品压在压力垫上时，两金属带受压接触，开关接通，如图 5-4 所示。

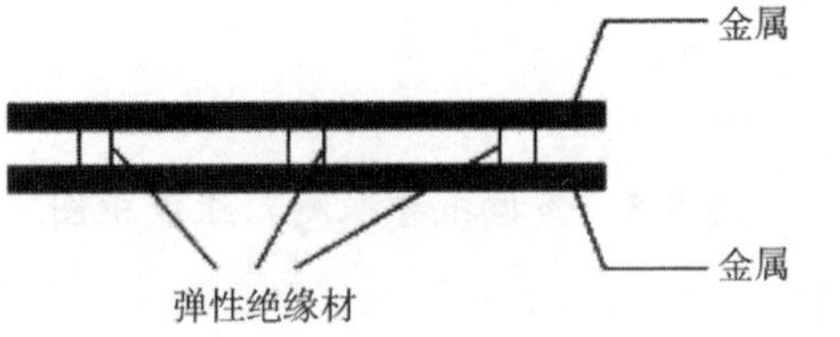

图 5-4　压力垫开关结构

压力垫开关的用途很多，例如：可以将压力垫放在窗户、楼梯和保险柜周围的地毯下面，当入侵者踩上地毯时，压力垫开关被接通，触发报警器报警。为避免小动物（如猫、狗、老鼠等）的干扰引起误报警，可选用由多条条状压力开关组成的压力垫，条与条之间有恰当的距离，只有当相邻的两条同时被压下时，才会触发报警。

2. 声波、振动探测器

声波是一种机械振动波，其频率范围比较宽。在声波中，一般将频率低于 20Hz 的声波称为次声波，频率在 20Hz ~ 20kHz 的声波称为可闻声波，而将频率高于 20kHz 的声波称为超声波。超声波和次声波都不能引起人耳的听觉，因此又称为未闻声波。

(1) 声控报警探测器

声控报警探测器是用来探测人员进入防范场所发出的各种声响，如撬门、撬锁、走动、说话、打碎玻璃、凿墙等，并发出报警的一种报警装置。目前一般很少单独使用它，而常将它与其他报警器配合使用，将声控报警器作为一种报警复核手段。

声控探测器由声电传感器、前置音频放大器两部分组成，声控探测器的核心部件是驻极体声电传感器（话筒）。驻极体话筒将声音信号转变成相应的电信号后，经前置音频放大器和信道传至报警控制器。若将报警控制面板开关拨至“监听”位置，即可听到现场声音，保安人员可根据声音的特征作出判断和处理。

声控探测器的特点是：结构简单、价格低廉、体积小（一般只有大拇指大小）、安装方便。

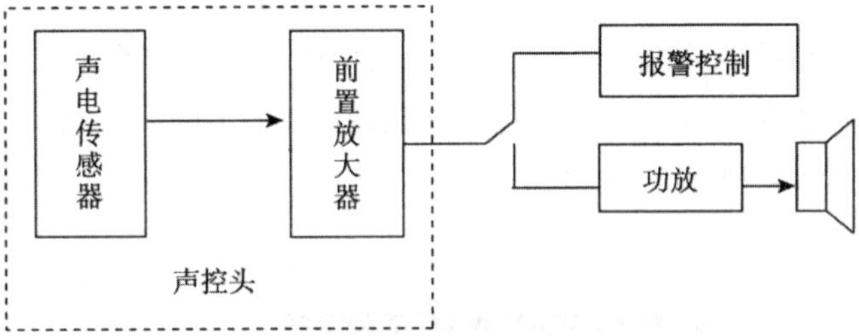

图 5-5　声控报警探测器组成框图

（2）振动探测器

振动探测器是以探测入侵者的走动或进行各种破坏活动（如敲打墙壁、门、窗、保险柜等）时引起的振动，并输出报警信号的装置。与声控探测器相比，外界的声响干扰一般不会使其产生误报警，其可靠性较高，因此能够使用在环境噪声较大的防范场所。振动探测器可安装在防范场所的门、窗、墙壁、保险柜等非法侵入者可能引起振动的物体上，一旦有非法入侵，会引起上述物体振动，即可发出警报。

振动探测器主要由振动传感器与信号处理电路两大部分组成。振动传感器可以将入侵者走动或敲打墙壁、门、窗、保险柜等物体引起的振动信号转变为模拟电信号，经放大、整形等电路处理后，即可发出报警电信号。

3. 微波入侵探测器

微波是一种波长很短频率非常高的无线电波。微波的波长在 1mm～1m 之间，其频率在 300MHz～300GHz 之间。由于微波的波长很短，在均匀物质中（如空气）可以像光线一样沿着直线传播，遇到物体即可被反射回来。利用微波的这一特性根据发射波和反射波之间的时间间隔，可以探测目标至发射机之间的距离，这是测距雷达的基本原理。利用移动目标反射回来的微波频率会发生变化的特点（多普勒效应），可以探测运动目标的出现，这是移动式微波探测器的基本原理。

微波对非金属物体有一定的穿透力。因此可以用一定非金属材料将微波探测器伪装起来，便于隐蔽安装，另外可以用一个微波探测器同时监控几个相邻的房间。另外，由于微波可以穿过门、窗、墙壁进入室外，因此室外的移动物体可能引起室内微波探测器产生误报警，使用时应予注意，另一个缺点是它会发出对人体有害的微量能量，因此必须将能量控制在对人体无害的水平。此外，微波报警装置会受到空中交通和国防部门所用的高能量雷达的干扰。微波的传播受气候变化、环境变化的影响较少，因此微波墙式探测器用于室外工作一般不受气候影响，可以全天候工作。

（1）雷达式微波探测器

它是一种空间移动探测器，只要有物体在它的防范范围内移动，即会使其产生报警信号。其具体工作原理是利用了微波的多普勒效应。雷达式探测器内有一个微波发射机和微波接收机，发射机向防范场所发射一定频率的微波，并被物体反射回接收机。当有入侵者在防范场所内移动时，它反射回的微波频率就会改变，从而使微波探测器发现移动目标并输出报警信号。雷达式微波探测器的特点是便于隐蔽安装，犯罪嫌疑人不易发现，并且由于它是空间移动探测器，因此可以有效地防止犯罪嫌疑人利用白天人多时潜入防范场所隐蔽起来，晚上出来作案。雷达式微波探测器主要用于室内，可对整个空间起到保护作用。

雷达式微波探测器是应用多普勒原理，通过微波发射机向防范场所发射一定频率的微波，使防范场所充满微波场，当有物体在防范场所内移动时，移动目标反射微波，并产生多普勒频移，微波接收机接收到反射信号并测出多普勒频移后，即可发出报警信号。

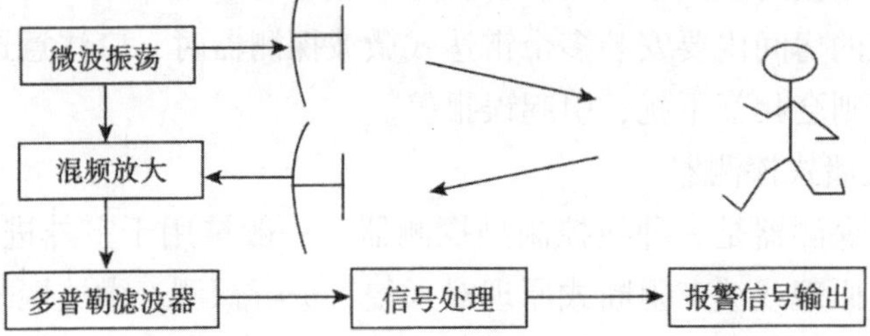

图 5-6　雷达式微波探测器工作原理示意图

由图5-6可见，雷达式微波探测器主要由微波发射机和微波接收机两大部分组成。微波发射机内有一个微波小功率振荡源，用来产生一定频率的微波信号，经放大器放大到要求的发射功率后，被发射天线发射到整个防范区域内，同时一部分微波被送入混频器。当防范区域内无移动目标时，即由静止物体（如墙壁、家具等）反射回来的微波信号频率与发射频率相等，接收天线收到反射信号并与发射信号混频，将不会有信号输出，因此不会报警；当有移动目标出现时，由于多普勒效应，由移动目标反射回来的微波信号的频率将高于或低于发射频率，经混频器混频后，会输出频率为多普勒频移的信号，此信号经过放大、检波等一系列处理后，即可控制发出报警信号。

雷达式微波探测器的特点是：它是一种空间移动探测器，只要在它的警戒范围内出现移动目标，即可产生报警信号，因此入侵者无论是从门、窗还是从天花板、墙上打洞进入，都无法逃脱它的监视。雷达式微波探测器的警戒范围是一个立体空间，其形状与探测器的天线有关，全向天线的警戒范围是一个球体，指向型天线的警戒范围呈泪滴型，其警戒面积可达几百平方米。微波探测器不受空气流动、光源、热源、空气湿度的影响，因此，电话铃声、开启冷气和暖气等，不会引起误报警。总之，灵敏度高、控制范围大、对非金属穿透力强是微波探测器的优点。

微波可以穿透墙、门、窗、玻璃等物，安装时必须注意安装位置，同时适当调整灵敏度，以避免室外的运动物体引起误报警。在监控区域内，最好不要有过大、过厚的家具、展橱等把监控区域分开，特别是金属保险柜等，在这些物体的后面会产生探测盲区，可能出现漏报警。雷达式微波探测器的探头不应对准可能活动的物体，如窗帘、门帘、电扇等，否则这些物体一旦被风吹动或其他原因引起晃动时，会引起误报警。雷达式微波探测器的灵敏度与目标的移动方向、运动速度有关，当目标相对探测器作径向运动时，探测器的灵敏度最高，当目标以缓慢的速度移动时，探测器可能产生漏报警，安装时应当注意。当在一个较大的房间内要安装多个雷达式微波探测器时，应注意选择不同频率的探测器，否则会相互干扰，引起误报警。

（2）微波墙式探测器

微波墙式探测器是一种线控制型探测器，一般被用于室外进行周界防范。它利用场干扰原理或波束阻断式原理对入侵者进行探测。微波墙式探测器包括微波发射机和微波接收机两大部分独立装置。安装时，发射机与接收机分开，相对而立，其间形成一个稳定的微波场，用来警戒所要防范的场所。一旦有人闯入这个警戒区，微波场受到干扰，接收机收到的信号就会减弱，从而触发报警器报警。

微波墙式探测器靠探测发射机和接收机之间的能量变化来实现报警，因此它与入侵者的运动速度无关，无论是行走、跑步、爬行、挪动，只要侵入防范区域，都能报警。它与多普勒探测器不同，多普勒探测器有速度范围的限制。

墙式微波探测器在发射机与接收机之间的微波电磁场形成了一道看不见的警戒线，可以长达几百米、宽 2m~4m、高 3m~4m，酷似一道围墙，人是无法跨越而不被发现的。因此称为微波墙式探测器或微波栅栏。此外，由于微波对金属以外的物体具有较强的穿透能力，风、雪、雨、雾等自然现象对微波的影响很小，不会影响其探测距离。因此，微波墙式探测器在室外可以全天候工作。

微波墙式探测器一般用于室外作周界防护，如可在某部门的围墙上安装微波墙式探测器，当犯罪嫌疑人刚进入此部门的外围，还没有来得及进入内部，报警器即可报警，为抓获或阻止罪犯提供宝贵的时间。微波墙式探测器的特点是基本不受恶劣环境（如雨、雾、风、雪）的影响，在室外工作误报和漏报率较低。

4. 超声波入侵探测器

超声波（20000Hz 以上）是人耳听不到的一种机械波，要依靠空气进行传播，遇到物体会产生反射。

（1）多普勒型超声波探测器

多普勒型超声波探测器由一个超声波发射机和一个超声波接收机组成，并且接收机和发射机安装在同一机壳内，其基本工作原理与雷达式微波探测器相似，差别仅是超声波探测器发射和接收的是超声波而不是微波。它利用超声波的多普勒效应来对移动目标进行探测。

（2）声场型超声波探测器

声场型超声波探测器也包含一个超声波发射机和接收机，但收、发机不是安装在一起，而是分置在不同的地方，与多普勒超声波的工作原理不同，它是利用移动目标引起接收机接收到超声波能量发生的变化触发报警。

超声波以发射机向室内防范区内发射超声波，经墙壁、天花板、地板、家具等物体的多次反射，布满了室内的各个角落，并形成了复杂的驻波状态，即在防范空间内有许多波腹点和波节点。波腹点处的能量密度较大，波节点处的能量密度较小。其能量分布是不均匀的，但当室内没有移动物体时，这种不均匀的能量分布是处于某种稳定状态，即空间各点的超声波能量不相等，但各点的能量保持不变。一旦室内出现活动目标，这种“稳定”的状态将被打破，使波腹点和波节点的位置及能量分布发生连续变化，其变化的速度与活动目标的移动速度成正比，超声波接收主要内容就会收到一个幅度连续变化的超声波，从而探测移动物体的存在。

超声波探测器主要优点是灵敏度高，在它的有效探测范围内，超声波可以充满整个空间，把整个房间警戒起来，任何一个角落有人活动都可能触发报警，无明显死角。其最大缺点是误报率较高，由于超声波要靠空气来传播，因此空气的流动以及空气温度和湿度的变化，都会改变超声波的传播特性，引起误报警。因此，安装超声波探测器的空间密封性要求高，不应有大容量的空气流动，不能有过多的门窗且需紧闭。应该避开通风设备及气体的流动。用超声波探测器保护的空间隔音性能要好，以减少外界噪声引起的误报。超声波对物体没有穿透性，因此使用时应避免物体的遮挡，玻璃、隔板、房门等对超声波的反射能力较差，因此不应正对安装。超声波是以空气作为传输介质的，因此空气的温度和相对湿度会影响其探测灵敏度。当温度为 21℃、相对湿度 38%时，超声波的衰减最为严重，探测范围也最小。

5. 红外线入侵探测器

红外辐射俗称红外线，又称红外光，其波长为 0.75μm~1000μm。红外光是太阳光谱的一部分。其波长范围和在电磁波中的位置如图 5-7 所示。红外光的最大特点就是具有光热效应，能辐射热量，它是光谱中的最大光热效应区。红外光具有反射、折射、散射、干涉、吸收等特性，光速传播，具有明显的波粒二象性。红外光在真空中的传播速度为 3×10^8m/s。红外光在介质中传播会产生衰减。红外光在金属中传播衰减很大，但红外辐射能透过大部分半导体和一些塑料，大部分液体对红外辐射吸收非常大。气体对其吸收程度各不相同，大气层对不同波长的红外光存在不同的吸收带。根据研究分析证明，波长在 1μm~5μm、8μm~10μm的红外光具有比较大的“透明度”，即这些波长的红外光能较好地穿透大气层。

凡温度高于绝对零度（即-273℃）的物体都产生热辐射。因此，自然界的一切物体都可看作红外辐射源。而任何物体由于本身的物理和化学性质的不同、本身温度不同所产生的红外辐射的波长和距离也不尽相同，通常分为三个波段。

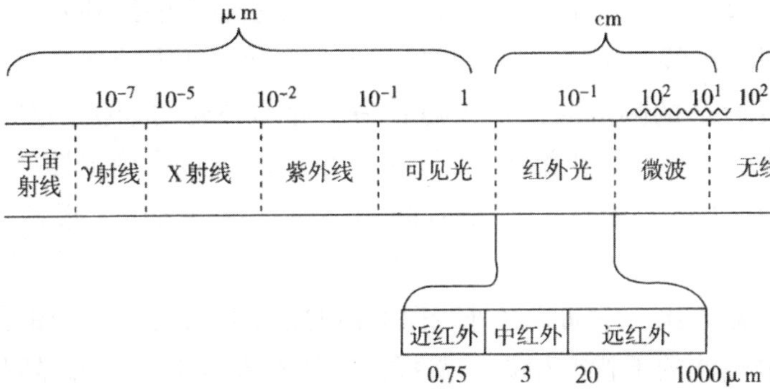

图 5-7　电磁波谱

近红外线：波长范围（0.75~1）μm~（2.5~3）μm；

中红外线：波长范围（2.5~3）μm~（25~40）μm；

远红外线：波长范围（25~40）μm~1000μm。

人体辐射的红外光波长 3μm~50μm，其中 8μm~14μm 占 46%，峰值波长在 9.5μm。人体在正常体温下，能够发射出远红外线，肉眼不能够看到它，但通过红外线传感器就可探测到这种远红外线，因此能够发现入侵者。

红外线探测器是指利用红外线对入侵者进行探测的装置。根据探测原理不同，可分为主动式红外线探测器和被动式红外线探测器两类。

（1）主动式红外线探测器

主动式红外线探测器工作时要向外发射红外线，它由红外发射装置和红外接收装置两部分组成。它是一种线控制型探测器，一般用于室外进行周界防范，也可用于室内封锁门、窗、走廊等处。主动式红外线探测器与微波墙探测器相比，它不受电磁场的干扰，防御界限非常明确，但受环境气候的影响较大，室外使用要特别注意。

主动式红外线探测器基本的构造包括瞄准孔、光束强度指示灯、球面镜片、LED 指示灯等。其探测原理是利用红外线经 LED 红外光发射二极体，再经光学镜面做聚焦处理使光线传至很远距离，由受光器接受。当光线被遮断时就会发出警报。红外线是一种不可见光，而且会扩散，投射出去会形成圆锥体光束。红外光不间歇 1 秒发 1000 光束，所以是脉动式红外光束，因此这些对射无法传输很远距离（600m 以内）。

红外线探测器也叫光束遮断方式探测器。当有人横跨过监控防护区时，遮断不可见的红外线光束而引发警报。常用于室外围墙报警，它总是成对使用：

一个发射，一个接收。发射机发出一束或多束人眼无法看到的红外光，形成警戒线，有物体通过，光线被遮挡，接收机信号发生变化，放大处理后报警。红外对射探头要选择合适的响应时间：太短容易引起不必要的干扰，如小鸟飞过、小动物穿过等；太长会发生漏报。通常以10m/s的速度来确定最短遮光时间。若人的宽度为20cm，则最短遮断时间为20ms。大于20ms报警，小于20ms不报警。

与微波墙探测器相比，主动式红外线探测器的主要特点是：发射的是红外线，不会受无线电磁波的干扰产生误、漏报；红外光束较细，防御界限明确，附近的行人、车辆等只要不进入警戒线不会引起误警；价格低，体积小，耗电省，安装、使用方便，误报率低；隐蔽的防卫方式使入侵者在不知不觉中触警；周界全面设防，无盲区和死角，可全天候工作，红外对射探测器抗不良天气干扰。

主动式红外线探测器发出的红外光束较细，安装时要仔细调整安装位置，使收、发机准确对准，且要将收、发机固定牢固，否则易发生误报警。主动式红外线探测器用于室外时，受环境气候的影响较大。雨、雪、大雾等恶劣气候会大大降低红外线的探测距离，易产生误报警。安装、使用时必须考虑到这些影响，适当缩短安装距离，留下充分的探测余量，以便其在较恶劣的气候下仍能正常工作。一般室外收、发机的安装距离应是正常气候条件下最大探测距离的1/4~1/6。由于收、发机光学系统的镜头表面裸露在空气中，易受尘埃、雾气等污染，使其透光性能下降，缩短探测距离，甚至造成误报，因此要经常擦拭，保持镜头的清洁。

（2）被动式红外线探测器

被动式红外线探测器本身不发射任何能量而只被动接收、探测来自环境的红外辐射。一旦有人体红外线辐射进来，经光学系统聚焦就使热释电器件产生突变电信号，而发出警报。被动式红外线探测器是一种空间移动探测器，主要用于室内对整个空间进行防范。被动式红外线探测器的最大优点是可靠性较好，工作稳定，误报较少，价格合理，应用广泛。

被动式红外线探测器的核心部件是红外传感器。它可以将照射到它上面的红外能量转变为相应幅度的电信号。通过光学系统配合，它可以探测到一个立体空间的红外辐射的变化。当防范空间没有活动的人体时，由于基本上稳定，所以不会触发报警。当有人进入防范空间活动时，会造成红外辐射能量的变化，红外传感器把这种能量变化转换成相应的电信号，经适当处理，即可发出报警信号。红外传感器的探测波长范围是 8μm～14μm，这正是人体红外辐射波长的范围。

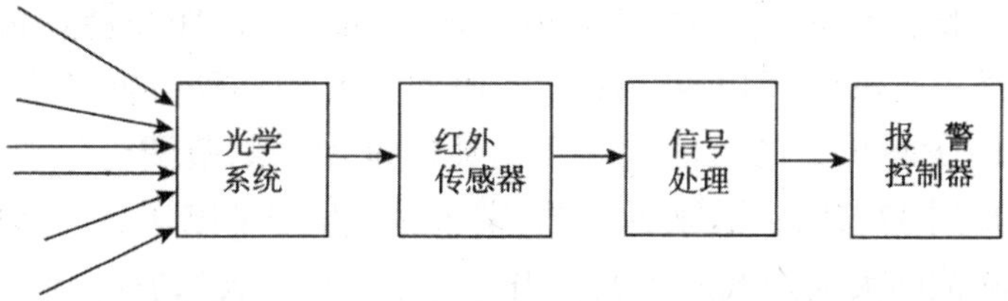

图 5-8　被动式红外线探测器基本组成框图

目前，被动式红外线探测器中使用的红外传感器是一种热释电红外传感器，这种传感器是某些结晶体在受到光线照射后，产生显著热电效应的原理制成的。即吸收了红外线的结晶体，产生极化作用，形成表面电荷的积累，电荷的多少与结晶体吸收的红外线的能量强弱成正比。此种红外传感器的最大特点是灵敏度高，可以在室温下正常工作，且价格合理。

如果把人体红外辐射直接照在探测器的红外传感元件上，也会引起温度的变化而输出信号，但这样做，探测距离是不会远的。为了加长探测距离，必须采用光学系统来收集红外辐射，即采用反射镜或透射将人体辐射出的红外线聚集到红外传感器上。目前，红外透射镜和反射镜一般采用特殊的塑料压铸而成，所以成本很低。根据被动式红外线探测器所使用的光学结构不同，被动式红外线探测器可以分为反射式、透射式两类。

反射式指采用的是反射聚集式光学系统，即使用反射镜将探测目标的红外辐射聚集到红外探测器的警戒视场角较窄，一般仅 5°左右，但探测距离较远，可达百米以上。这种探测器适合用来警戒狭长的走廊、通道以及封锁门窗和围墙等。

透射式探测器指被探测目标的红外辐射经过透镜透射，聚集到红外传感器上。为了扩大视场角，目前透射式被动式红外线探测器中使用的透镜多为多层、多棱的菲涅尔透镜。

被动式红外线探测器是一种空间移动探测器，其可靠性较高，误报警较少，近年来得到了广泛的应用，其主要特点是：探测器工作时由于不向外界辐射任何能量，因此就隐蔽性而言优于主动式红外线探测器，同时其功耗低，普通电池就可以维持长时间的工作；与微波探测器相比，由于红外线不会穿过水泥、砖头的建筑物，因此室外使用被动红外探测器时，不必担心室外活动目标会造成误报警；由于是被动工作方式，因此当需要在同一室内安装多个被动红外探测时，不会产生相互之间的干扰。

被动式红外线探测器安装、使用注意事项：一是灵敏度与入侵者的移动方向有关。当入侵者移动时横向“切割”探测小区时，探测器的灵敏度最高。安装时应选择合适的安装位置，尽可能使入侵者的移动方向与探测小区横向“切割”，以减少漏报警的可能性。二是灵敏度和探测范围受气温的影响。夏天室内温度升到37℃时，进来的人与周围环境温度难以区分，会使探测器的灵敏度和探测范围大大降低。例如：当环境温度接近人体温度时，探测灵敏度会下降到标称值的1/3，标称值是在标准室温（22℃～25℃）时测得的。因此使用被动红外探测器时，警戒范围应留下充分的余量，否则可能产生漏报警。三是盲区问题。由于红外辐射的穿透能力很差，所以在被动式红外线探测器的探测范围内，不应有障碍物，否则会造成“盲区”。四是安装避开发热体和发光体。被动式红外线探测器是根据入侵者所引起的红外辐射的变化报警。因此，为了防止、减少误报警，必须尽量消除非入侵目标造成的红外辐射的变化。例如：探测器的安装位置应尽量避开变化的发热体和发光体。像暖气、火炉、冷冻设备的散热器以及阳光、强灯光直射等。五是注意保护菲涅尔透镜。由于被动红外探测器上用的菲涅尔透镜是用塑料制成的，因此应避免被硬物或指甲划伤，当其上沾有灰尘或雾气时，应用洗耳球仔细吹去，否则会影响探测灵敏度。

6. 双技术入侵探测器

为了克服单一技术探测器的缺陷，通常将两种不同技术原理的探测器整合在一起，只有当两种探测技术的传感器都探测到人体移动时才报警的探测器称为双鉴探测器。两种探测装置输出的探测信号经“与门”电路相“与”产生报警信号，因此，双技术探测器只有在两种探测装置同时探测到目标时，才会发出报警信号，如果仅有一种探测装置探测到目标，则不报警，如图5-9所示。

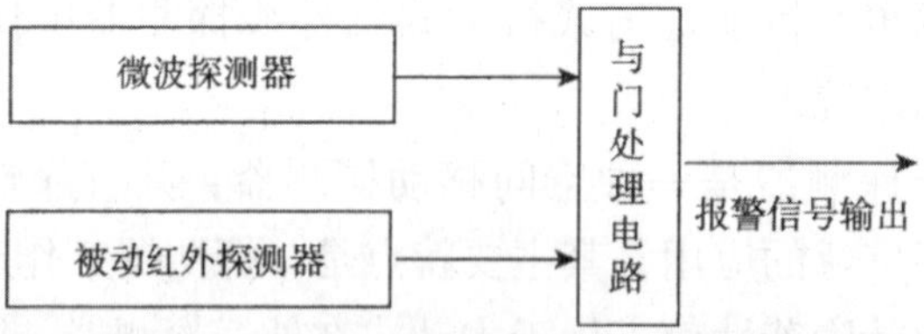

图5-9　微波/被动红外双技术探测器

双技术探测器的最大优点是大大降低了误报率。前面介绍的探测器只利用一种技术来探测目标，因此可统称为单技术探测器。各种单技术探测器的性能各有所长，也各有所短。总的看来，单技术探测器的优点是结构简单、价格低廉，共同的缺点是误报率较高，抗干扰能力较差，可因受到不同的误报源的干扰而产生误报警。例如：当门窗抖动时引起微波探测器产生误报警；热气流或阳光、强灯光突然照射会引起被动红外探测器发生误报警；空气突然流动或湿度的变化可能引起超声波探测器产生误报警等。当前随着报警技术的发展，防盗报警系统的规模越来越大，一个报警系统中往往拥有几十、几百甚至成千上万个探测器，若每个探测器的抗干扰能力较差，时常出现误报，则整个报警系统的误报率就会非常高。

常见的双鉴探测器以微波/被动红外居多，还有超声波/微波探测器、微波/被动红外探测器、超声波/被动红外探测器等产品。

7. 视频移动探测器

视频探测器是将电视监视技术与报警技术相结合的一种新型的安全防范报警设备，它是用电视摄像机来作为遥测传感器，通过检测被监视区域的图像变化，从而报警的一种装置。由于是通过检测因移动目标闯入摄像机的监视视野所引起的电视图像的变化，所以又称为视频运动探测器或移动目标检测器。

（1）视频探测器的基本工作原理

在监控区域安装适当数量的摄像机，由摄像机摄取到的视频图像信号通过电缆传送到控制中心的视频报警控制器，并在电视监视器上显示监控现场的图像。

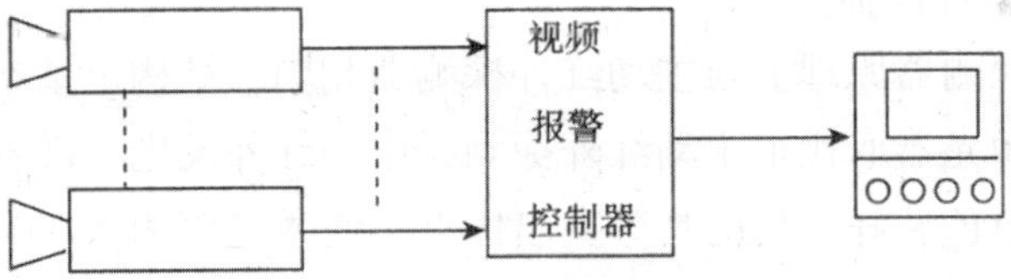

图 5-10　视频报警系统的基本组成框图

（2）分类

视频探测器分为模拟式视频报警控制电路和数字式视频报警控制电路两种类型。

模拟式视频报警器是通过检测实测摄景物亮度电子的变化来触发报警的。它的不足是因其参与比较的信息量较少，准确性稍差，易发生误报和漏报。一般只限于在室内且完全静态或稳定的环境中使用。

数字式视频报警控制器处理电路将摄像机的正常情况下的图像视频信号进

行数字化处理，并加以存储。并不断地将摄像机在担任警戒工作中实时摄取的图像信号进行实时数字化图像处理，进而又不断地将实时摄取的数字化图像信号与原存储的正常数字化图像信号加以比较、分析、处理。当检测到监视区域内有移动目标时，图像信号发生变化，即可发出报警信号。同时还可增加报警现场图像存储、记录和给出报警点的语音提示等多种辅助功能。

由于监视区的范围较大，视频报警器可以只对监视区内的重要部位进行报警，如房间的门、窗或保险柜等。利用视频报警器电路可以在监视器的图像上叠加上 1 个或多个方形或圆形的报警区，或称为禁区。这些人为设定的报警区的大小、形状和位置均可由使用者任意调节。如图 5-11 所示的是 4 个报警区的情况。

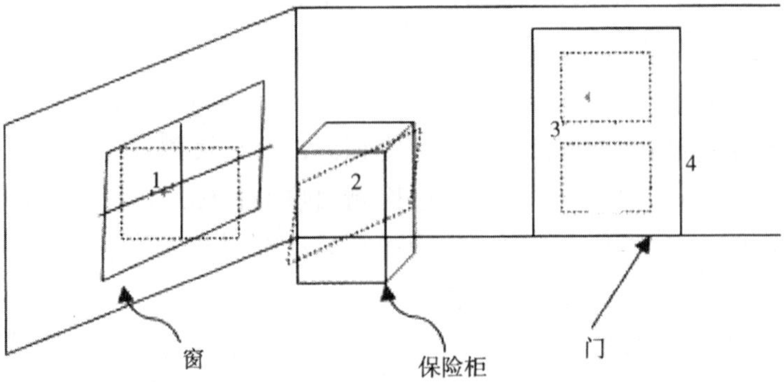

图 5-11　控制门、窗和保险柜（1~4 为报警区）

8. 激光入侵探测器

激光入侵探测器原理上与主动红外探测器相同，结构也基本一样，所不同的是用半导体激光器取代了主动红外探测器中的红外发光二极管。由于激光具有方向性好、单色性好、亮度高等突出优点，使激光探测器在探测器距离、稳定性等方面均超过主动红外探测器。

激光入侵探测器属于主动入侵探测器类，主要由激光发射机和激光接收机组成。激光发射机由激光发射器、调制激光电源及相应的方向调整机构组成；激光接收机由激光接收器、光电信号处理器以及相应的支撑机构组成。激光发射机发射出的定向强激光束，方向性好、频率单一、相位一致，是其他光源无可比拟的。以不可见调制激光光束（单束或多束）形成警戒线，采用遮挡报警的方式对周界、平面和立体空间进行封闭布防的激光入侵方案系统。

主动激光入侵探测器具有探测距离远，灵敏度高，误报率低，防范性强，安全可靠隐蔽性好，抗干扰性强，对其他设备无干扰，检修调试十分方便，维护简便，布设灵活，探测距离远，适应各种恶劣自然气候情况，受环境影响小等优点。

在防护区域的始端设置激光发射机，将其发射出的定向强激光束直接射向接收端。在接收机通过光电器件将接收到的光信号转换成开关量信号，并经鉴别器处理。当确认信号正常时，内部显示绿灯，保持监视状态；而当光束被遮断时，则信号失常，内部显示红灯，同时输出报警信号，从而实现对激光束所经过的全路程的监控。

三、报警控制器

（一）报警控制器的功能原理

报警控制器也称为报警主机，是接收来自探测器的电信号后，判断有无警情的神经中枢，报警控制器由信号处理和报警装置组成。报警信号处理是对信号中传来的探测电信号进行处理，判断电信号中“有”或“无”情况，输出相应的判断信号。若探测电信号中含有入侵者入侵信号时，则信号处理器发出报警信号，报警装置发出声或光报警，引起工作人员的警觉。

报警主机的基本功能主要有以下几个方面：

1. 布防与撤防功能

报警主机可手动布防或撤防，也可以定时对系统进行自动布防、撤防。在正常状态下，监视区的探测设备处于撤防状态，不会发出报警；而在布防状态下，如果探测器有报警信号向报警主机传来，则立即报警。

2. 布防延时功能

如果布防时操作人员尚未退出探测区域，那么就要求报警主机能够自动延时一段时间，等操作人员离开后布防才生效，这是报警主机的布防延时功能。

3. 防破坏功能

当有人对报警线路和设备进行破坏，发生线路短路或断路，设备被非法撬开等情况时，报警主机会发出报警，并能显示线路故障信息。

4. 报警联动功能

遇有报警时，报警主机的编程输出端可通过继电器接点闭合执行相应的动作，将报警信号经通信线路以自动或人工拨号方式向上级部门或保安公司转发，以便快速沟通信息或组网，特别是重点报警部位应与闭路电视监控系统联动，自动切换到该报警部位的图像画面，自动录像。

5. 自检保护功能

报警主机应能对报警系统进行自检，使各个部分处于正常工作状态。报警主机的机壳应有挂锁或锁控装置（两路以下例外），机壳上除密码按键及灯光显示外，所有影响功能的操作机构均应放在箱体之内。

为了实现区域性的防范，通常把几个需要防范的小区，联网到一个报警中心；一旦出现危险情况，可以集中力量打击犯罪分子。各个区域的报警控制器的电信号，通过电话线、电缆、光缆，或用无线电波传到控制中心，同样控制中心的命令或指令也能回送各区域的报警值班室，以加强防范的力度。控制中心通常设在市、区的公安保卫部门。

（二）报警控制器的基本形式

报警控制器根据用户要求和系统大小不同，有简有繁。报警控制器有小型报警控制器、中型报警控制器和大型报警控制器之分。

就防范控制功能而言，报警控制器又分为仅具有单一安全防范功能的报警控制器（如防盗、防入侵报警控制器、防火报警控制器等）和具有多种安全防范功能——融防盗、防入侵、防火、电视监控、监听等控制功能为一体的综合型的多功能报警控制器。

将各种不同类型的报警探测器与不同规格的报警控制器组合起来，就能构成适合于不同用途、警戒范围大小不同的报警系统网络。

四、自动报警系统

自动报警系统通常由前端设备（包括探测器和紧急报警装置）、传输设备、处理/控制/管理设备和显示/记录设备。前端设备包括一个或多个探测器；传输设备包括电缆或数据采集和处理器（或地址编辑解码器/发射接收装置）；控制设备包括控制器或中央控制台，控制器/中央控制台应包含控制主板、电源、声光指示、编程、记录装置以及信号通信接口等。

报警系统传输方式的确定，主要由防区数量、分布、防区到报警控制器之间的传输距离等决定。对于防区较少，防区到报警控制器之间最远距离在100m以内的情况，采用分线制传输模式；对于防区数量较多，防区到报警控制器之间最远距离在1200m以内的情况，采用总线制传输模式；对于防区数量很多，防区到报警控制器之间最远距离大于1500m的情况，多采用公共网络模式；对于布线困难的场所，可以考虑采用无线制传输模式。

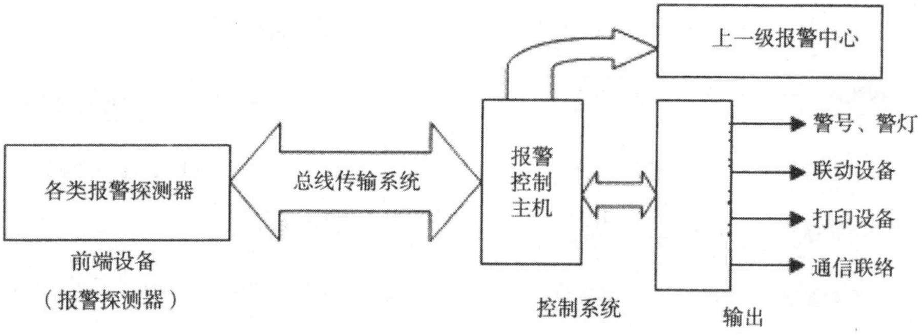

图 5-12　自动报警系统组成结构框图

根据信号传输方式的不同，入侵自动报警系统组建模式分为以下模式：

（一）分线制

探测器、紧急报警装置通过多芯电缆与报警控制主机之间采用一对一专线相连。

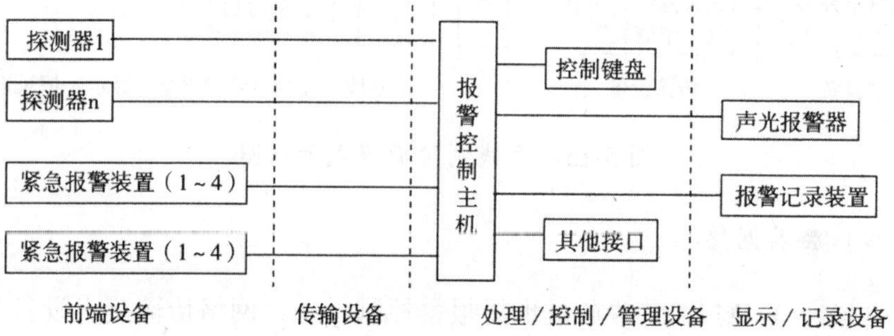

图 5-13　分线制传输模式示意图

（二）总线制

探测器、紧急报警装置通过其相应的编址模块与报警控制主机之间采用报警总线（专线）相连。

（三）无线制

探测器、紧急报警装置通过其相应的无线设备与报警控制主机通讯，其中一个防区内的紧急报警装置不得大于 4 个。

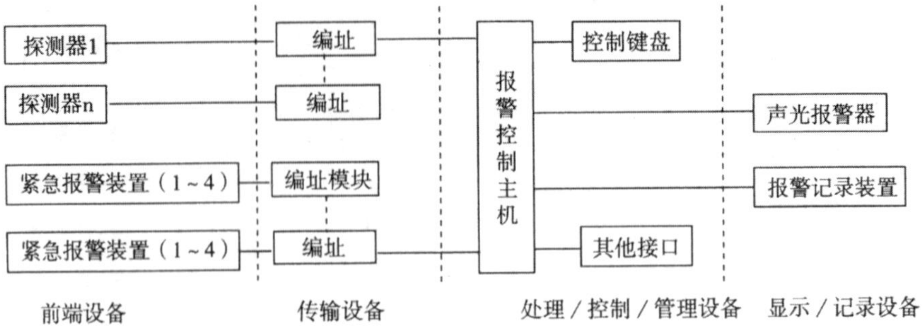

图 5-14　总线制传输模式示意图

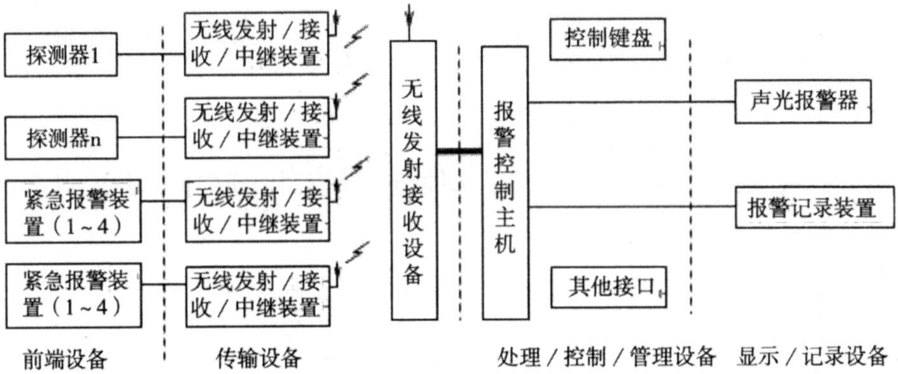

图 5-15　无线制传输模式示意图

（四）公共网络

探测器、紧急报警装置通过现场报警控制设备或网络传输接入设备与报警控制主机之间采用公共网络相连。公共网络可以是有线网络，也可以是有线—无线—有线网络。

入侵自动报警系统传输模式不是唯一的，可以根据具体应用环境，选用混合的传输模式。

第二节　档案库房出入口控制系统

出入口控制系统是 20 世纪 60 年代发展起来的安全防范技术，系统根据建筑物安全技术防范管理的需要，采用身份识别技术，同时结合计算机技术、控

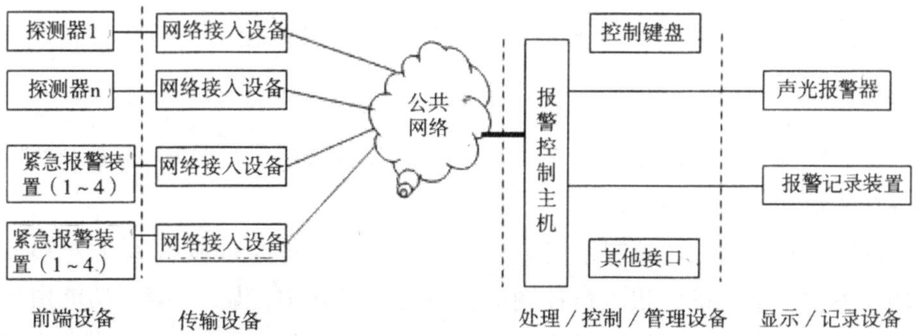

图 5-16　公共网络传输模式示意图

制技术和网络通讯技术，对需要控制的各类出入口，按各种不同的通行对象及其准入级别对其进出时间、通行位置等实施实时控制与管理，并具有报警功能，实现对出入口人员的进出行为实施分布式控制管理。系统一般由出入口对象（人、物）识别装置、出入口信息处理、控制、通信装置和出入口控制执行机构三部分组成，它实现了人员出入自动控制，是现今用于各种保安区域中管理各种人员出入及活动的一种有效途径，是目前较普遍应用的一种安全防范技术。

一、出入口控制系统的结构原理

根据《安全防范工程技术规范》（GB 50348—2004）的定义，出入口控制系统是利用自定义符识别或/和模式识别技术对出入口目标进行识别并控制出入口执行机构启闭的电子系统或网络。通俗地讲，就是采用现代电子与信息技术，在出入口对人或物这两类目标的进出，进行放行、拒绝、记录和报警等操作的控制系统。

（一）出入口控制系统有多种构建模式

按其硬件构成模式分为一体型和分体型。

一体型出入口控制系统的各个组成部分通过内部连接、组合或集成在一起，实现出入口控制的所有功能。

分体型出入口控制系统的各个组成部分，在结构上有分开的部分，也有通过不同方式组合的部分。分开部分与组合部分之间通过电子、机电等手段连成一个系统，实现出入口控制的所有功能。

（二）按其管理/控制方式分为独立控制型、联网控制型和数据载体传输控制型

独立控制型出入口控制系统，其管理/控制部分的全部显示/编程/管理/控制等功能均在一个设备（出入口控制器）内完成。

联网控制型出入口控制系统，其管理/控制部分的全部显示/编程/管理/控制功能不在一个设备（出入口控制器）内完成。其中，显示/编程功能由另外的设备完成。设备之间的数据传输通过有线或无线数据通道及网络设备实现。

数据载体传输控制型出入口控制系统与联网型出入口控制系统区别仅在于数据传输的方式不同。其管理/控制部分的全部显示/编程/管理/控制等功能不是在一个设备（出入口控制器）内完成。其中，显示/编程工作由另外的设备完成。设备之间的数据传输通过对可移动的、可读写的数据载体的输入/导出操作完成。

二、档案库房出入口控制系统的配置原则

（一）规范性与实用性

系统的设计应基于对现场的实际勘察，根据环境条件、出入管理要求、各受控工的安全要求、投资规模、维护保养以及识别方式、控制方式等因素进行设计。系统设计应符合有关风险等级和防护级别标准的要求，符合有关设计规范、设计任务书及建设方的管理和使用要求。

（二）先进性和互换性

系统的设计在技术上应有适度超前性，可选用的设备应有互换性，为系统的增容或改造留有余地。

（三）准确性与实时性

系统应能准确实时地对出入目标的出入行为实施放行、拒绝、记录和报警等操作。系统的拒认率应控制在可以接受的限度内。采用自定义特征信息的系统不允许有误识，采用模式特征信息系统的误识率应根据不同的防护级别要求控制在相应范围内。

（四）功能扩展性

根据管理功能要求，系统的设计可利用目标及其出入事件等数据信息，提供如考勤、巡更、客房人员管理、物流统计等。

（五）联动性与兼容性

出入口控制系统应与报警系统、视频安防监控系统等联动。当与其他系统联合设计时，应进行系统集成设计，各系统之间应相互兼容又能独立工作。用于消防通道口的出入口控制系统应与消防报警系统联动。当火灾发生时，应及时开启紧急逃生通道。

档案馆应在馆区重要出入口、档案库房出入口、其他重要场所出入口等区域安装指纹或磁卡等门禁系统。门禁系统应当具备目标识别和授权功能，根据工作岗位不同设置出入权限，限制非授权人员出入，具备记录出入人员身份和出入时间等功能。有条件的档案馆，应建立安检系统。

第三节　档案馆视频安防监控系统

视频安防监控系统是安全防范体系中防范能力极强的一个综合系统，它在安全防范中的地位和作用日益突出。从早期安全防范系统把它作为一种报警复核手段，到充分发挥它实时监控的作用，它已成为安全防范体系中不可或缺的重要部分。

视频安防监控系统可以及时地传送活动图像信息，利用摄像设备，值班人员通过控制中心的监视器可以直接观察、监控现场的情况，可以通过遥控装置，控制摄像机改变摄像角度、方位、镜头焦距等，也可通过通信网络将图像信息提供给上级机关和保卫部门，以便他们随时掌握监控现场的真实情况，并可以通过录像设备进行记录取证。

一、视频安防监控系统的基本概念

视频安防监控系统（VSCS）是指利用视频技术探测监视设防区域，实时采集、传输、显示和记录现场图像，并实施监督控制的电子系统或网络。典型的视频安防监控系统主要由前端设备、传输设备和后端设备这三大部分组成，其中后端设备可进一步分为中心控制设备和分控制设备。前、后端设备有多种构成方式，它们之间的联系（也可称作传输系统）可通过电缆、光纤或微波等多种方式来实现。在每一部分中，又含有更加具体的设备或部件，如图 5-17 所示。

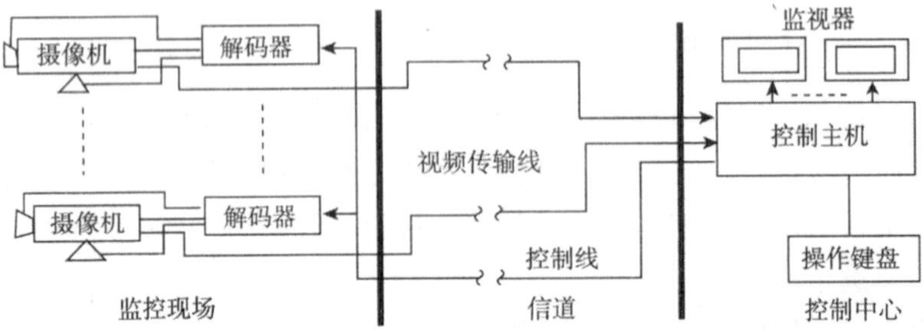

图 5-17　典型的视频安防监控系统结构图

二、视频安防监控系统的组成

监控系统根据其前端摄像机的数量可分为小型、中型、大型监控系统。视频安防监控系统的组成示意图如图 5-18 所示，由图像采集（前端）、图像传输、图像控制与处理（后端）三部分组成。

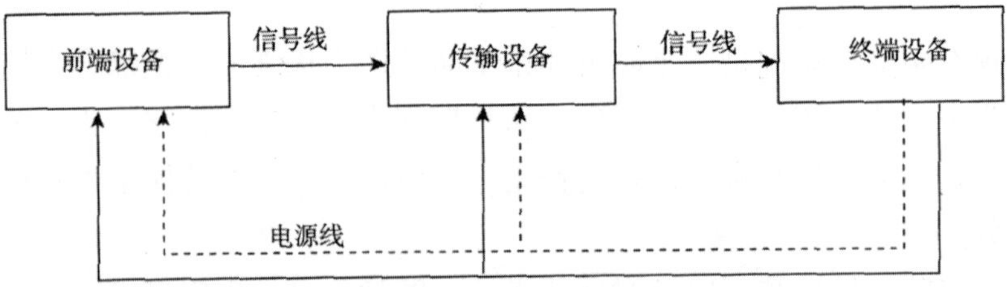

图 5-18　视频安防监控系统的组成示意图

图像采集（前端）：把监控场所的图像光信息转换为视频图像电信息。摄像机及其配套设备（镜头、云台、摄像机防护罩、解码器等）。

图像传输：将前端图像视频信号、音频信号和各种报警信号送至中心控制室，并把控制中心的控制指令送到前端信息采集设备。

图像控制与处理（后端）：还原显示、存储、分配、合成、叠加信息、控制（遥控）等。

图像传输方式决定了远程视频监控的体系结构为模拟式和数字式两种。另外还有一种模拟式向数字式过渡类型。人们通常把模拟式和模拟式向数字式过渡类型称为集总式系统；而把数字式称为分布式系统。

(一) 集总式系统

集总式系统如图 5-19 所示，所有前端图像信号都传送到一个中心点（视频矩阵)。通过矩阵对图像信号切换和分配实现显示功能，并将图像信号传送至其他需要共享图像资源的地点，构成多级星形结构（网络拓扑结构是星形结构)。信息流是基带视频信号，它是模拟系统的代表方式。

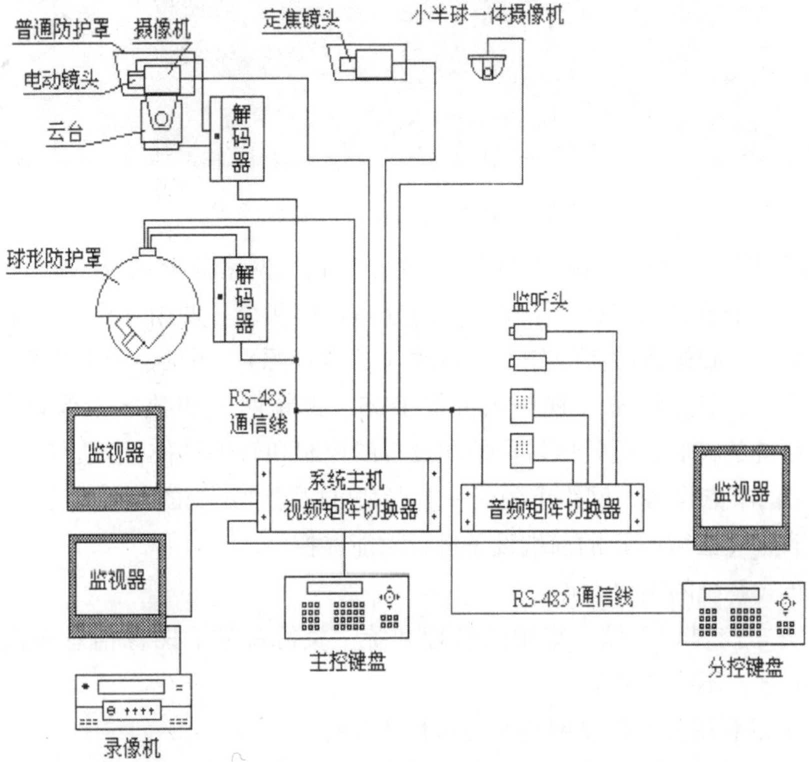

图 5-19　集总式系统

集总式系统的主要特点：

1. 系统（监控中心）同时获得全部图像信号。拥有系统最大的带宽，可充分地实现设备的技术能力，得到较高的技术指标；

2. 最佳的观察效果，实时地选择任何图像，符合人的习惯；

3. 模拟集总式系统仍是获得高质量图像成本最低的方式；

4. 技术成熟，产品配套完整，技术标准齐备，有多种选择；

5. 中心控制设备出现故障，会导致全系统失效，系统的可扩展性差。

（二）分布式系统

分布式系统如图 5-20 所示，又称数字型系统或网络型系统。

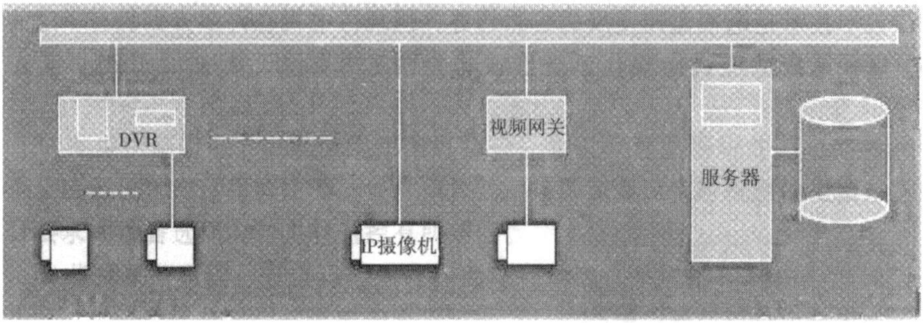

图 5-20 分布式视频安防监控系统

采用网络（WEB）摄像机可以构成分布式或网络监控系统，每个前端摄像机都是一个独立的节点。图像资源的分布管理和统一调用（资源共享）。以网络技术为基础构成的系统是真正高效（节省资源）、灵活、充分资源共享的分布式系统。节点设备（视频服务器 DVS、视频网关和数字录像设备 DVR 等）是系统的核心，既是区域内前端设备的控制和管理设备，又是 LAN 或 INTRANET 的节点设备。网络上的任一节点都可以得到系统的全部图像信息，并对其他节点（区域内）的前端设备进行功能遥控。

分布式系统的主要特点：

1. 分布控制和存储，集中的管理和统一资源配置。图像信息多次传输、记录和处理，不降低质量；

2. 可以利用公共信息网络实现远程监控；

3. 对于城域或城际范围的监控是最合理和费用最低的方式；

4. 图像信息分/集方式的监控、存储，检索方便，保密性好；

5. 系统的可扩展性和可升级性好；

6. 中心监控室不能同时获得系统全部的实时图像；

7. 图像质量（分辨能力、连续性）达不到模拟系统的水平。

（三）混合过渡式

以视频服务器或网络数字视频矩阵为中心，构成的是数字化的集总式系统，但它表现不出数字视频的特点和优势。把两种基本模式结合起来，可组成数/模混合方式，利用模拟方式的实时性、高分辨和局域范围内的低费用，结合数字方式在图像记录、远程传输和网络管理方面的优势。数字技术是电视监控发展的必然趋势，电视系统从经典向现代系统过渡将是两者相结合、相融合的逐步演变的过程。

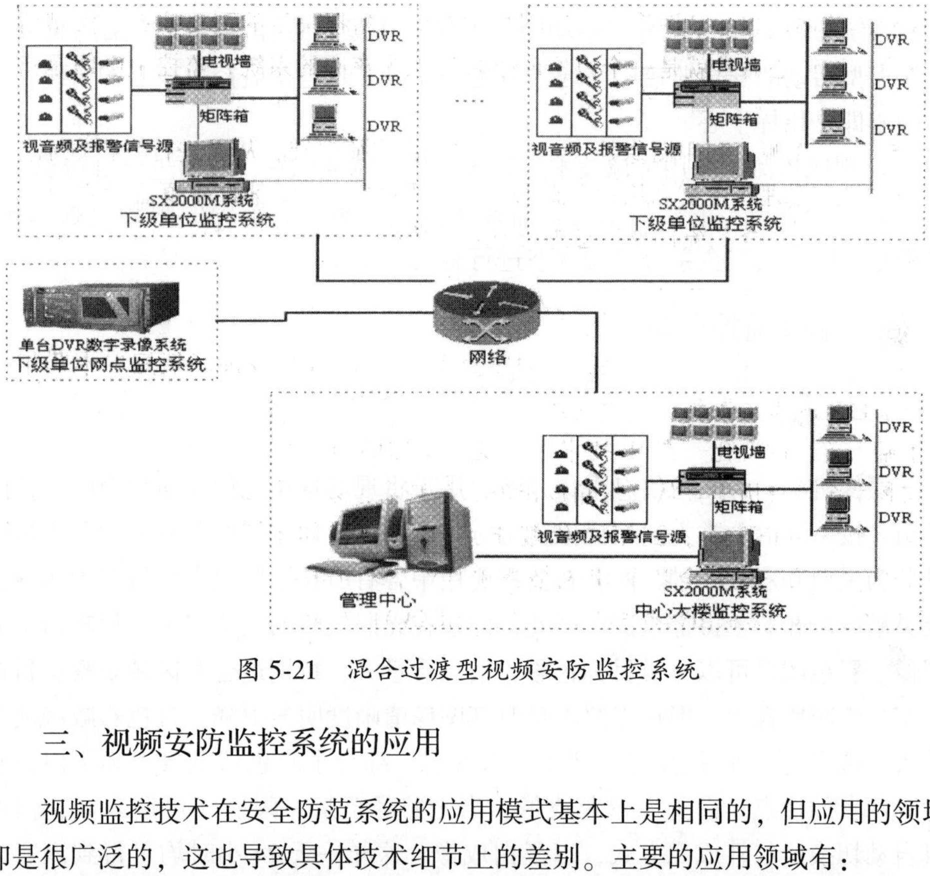

图 5-21　混合过渡型视频安防监控系统

三、视频安防监控系统的应用

视频监控技术在安全防范系统的应用模式基本上是相同的，但应用的领域却是很广泛的，这也导致具体技术细节上的差别。主要的应用领域有：

1. 防范区域的实时监控：对防范区域实行实时监控是最普遍的应用，如建筑物、监所、道路及重大活动和重要单位的安全监控等。社会上大量的安全防范系统的电视监控也主要是实时监控方式。

2. 探测信息的复核：高风险单位（文博、金融等）及社区、商业部门的防盗、防抢系统许多是以入侵探测和出入口管理为主，系统的探测信息大量是虚假的或者是不可靠的，通过图像技术进行真实性的评价是降低系统误报警率的有效手段。

3. 图像信息的记录：记录图像信息备查。如银行营业场所的柜员监控和一些高保密部位生产过程监控等。通常重放的记录图像要比实时观察的图像差。在设计要求和设备选择应与实时监控有所不同。

4. 指挥决策系统：安全防范系统在反应行动时，系统的控制中心将成为指挥中心，图像信息将是指挥决策的重要依据。目前各城市都在建设应急中心，图像系统将是主要的技术系统，它包括独立的视频监控系统，通过共享对其他系统图像资源的调用和移动图像系统。现场图像作为指挥决策的重要依据。大型活动的安全监控中心通常就是一个以实时电视监控为核心的系统，监控中心即是指挥中心。

5. 视频探测：利用图像技术进行各种生物特征识别，从而进行身份识别。

6. 安全管理：主要利用远程监控实现远距离、大范围的视频监控系统，对岗位、哨位及安全系统自身状态进行有效的监控。

四、视频监控设备

（一）摄像机

摄像机是一种图像信息采集设备，用于将现场景物光像变换为全电视信号输出。按不同的分类方法，摄像机可分为许多种，如按图像色彩不同可将摄像机分为黑白和彩色两种，两者在监视应用中各有所长。黑白摄像机图像清晰度及灵敏度均较彩色摄像机高。因此，即使在光照较暗的场所仍可获得较清晰的图像。彩色图像可以分辨目标色彩，信息含量大，特别适合大区域观察、目标跟踪、消防监视等。但在光照不足时其图像清晰度明显下降，且色彩减淡甚至消失。现在有一种彩色/黑白两用型摄像机，综合了彩色信息量大和黑白灵敏度高两者的优点。白天以彩色成像，当光照降至某一阈值（可调）时，摄像机自动切换成红外成像方式，以黑白成像。这样一天 24 小时均可得到满意的图像。按适用光谱范围分为可见光和非可见光摄像机。可见光摄像机只能用于摄取位于可见光光谱范围内的景物光像。普通型、暗光型、微光型摄像机均属于可见光摄像机。非可见光摄像机包括 X 光摄像机、红外摄像机和紫外摄像机。通过非可见光摄像机能将人眼不可见的非可见光像变为可见光图像在屏幕上显示出来。X 光成像一般用于危险违禁物品的安全检查；紫外成像主要用于侦查、文物鉴别等领域；红外成像则广泛应用于安保监视。

视频安防监控中常用的摄像机主要有以下几种：

1. 红外半球摄像机

图 5-22 红外半球摄像机

这种摄像机在光线明亮时，显示彩色图像，光线暗时，自动打开红外灯进行辅助照明，多显示黑白图像。镜头可选用 2. 2mm ~ 8mm 定焦镜头，红外照明距离多为 10m ~ 25m。

2. 定焦红外摄像机

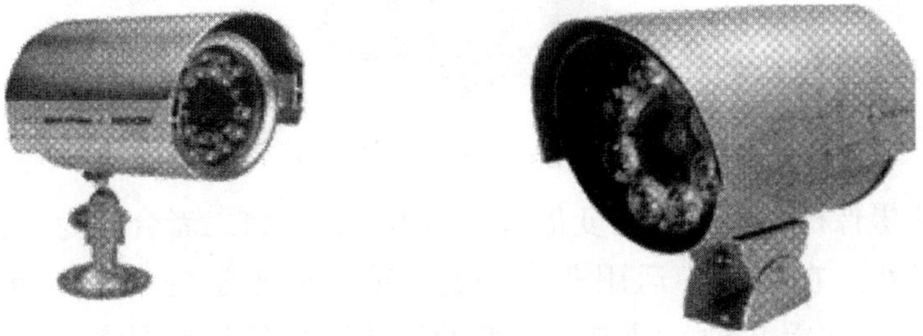

图 5-23 定焦红外摄像机

这是一种常用的彩转黑型摄像机，多采用铝合金外壳，且有防水功能，可直接安装在室外，镜头的光圈、焦距都不能变。可选用 3. 6mm ~ 16mm 镜头，红外照明距离可在 30m ~ 100m 选择。

3. 变倍调焦红外摄像机

图 5-24 变倍调焦红外摄像机

这种摄像机的性能和定焦红外摄像机大部分相似，只是镜头采用变倍调焦镜头，变倍的范围有 22 倍、27 倍等。红外照明距离可在 50m ~ 120m 之间选择。

4. 枪式摄像机

图 5-25　枪式摄像机

这种摄像机称作标准摄像机，其镜头可拆卸更换，用户可根据需要选用不同类型的镜头。

5. 一体化摄像机

图 5-26　一体化摄像机

一体化摄像机集成了电动变倍镜头和摄像机，将二者合二为一，其结构紧凑，体积较小，在工程中运用非常方便。镜头的光学变倍范围有 22 倍、27 倍、30 倍、35 倍等几种。目前一般型的一体化摄像机皆具备各式基本功能，如自动光圈、自动变焦、自动白平衡、背光补偿等。

6. 球形摄像机

图 5-27　球形摄像机

球形摄像机是指将摄像机、云台、解码器等设备组合内置在球形防护罩内的摄像设备。球形摄像机造型美观、安装隐秘、使用方便、功能齐全。球机一般分为匀速球机（衡速球）和高速球机（智能球）。

匀速球机（衡速球）：这种机器功能相对简单，只是将一体化摄像机、云台、解码器组合在一个球形护罩内，最大的特点是云台的上下、左右转动速度恒定不变，转速不快，不能快速捕捉和跟踪目标。

高速球机（智能球）：云台的运动速度较快，并且可快可慢，有时又称作变速球，在水平方向可 360 度旋转。作为高端产品的智能球机还具有较高的摄像清晰度、自动电子快门、自动白平衡、电子与数码变焦、自动光圈与自动聚焦、水平连续旋转、高转速、预置位等功能。

球机根据使用环境的不同而具备多项辅助功能以满足不同的气候条件，如内置风扇、加热器等。

7. 红外球形摄像机

图 5-28　红外球形摄像机

红外球形摄像机是在球形摄像机的基础上增加了红外辅助照明功能，使球机在没有一点光照度的情况下也能正常工作。

8. 宽动态范围 CCD 摄像机

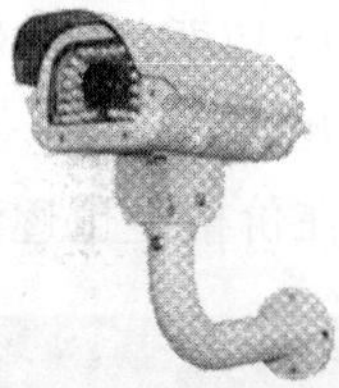

图 5-29　宽动态范围 CCD 摄像机

宽动态 WDR（Wide Dynamic Range）即摄像机宽动态功能，是指摄像机同时可以看清楚图像最亮与最暗部分的照度比值。WDR 能使画面上的明亮区域与灰暗区域的图像同时在监视器屏幕上清晰地显示出来。彩色超宽动态摄像机适用道路监控和光线对比度较强烈的场所。其动态范围是普通摄像机的 120

倍；背光区域可随意设置，画面轮廓清晰，色彩还原真实，细节柔和。

（二）监控系统的中心控制设备

1. 录像机

录像机是视频安防监控系统中用来记录和重放音、视频信号的一种设备。录像机根据记录介质的不同可以分为盒式磁带录像机与硬盘录像机等。在视频安防监控系统中选用的盒式磁带录像机都是两磁头螺旋扫描式录像机。近年来，越来越多的视频安防监控系统采用了硬盘录像技术，它们采用的是数字压缩存储技术，将图像以数字化形式存储在硬盘上。凭借其高速大容量的数字记录及可随机寻址等卓越性能，硬盘录像机已全面进入到视频安防监控系统。

（1）磁带录像机

磁带录像机（Video Cassette Recorder，VCR），即模拟视频磁带录像机，采用传统的模拟视频进行直接录像，不需要额外压缩和转换，采用磁带录像，故常常被称为磁带录像机，也被称为 VCR。磁带录像机早期多用于电视节目制作、视频录制和家庭视频图像的录制和放映，逐渐被引入监控系统，随着硬盘录像机的技术发展和成本的不断下降磁带录像机逐渐被淘汰，毕竟磁带录像操作、保存存在一定难度，录像时间也特别短。

（2）数字硬盘录像机

硬盘录像机（Digital Video Recorder，DVR），即数字视频录像机，相对于传统的模拟视频录像机，采用硬盘录像，故常常被称为硬盘录像机，也被称为DVR。它是一套进行图像存储处理的计算机系统，具有对图像/语音进行长时间录像、录音、远程监视和控制的功能，DVR 集录像机、画面分割器、云台镜头控制、报警控制、网络传输五种功能于一身，用一台设备就能取代模拟监控系统一大堆设备的功能，而且在价格上也逐渐占有优势。

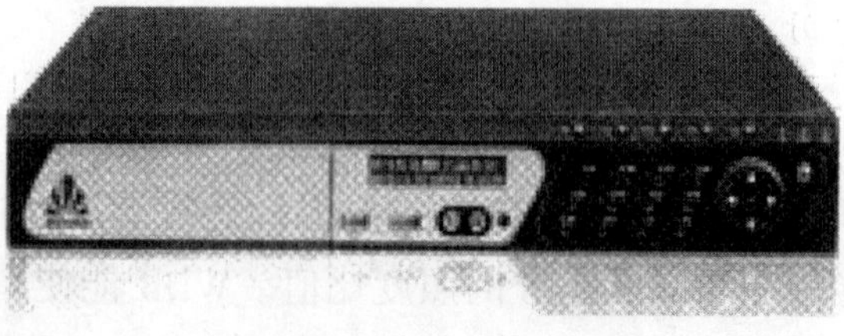

图 5-30　硬盘录像机

DVR 采用的是数字记录技术，在图像处理、图像储存、检索、备份以及网络传递、远程控制等方面远远优于模拟监控设备，代表了电视监控系统的发展方向，是目前市面上电视监控系统的首选产品。

2. 控制键盘

控制键盘是集成监控系统中必不可少的设备，对于摄像机画面的选择切换、对于云台及电动镜头的全方位控制、对于室外防护罩的雨刷及辅助照明灯的控制等必须通过对控制键盘的操作来实现。

有些小型矩阵都自带控制键盘（直接装于面板上），大型的矩阵的控制键盘是外置的，它通过通信线与系统主机相连。图 5-31 为一个外置式控制键盘。

图 5-31　外置式控制键盘（副控制键盘）

一个系统中可接入多个控制键盘，一个系统只有一个主控键盘，但可以有若干分控键盘，其中分控键盘往往是放置于各主管领导的办公室内，用于对整个电视监控系统进行远端控制操作。

总控制键盘与各个副控制键盘之间，可设定优先控制权。比如设定某一副控制键盘具有第一优先控制权，那么当这一副控制键盘对系统进行操作和控制时，总控制键盘与其他的一些副控制键盘都失去了对系统的控制和操作能力。

控制键盘可以对整个系统进行各种控制和操作：可调用所有的摄像机，编程监视器切换序列和控制解码器，能设置预置点，数码显示区显示摄像机号，键盘具有操作保护功能等。

依控制键盘的接入方式分为：总线型连接的操作键盘和星形连接的操作键盘两类。总线型连接方式是指视频安防监控系统中的所有控制设备之间是通过一根通讯总线相连接的（包括系统控制键盘和各副控制键盘之间的连接），各控制设备之间的数据交换都是在这根通讯总线上传输的。这一通讯总线一般采用 RS485 接口。这种连接方式在中小型电视监控系统中常常采用，具有施工简单、便于维护、便于扩展、节省材料等特点。星形连接方式是指视频安防监控系统中的所有控制设备是通过矩阵切换主机相连接的，各控制设备之间的数据交换都要通过矩阵切换主机进行转换（包括系统控制键盘和各副控制键盘之间的通讯）。操作键盘与矩阵切换主机之间的通讯一般采用 RS232 接口。这种连接方式在大中型视频安防监控系统中常常采用，具有施工简单、便于维护、便于扩展、便于管理等特点。

3. 视频矩阵

在由多个摄像机组成的视频安防监控系统中，摄像机的数目与终端监控中心的监视器数目往往并不是一对一的，一般只要求在数量少的监视器上显示，这时就需要利用视频矩阵来进行监视图像的选择，它是视频监控中心必不可少的控制设备。

视频矩阵可以选择任意一台摄像机的图像在任一指定的监视器上输出显示。如 M 台摄像机和 N 台监视器构成的 M×N 矩阵，M 表示输入信号的数量，N 表示输出信号的数量。一般根据应用需要和装置中模板数量的多少，矩阵切换系统可大可小，小型系统是 4×1，大型系统可以达到 1024×256 或更大。除此以外。它还是一个综合型、多功能的控制系统，起到整个视频监控主机的作用。矩阵与系统连接如下页图 5-32 所示。

矩阵的主要功能有：

（1）接收各种视频装置的图像输入，并根据操作键盘的控制将它们有序地切换到相应的监视器上供显示或记录，完成视频矩阵切换功能。可编制视频信号能自动切换顺序和间隔时间。

（2）接收操作键盘的指令，控制云台的上下、左右转动，镜头的变倍、调焦、光圈，室外防护罩的雨刷。

（3）键盘有口令输入功能，可防止未授权者非法使用本系统，多个键盘之间有优先等级安排。

（4）对系统运行步骤可以进行编程，有数量不等的编程程序可供使用，可以按时间来触发运行所需程序。

（5）有一定数量的报警输入和继电器接点输出端，可接收报警信号输入和控制输出。

（6）有字符发生器可在屏幕上生成日期、时间、场所、摄像机号等信息。

4. 控制台

控制台是整个系统的核心，控制台主要由主控制台和副控制台组成。控制中心的大体布局如下页图 5-33 所示。

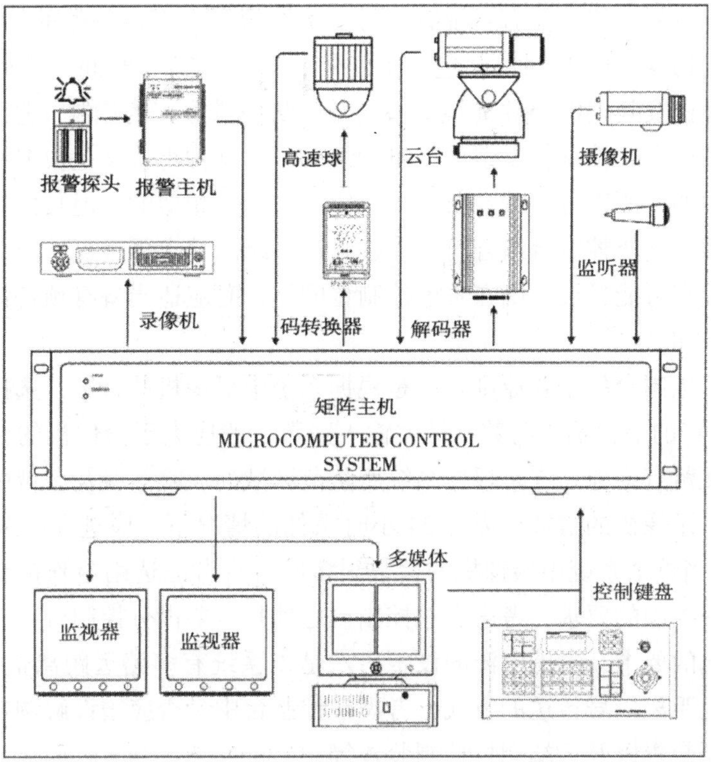

图 5-32　矩阵与系统连接示意图

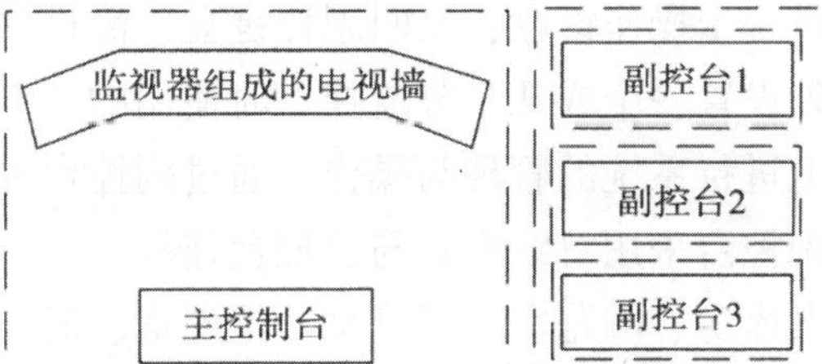

图 5-33　主控中心大体布局示意图

（1）主控制台

主控制台也称总控制台、监控中心等，它是电视监控系统中的核心设备，对系统内各种设备的控制都是通过总控制台来指挥的。主控制台是用于安置整个电视监控系统中心设备和发出控制信号的地方。它是整个电视监控系统的核心。监控系统的规模越大、技术含量越高，主控台的空间就越大、结构就越复杂。

总控制台的功能主要有：视频信号放大与分配、图像信号的校正与补偿、图像信号的切换、图像信号（包括声音信号）的记录、时间、日期及字符叠加器、摄像机及其辅助部件（镜头、云台、防护罩等）的控制（遥控）等。

由于实质上总控制台是多种设备的组合，而这种组合又是根据系统的功能要求来设定的，所以总控制台虽然在总体上功能是相似的，但具体上又有千差万别。因此，选择控制台组合时，务必弄清系统的要求再进行选择。如果考虑到将来系统有可能扩展，则在考虑控制台的组合时应适当备有预备输入口或留有扩展的空间。

组建总控制台的主要原则：一是根据系统中摄像机的台数，选择视频矩阵（或切换器）的最大输入路数，最大输入路数一般应大于摄像机的台数，以便为今后扩展留有余地。二是根据系统所防范区域的风险等级及区域中要害地点的数目选择录像机的台数。需要 24 小时录像的情况下，应选择“长延时录像机”。三是当整个系统中摄像机的台数很多时，可考虑选用矩阵控制系统。四是根据系统控制的要求，考虑在总控制台之外是否要设分控制台。五是根据整个系统供电的要求，考虑电源的设定。六是当系统有多路远距离信号传输时，还应根据远距离信号传送的方式，考虑在控制台中是否应增设解调装置、补偿装置、还原装置以及远端切换控制装置等。

（2）副控制台

副控制台其实是一个操作键盘，又叫副控键盘，简称副控台。副控台主要是为了在总控台之外设置一个或几个分监控点时使用的，方便操作管理人员在一个较简单的平台上进行系统的管理与操作。通过副控台可以对整个系统进行各种控制和操作。副控台采用总线方式与总控台连接。

档案馆应在档案库房、阅览室、展览室、整理室、消毒室、修复室、缩微室、数字化室、计算机房等业务工作区域，设备间等重要设施区域，馆区所有电梯、出入口、楼道、馆区周边等部位安装监控探头，避免出现监控盲区和死角。视频监控系统可通过实时录像或移动录像的方式，监控馆（库）情况。

思考题：

一、填空题

1. 人体在正常体温下，能够发射出远红外线，肉眼不能够看到它，但通过（　　）就可探测到这种远红外线，因此能够发现入侵者。

2. 出入口控制系统主要由识读部分、（　　）、管理/控制部分和（　　）以及相应的系统软件组成。

3. 视频安防监控系统由图像采集（前端）、（　　）、图像的控制与处理（后端）三部分组成。

二、名词解释

1. 档案库房防盗报警系统

2. 出入口控制系统

3. 视频安防监控系统

三、简答题

1. 档案库房常用报警探测器有哪几种？

2. 档案库房出入口控制系统的配置原则是什么？

3. 视频安防监控系统中心控制设备中的总控制台的主要功能是什么？

第六章　档案库房智能化管理

内容提要：

本章主要介绍了新技术条件下档案库房的智能化管理，包括档案库房的温湿度、空气质量、防火防盗、门禁管理、视频监控、档案的自动识别与存取等集中统一管理的系统构成和各模块功能。介绍了绿色智慧档案馆的设计理念，以及与云计算、大数据技术的融合。

随着信息技术、自控技术和物联网技术的发展，档案库房技术管理逐步由传统的被动人工管理向现代的智能化、科学化、人性化的方向发展。现代档案库房智能化管理系统将档案库房的温湿度、空气质量、防火防盗、门禁管理、视频监控、档案的自动识别与存取等集中到一个系统平台，通过软件进行用户管理、权限设置、参数设定，由电脑对库房自动进行管理，档案库房得到及时、有效的安全保护，档案管理更加便捷有序，同时又大大地降低了库房工作人员的劳动强度，实现了档案库房智能化综合管理。

所谓智能化档案库房，就是以计算机网络系统为核心，将建筑技术、计算机技术、通信技术、控制技术、电子技术、监视技术和现代管理技术等众多相关的新技术紧密结合，有机集成，实现设备控制、通信、办公、消防、保安和物业管理的自动化，建设具有高度舒适性、高效性、便捷性、开放性、安全性、先进性和经济性的档案库房。智能化档案库房所要达到的目标是：为档案资源的长期保管提供最理想的物理条件；为档案人员提供最人性化的、最舒适的工作环境；为档案使用人员提供最简便易用的档案资源检索和借阅工具。

第一节　档案库房控制管理

一、档案库房环境自动控制管理

对档案库房内环境进行自动控制，主要是实现库房通风换气、消毒灭菌、

温湿度测控、漏水检测报警、库房灯光照明的自动控制管理

（一）库房通风换气自动控制管理

智能控制器通过通风控制模块，控制通风换气设备实现自动开启与关闭，实现自动通风换气功能。也可以手动操作控制通风设备打开或关闭。

（二）库房消毒灭菌自动控制管理

档案库房空气中的霉菌、病毒等不仅对档案造成损害，同时也危害进入库房档案工作人员的身体健康。消毒灭菌设备可以快速有效杀灭各种细菌和病毒。同时，低浓度的活氧，对空气也有净化作用。智能控制器连接消毒灭菌设备，通过主控室设定时间自动打开或关闭消毒灭菌设备，也可根据需要随时打开或关闭设备。

（三）库房温湿度自动测控管理

1. 温湿度自动测控系统构成

温湿度自动测控管理系统主要由管理上位机、智能控制器、温湿度传感器、空调、去湿机、加湿器等设备构成。

2. 温湿度自动测控工作流程

温湿度智能控制器实时采集库房内的温度、湿度，将数据上传到控制微机，并接收控制微机下达的各种控制指令，打开或关闭空调、去湿机、加湿器等外围设备，实现对库房温湿度的自动控制。

3. 温湿度的记录与统计

主控微机对采集的库房温湿度数据定时进行存储记录，可以进行数据统计分析，打印库房温湿度的日报表、月报表、日曲线、月曲线等。

二、档案库房安全防范自动控制管理

档案库房的安全防范自动控制主要实现档案库房的门禁、动态视频、防盗报警的自动控制管理。

（一）档案库房门禁自动控制管理

在档案库房特别是特藏档案库房，库房大门安装电控门锁，工作人员进行身体生物特征识别、刷卡、输入密码，通过系统自动校验后，方可开启大门，

进入库房。系统自动记录工作人员进出库房信息，以便为追溯查询提供依据。

（二）档案库房动态视频自动控制管理

通过在库房内、出入口等为主安装摄像机，采用数字硬盘录像技术，实现对库房24小时不间断图像监控，存储视频数据，回放查询录像记录。

（三）档案库房防盗报警自动控制管理

1. 自动防盗报警系统组成

自动防盗报警系统主要由防盗报警主控微机（上位机）、智能控制器、防盗报警探测器、电话语音模块、声光报警器等五部分组成。

2. 自动防盗报警工作流程

在库房门、窗、入口、库内按照报警探测器，防盗报警智能控制器对现场报警探测器的信号进行数据采集，并将报警信号通过数据总线上传至防盗报警主控微机，主控微机对报警数据进行综合分析处理，判断是否报警。警情出现后，驱动报警器发出声光报警，并采取语音方式电话通知相关人员。

3. 自动防盗报警电子地图

防盗报警系统具有电子地图功能，显示库房平面结构图，出现警情时，对应库房报警灯闪烁，方便查询报警地点，迅速响应报警事件。

三、档案库房自动防火报警及灭火控制管理

（一）火灾自动报警及灭火系统构成

火灾自动报警及灭火系统主要由主控微机（上位机）、智能控制器、火灾探测器、电话语音模块、声光报警器等组成。

（二）火灾自动报警及灭火工作流程

在库房内安装不同数量的感烟探测器和感温探测器，在走廊、楼梯口等关键部位安装手动及声光报警器。当火情出现时，防火报警控制器发出声光报警，并采取语音方式电话通知相关人员。同时，自动或手动启动灭火装置进行灭火。

（三）火灾自动报警电子地图

火灾自动报警系统具有电子地图功能，显示库房平面结构图，出现警情

时，对应库房报警灯闪烁，方便查询报警地点，迅速响应报警事件。

四、档案库房电源、照明及漏水检测自动控制

（一）档案库房电源自动管理

在档案库房强电前端加装智能控制器及检测模块，在控制中心平台安装控制软件，实现对库房强电电源的统一控制管理功能。电源管理控制界面动态显示各个库房强电电源状态。当强电设备发生故障，电源短路或断路时，系统迅速报警并提示故障点，同时通知工作人员及时进行现场处理。

（二）库房灯光照明状态监测管理

库房灯光照明状态监测管理是通过安装灯光照明监测模块，实现对库房灯光照明的自动控制，做到人走灯灭，减少灯光对档案卷宗的照射，保障库房及档案安全。

（三）库房漏水自动检测报警

库房发生漏水、浸水等非常情况时，系统能够及时发出报警并显示发生漏水、浸水位置，以便工作人员能够迅速处理，避免或降低对档案的损害。

第二节　档案自动识别与存取

档案的状态即是否在库及在库房中的存放位置是库房技术管理的一个重要方面。信息技术和物联技术的发展使得档案的自动识别与存取成为可能，在国内外档案库房已经得到应用。

一、档案的自动识别

自动识别技术是目前国际上发展很快的一项新技术。该项技术的基本思想是通过采用一些先进的技术手段，实现人们对各类物体或设备（人员、物品）在不同状态（移动、静止或恶劣环境）下的自动识别和管理。目前应用最广泛的自动识别技术大致可以分为两个方面：光学技术和无线电技术。其中光学技术中普遍应用的有条形码和摄像两大类。这两类目前已广泛应用于人们的日

常生活中，并已为人们所熟知，如条形码用于商品管理，摄像用于抓拍违章车辆等。

档案的识别方法有位置识别法、条形码识别法、RF（射频）识别法。位置识别法是由上位机存贮档案在架子上存放的坐标位置，机械手根据坐标位置来存取所需的档案；条形码识别法是在档案盒上预先设置好条形码，根据识别条码来识别所需的档案；RF 识别法根据档案盒上的电子标签来识别档案。各种识别方法各有其工作特点，分别介绍如下：

（一）位置识别法

利用位置识别法进行档案自动识别，就是建立档案资料与档案架空间位置的一一对应关系，为档案架的每一空间位置编码，每个编码具有唯一性。编码时，可采用三位码对档案架的三维空间坐标进行编码，即按空间坐标值递增的顺序对档案架的排、层、列进行统一编码，如（3，5，7）表示第三排、第五层、第七列的格子。在服务器中档案与格子的编码是一一对应的，每一编码对应小车的固定行走路线，这样可方便对小车进行导引和定位。

（二）条形码识别法

应用条形码进行档案管理，就是在档案盒的外端面贴好条形码，给每个档案盒编制各不相同的条形码。当把档案放入档案盒时，档案与档案盒就建立了相关联的一一对应关系，把其信息输入管理系统中，条形码标签包含着某种档案的存放位置信息。档案入库时，计算机系统根据预先确定的入库原则，确定某种档案的存放位置，由自动小车运送到目的地存放。当需要调档时，自动识别存取系统找到了存放档案的盒子，就等于找到了所需的档案。

条形码是由一组宽度不同的、平行相邻的条和空，按照一定的编码规则组合起来的符号，用二进制形式来表示字母、数字等信息。条形码的主要优点有：

1. 方法简便、成本低廉。条形码的图形较简单，便于印刷或通过计算机自动生成，由激光打字机输出，成本较低。译码处理也较容易，普遍采用光电技术。

2. 信息采集和输入速度快。由于条形码编码技术较简单，它是一组宽窄不一、黑白相间的线条图形，容易转换成与其相应的高低二值电平信号，形成 1 和 0 码串。

3. 采集信息量大。条形码编码的信息位长度，原则上不受限制。只要条形码图形的印刷质量达到要求，激光扫描译码器一次可以采集十位字符信息。二维条形码的信息容量将成数量级增加，可应用于信息量大的场合。

4. 远距离识读、可靠性高。采用非接触式识别方式，可对条形码进行远距离识别。采用激光扫描器，可识读出数米远的条形码信息，适用于仓库管理等。与磁条信息码相比，条形码信息不会受到电磁场的影响，可靠性高。

（三）RF（射频）识别法

无线电技术在自动识别领域应用中更具体的技术名称为 RF（射频）识别。射频卡又叫非接触式 IC 卡，诞生于 20 世纪 90 年代初，是逐渐发展起来的一项新技术，它成功地将射频识别技术和 IC 卡技术结合起来，解决了无源（卡中无电源）和免接触这一难题，是电子器件领域的一大突破。由于存在着比条形码、磁卡和接触式 IC 卡抗干扰能力强，保密性好等优点，使之一经问世，便立即引起广泛的关注，并以惊人的速度得到推广应用，如在物流系统、门禁系统、身份识别系统、收费系统等领域中广泛应用。

非接触式 IC 卡由 IC 芯片、感应天线组成，并完全密封在一个标准 PVC 卡片中，无外露部分。非接触式 IC 卡的读写过程，通常由非接触型 IC 卡与读写器之间通过无线电波来完成读写操作。非接触型 IC 卡本身是无源体，当读写器对卡进行读写操作时，读写器发出的信号由两部分叠加组成：一部分是电源信号，该信号由卡接收后，与其本身的 L/C 产生谐振，通过耦合无线电波的能量，并经整流稳压后获得工作电源，产生一个瞬间能量来供给芯片工作；另一部分则是结合数据信号，指挥芯片完成数据、修改、存储等，并返回给读写器。在激活状态下，卡上存储的数据便可通过编码、调制送往阅读器以实现识别。由非接触式 IC 卡所形成的读写系统，无论是硬件结构，还是操作过程都得到了很大的简化，同时借助于先进的管理软件，可脱机的操作方式，都使数据读写过程更为简单。

射频识别系统的组成一般至少包括两个部分：电子标签和阅读器。在档案射频识别系统中，一般把电子标签附着在档案盒上，阅读器安装在 AGV 的升降平台上。电子标签中一般保存有约定格式的电子数据，阅读器又称为读出装置，可无接触地读取并识别电子标签中所保存的电子数据，从而达到自动识别档案的目的。进一步通过计算机及计算机网络实现对物体识别信息的采集、处理及远程传送等管理功能。射频识别系统所采用的技术称为微波反射技术，它基于电子标签内微波天线的负载阻抗随储存的电子数据而变化的特点，来实现对电子标签内电子数据的读取。系统工作时，射频自动识别装置发出微波查询信号，安装在被识别物体上的电子标签将接收到的部分微波的能量转换为直流电，供电子标签内部电路工作，另一部分微波能量信号被电子标签内保存的数据信息调制（ASK）后，将通过自己的微带天线反射回电子标签读出装置。由于电子标签反射回的微波信号携带了电子标签内部储存的数据信息，反射回的微波信号经读出装置进行数据处理后，得到电子标签内储存的识别代码信息，以识别出所需的档案资料。工作原理如图 6-1 所示。

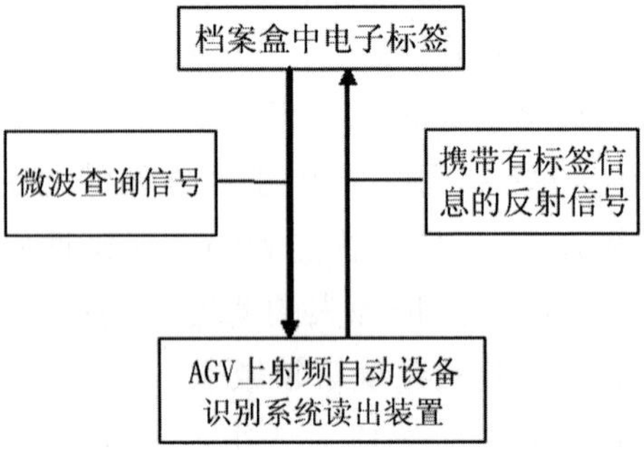

图 6-1　射频识别工作原理

就条码、磁卡、IC 卡、射频识别等识别技术来说，它们都有各自的特点及适应的场合，将射频识别系统用于智能档案库的管理，为快速自动寻找及存取库藏档案提供了极好的技术支持。特别是对于大型档案库，其库藏量大，寻找所需档案时间长，使用射频识别技术将极大地提高工作效率。

二、档案的自动存取

档案的自动存取是在对档案进行准确定位及识别的基础上，采取机械手或吸盘等形式抓取档案，通过自动小车存取档案。

（一）机械手存取

机械手存取档案是通过设计标准的档案盒及与之相匹配的机械手，实现对档案的自动存取。

（二）吸盘存取

通过负压吸盘实现对档案的存取。

三、楼宇自控系统在现代档案馆建筑中的实现方法

楼宇自控系统产生于20世纪末。它采用计算机网络技术、数据库技术、通信接口技术、多媒体技术等现代化技术，将信息、控制、管理、决策完整地结合在一起，从而满足建筑使用功能多重化、建筑物服务性能多样化以及特殊建筑物要求复杂化的要求。因此，它不仅广泛地应用于医院、宾馆等场所，而且在当代档案馆、图书馆建筑中也得到运用。

现代档案馆建筑往往是一座集档案保管利用、实物档案陈列展览与爱国主义教育、档案人员培训及现代化办公等多功能于一体的多功能大楼，被分成接待区、展览区、收藏区、工作区、技术区、服务区（包括借阅区）等不同功能区间。按照《档案馆建筑设计规范》（JGJ125—2010）的要求，不同区间的温湿度、光照度、空气洁净度等要求并不完全一致。为此，每个区间需要独立控制。楼宇自控系统可以实现各个区间独立控制的要求，满足不同区间防潮、防水、防紫外线、通风、恒温、恒湿、空气洁净度等特殊要求，既利于保护档案，又利于以人为本，缓解了保护档案与利用档案之间的矛盾。

档案馆使用楼宇自控系统具有以下优点：

（一）特殊场所对环境的分别控制更加精确

在通过设备人工控制很难达到所需精度要求时，BAS（环境与设备监控系统的自动控制系统）通过高精度传感器却能把精度控制在0.5%之内，达到特殊场合特殊控制，减少环境变化引起的不必要的损失。

（二）全局的优化控制和管理更加节能

BAS利用先进的计算机技术、结合各类设备控制工艺，对建筑设备进行全局的优化控制和管理。通过最优设备投运台数，最优启停控制、照度控制、区域分区照明控制、温湿度自适应控制等方式，有效降低各类设备运行的能源消耗。

（三）高效设备运行管理带来更低的费用

通过BAS维持设备的功能，确保设备的高效率，尽量减少设备的故障，减少设备维护与更新费用，降低建筑生命周期成本。

（四）设备信息综合管理，便于调控

BAS能采取大量的设备运行信息，建筑物设备的各种运行参数（包括运行累计时间故障信息运行效率等）进行系统诊断和分析，实现设备的预防保养，及早发现故障隐患、及时排除设备故障，提高了建筑设备自动监控系统安全、正常运行的保障能力。

总之，智能化档案库房管理方式从单一、独立、零散的传统库房管理方式转向复杂、综合、联动的现代库房管理方式，将档案、档案密集架、档案温湿度调控系统、消防系统、档案利用系统和档案库房本身连接成为一个大型的多功能自动化管理系统。这种管理方式高效、精确、人性化。电动型密集架及其自动控制程序应用，实现库房自动控制。库房管理系统和文档管理系统完美衔接，实现档案智能定位。中央空调、除湿设备和消防系统的应用，实现集中统一管理。有效的信息集成系统采用集中采集、分析、综合协调和自动控制等方式进行有效管理。智能化系统集成了自动控制、消防安全、自动报警、磁卡识别、门禁管理、停车场、多媒体监视、网络、地热/水源热泵、综合联动、背景音乐等功能。由于各子系统实现有效集成，可对所有设施进行实时监控，在出现险情时有效地实施系统联动管理。节能领域，可利用智能化信息集成系统实现对子系统以及其间的各种数据进行综合分析，并对外部系统产生的信息做出分析，统一调度系统内的设备，使设备运行实现最优化；有效的设备信息集成系统可实现设备自动巡检，并根据设备性能与运行标准，对设备实施合理维护、合理控制运行时间与运行强度，使设备始终处于最佳运行状态；利用智能化信息集成系统可对冷热机组和冷水机组以及智能照明系统和各类计量仪表所产生的数据进行准确采集，并做出统计分析，提供节能建议，还可做到进行有效节能操控；精确计算出各类节能系统的能耗、节省数据与节能效率数据，这些数据构成了设备今后合理运行的参考数据。

例如针对火灾情况，通过联动装置来放下防火门，自动关闭电梯，自动打开消防水泵，自动开启灭火装置，打开排烟装置，并极大限度实时寻找最优疏散路线，将损失降为最低。库房智能化管理系统将收集实时发回的各类数据，对数据进行分析，汇总，计算，显示出火灾发生位置，火势蔓延程度，正在采取的措施，并用各种手段，例如广播、短信、无线电等方式将最优疏散路线发送给在场工作人员，使工作人员能及时了解现场情况并及时采取相应的措施。

虫害信息的收集更加复杂，需要确定是否有虫害，对于已经确定发生的库房害虫的数量，种类及危害程度，害虫处于幼虫还是成虫阶段。对害虫发出的吃食和爬行声信号进行分析，从而找出有用的信息。一般害虫信号都有一定的波段频率。可以根据波段频率来确定害虫种类、害虫所处成虫阶段，根据波段频率信号强度的大小来确定虫害程度。如果库房温湿度适宜，害虫繁殖加快，害虫种类也增多，那么检测到的声音信号将会在短时间内迅速增加。因此监测声信号强度随时间的变化率是发现库房害虫的重要技术指标，适宜的环境温度和相对湿度是库房害虫的发生和繁殖的重要条件，系统也随时监测环境温度和相对湿度这两个重要的参数，将多个相关参数进行信息融合，通过数据关联、相关和组合等方式以获得对被测环境或对象的更精确识别。

第三节　绿色智慧档案馆

绿色档案馆建筑与国家经济建设的目标相一致，建立绿色档案馆基础上的管理保护模式，实现环保、节能、低碳和舒适的建筑功能，能够促进档案安全保护工作高效开展。

绿色档案馆的建筑设计，应坚持节地、节水、节能、节材和保护环境的“四节一环保”思路，推行可持续发展战略，保护环境，减少污染，最大限度地节约资源，实现档案馆建筑与自然、人的和谐共融与发展。依据档案事业“三个体系”建设要求，围绕国家档案馆“五位一体”功能定位，应用物联网、云计算、大数据技术，将先进理念、现代技术与档案工作完美融合，对实体档案、数字档案、档案环境、档案设施、档案流程进行生态化、智慧化、一体化管理，使档案工作各系统实现全面感知、互联互通、协同处置、智慧分析，打造安全、高效、智慧、便捷、生态的全新升级版档案馆。

一、绿色档案馆设计原则

（一）节地与室外环境

节地就是要尊重自然、保护历史文化遗产，尽可能减少对环境的破坏，追求最佳的环境效益；要坚持保护自然环境和社会生态环境，保护馆藏档案资源，合理利用地形，积极采用当地材料绿化环境，降低环境污染；要关注规划布局、场地利用、交通组织、公共服务配置、景观绿地设计与生态修复等先期设计工作，力争通过整合，综合、高效利用土地资源、优化设计，为建筑的节能、节水、节材、环保创造更好的“先天条件”，促进建筑运行达到低碳、环保的目标。室外环境设计要从档案事业发展规划要求出发，综合考虑地形地貌、气候等诸多因素进行可行性和经济性分析，合理进行室外环境设计，从而极大地美化环境，增加空间的氧含量，减少环境的污染，提升建筑物的整体环境质量，真正实现绿色、环保。

（二）节能与能源利用

由于档案馆建筑特有的建筑功能和使用特点，库房、办公、业务处理、保管保护等活动，需要照明、电梯、空调的光能与热能，温湿度调控、智能化管理系统等的电能和水能；以及计算机数字处理设备的运行，档案接收、保管和维护的设备设施，如消毒灭菌设备、机械修裱设备、数字扫描设备、档案装具管理与运行设备，以及其他设备设施等都离不开能量的保障，而且这种依赖性更加显著和强烈。在建筑设计、材料和设备选用、设备控制等方面应进行节能设计，尽量降低能源消耗，节约营运成本。

1. 建筑外形节能

建筑体形系数越大，建筑物的能耗就越高。因而在进行建筑设计时要尽量减少建筑物的外墙面积，合理控制建筑物的层高，避免过多的凹凸变化，尽可能采用规则的平面形式，从而降低能耗，实现较好的节能效果。

2. 窗墙节能

设计时应尽可能满足自然采光和通风要求，努力提高室内环境的热稳定性，降低能源的消耗。外墙材料应选择节能效果较好的蒸压加气混凝土墙板来代替黏土砖；窗户则应选择导热系数较小的材料，以利于改善室内环境的热稳定性，并加强门窗的气密性，减少热交换。

3. 舒适性要求

在满足建筑功能要求前提下，遵循“被动式技术优先，主动式技术优化”的原则，因地制宜，尽可能利用有利的自然条件，在建筑规划设计中通过对建筑朝向的合理布置、遮阳设置、建筑围护结构的保温隔热技术、有利于自然采光和自然通风的建筑开口设计等使室内环境接近人的健康和舒适要求，并且尽量降低建筑需要的采暖、空调、通风、照明等能耗。当室外气候为极端条件时，采用经过优化的高效设备系统，维持室内的舒适空间。

4. 新能源的利用

应广泛利用太阳能和风能等清洁能源，通过太阳能光电屋顶、太阳能光电玻璃等将太阳能转化为电能和热能，安装风力发电和风力制热设备，将风能转化为能源，达到降低能源消耗，减少环境污染的目的。但在设计过程中，也要优先选择环境性和经济性平衡的建筑材料，坚持整体建筑系统的投资优化，各个环节都要注重经济效益，避免重技术、轻经济现象，盲目追求绿色节能效果，忽视建筑物的整体经济效益。

5. 智能化控制

通过楼宇自控系统，采用先进的计算机控制技术、管理软件和节能系统程序，使建筑物机电或建筑群内的设备有条不紊、综合协调、科学地运行，从而达到有效地保证建筑物内有舒适的工作环境，实现节能、节省维护管理工作量和运行费用的目的。

（三）节水与水资源利用

结合城市总体规划，在适合当地环境与资源条件的前提下，将水资源、污水、雨水等统筹安排，以达到高效、低耗、节水、减排的目的，实现可持续发展。建立雨水回收系统，减轻需水压力，缓解地下水的资源紧张状况。

（四）节材与材料资源利用

在满足档案馆使用功能和围护结构安全基础上，尽量选择生产能耗较低、能够回收再利用的建筑材料。并尽可能选用地方性的建筑材料，节省运费，降低成本投入，降低运输过程能耗，减少对环境所造成的污染。坚持优先选用绿化混凝土、生态水泥、环保保健化建材，以及预制模数构件等会对环境产生负荷较小的材料，减少建筑垃圾，降低对环境所造成的负荷。应进行建筑与装修一体化设计，尽量减少材料不必要的浪费，从而达到资源利用率高、环境负荷较小、生态良性循环的可持续发展目标。

二、基于绿色建筑的智慧档案馆设计

智慧档案馆是智慧城市背景下档案馆进化发展的高级形态。智慧档案馆的设计主要包括与四大核心技术的融合：一是与智能楼宇的融合，为智慧档案馆提供建设标准；二是与物联网的融合，使智慧档案馆获得基础技术和“聪明”技术；再者是与云计算和大数据技术的融合，为智慧档案馆提供更加广泛的区域覆盖和服务能力，使智慧档案馆获得更为和谐的协同处理技术，以及与智慧城市的链接技术。

（一）智慧档案馆与智能楼宇的融合

与智能楼宇融合是智慧档案馆“基础”技术的获取途径，即通过智能楼宇技术使档案馆获得自动化的总控能力。智能楼宇的大部分关键技术都是智慧档案馆建设所需要的。建设绿色智慧档案馆，首先要引入智能楼宇的建设标准。通过智能楼宇技术为智慧档案馆提供最基础的自动化控制技术，使得智慧档案馆获取安全、高效、节能且舒适的环境。

（二）智慧档案馆与物联网的融合

物联网具有先进的传感器技术和嵌入式系统技术，可以将传感器自动获取的各类信息通过嵌入式系统技术传送到楼宇内的各类自动化系统中，并通过设定好的规则，让楼宇内的各类自动化系统根据传感器传送的信息进行合理的调整和重新配置，使得整个楼宇始终处于一种标准的、安全的、合适的环境之下。这一过程是自动完成的，无需人工干预，所依靠的只是传感器获取的数据和各类自动化系统根据规则进行的自主活动。如在档案馆的墙体上和档案柜外表加装温湿度传感器，应用物联网技术，传感器获取的库房温湿度会实时传递至楼宇自动控制系统，楼宇自动控制系统则会根据设定好的规则，精细化地分区调整空调设备和加湿除湿设备，使得档案在脱离人工干预的情况下始终被保管在一个最佳环境中，并且根据所需消耗能量，可避免不必要的能源浪费，降低能源消耗，节省运行费用。

（三）智慧档案馆与云计算、大数据技术的融合

与云计算和大数据技术的融合是智慧档案馆“覆盖”能力的获取途径，即通过云计算技术，使一定区域内的各家档案馆联动，形成智慧档案馆群，互通有无、资源共享。同时，通过大数据技术解决区域联动所造成的数据量快速膨胀问题，使智慧档案馆群的实现变成可能。通过云计算技术，将多家智慧档案馆联结，并与智慧城市进行衔接，会提升整个城市档案工作的智慧化能力。智慧档案馆之间可以相互协作，进行资源的合理再分配和馆舍的自动化综合调控，对实体档案资源的保护、利用服务的完善、工作环境的优化具有重要的意义。通过区域互联，能够减少办公空间需求、缩短通勤里程、节约相关能源

等，对节能减排具有重要意义。

建设档案馆需要从选址、设计、建造、施工及内部设备设施的配置上充分考虑，统筹规划，按照国家的能源战略，在档案收集、利用与保管等过程管理中加入绿色管理理念，强化安全保护要素，通过科学的整体设计，遵循“创新、协调、绿色、开放、共享”的设计理念，从而实现以运用新一代信息技术为基本手段，以全面感知、智能协同和深度融合为运行基本方式，以提高档案管理和服务效益为基本目标，以实现档案事业可持续发展和促进人的全面和谐发展为根本目标的绿色智慧档案馆。

总之，随着社会的不断进步发展，档案资源的开发力度越来越大，档案利用率越来越高，档案开放度越来越高，同时伴随档案数字化和办公自动化而来的大量电子文件及大量新型载体材料档案的出现，对传统的档案库房技术管理提出了挑战，新时期面临着如何有效地利用档案、保护档案安全以及最大限度地延长档案的寿命等问题。

高科技发展为档案库房技术管理转型升级提供了坚实保障，智能化、科学化、人性化管理是档案库房技术管理发展的必然趋势。新型技术的飞速发展和互联网络的无限延伸，大数据、云计算、物联网时代开启。物联网应用于档案库房可以实时采集任何需要监控、连接、互动的物体或过程，采集其声、光、热、电、力学、化学、生物、位置等各种需要的信息，通过 WiFi、RF 无线传输、传感器、嵌入式智能、现代通信、实时数据交换等多种技术，将档案库房与电脑、手机联网，与档案管理人员联网，实现管理人员与档案间的“人与物交流”。面对大数据视野下的档案库房管理，必须加快建设电子档案容灾备份中心，积极探索创新电子档案数据安全管理和利用模式，整体构建电子档案容灾备份体系。

新技术的应用离不开传统技术管理的传承和发展。档案作为党和国家各项工作和人民群众各方面情况的真实记录，是促进我国各项事业科学发展、维护党和国家及人民群众根本利益的重要依据。档案工作是党和国家工作中不可缺少的基础性工作，面对新形势下的档案库房技术管理工作，我们还有许多工作需要去做，需要做好。

思考题：

一、填空题

1. 随着信息技术、自控技术和（　　）技术的发展，档案库房技术管理逐步由传统的被动人工管理向现代的（　　）、科学化、人性化的方向发展。

2. 档案库房的安全防范自动控制主要实现档案库房的（　　）、动态视频、防盗报警的自动控制管理。

3. 档案的识别方法有位置识别法、(　　)、RF（射频）识别法。

二、名词解释

1. 档案库房环境自动控制

2. RF（射频）识别

3. 档案的自动存取

三、简答题

1. 档案库房自动防盗报警工作流程包括哪几个步骤?

2. 档案馆使用楼宇自控系统具有什么优点?

四、论述题

结合工作实际，谈谈如何做好档案库房技术管理工作。

附录：与档案库房技术管理有关的法律、法规、标准和规范

一、中华人民共和国档案法

（1987 年 9 月 5 日第六届全国人民代表大会常务委员会第二十二次会议通过，根据 1996 年 7 月 5 日第八届全国人民代表大会常务委员会第二十次会议《关于修改〈中华人民共和国档案法〉的决定》修正）

第一章 总 则

第一条 为了加强对档案的管理和收集、整理工作，有效地保护和利用档案，为社会主义现代化建设服务，制定本法。

第二条 本法所称的档案，是指过去和现在的国家机构、社会组织以及个人从事政治、军事、经济、科学、技术、文化、宗教等活动直接形成的对国家和社会有保存价值的各种文字、图表、声像等不同形式的历史记录。

第三条 一切国家机关、武装力量、政党、社会团体、企业事业单位和公民都有保护档案的义务。

第四条 各级人民政府应当加强对档案工作的领导，把档案事业的建设列入国民经济和社会发展计划。

第五条 档案工作实行统一领导、分级管理的原则，维护档案完整与安全，便于社会各方面的利用。

第二章 档案机构及其职责

第六条 国家档案行政管理部门主管全国档案事业，对全国的档案事业实行统筹规划，组织协调，统一制度，监督和指导。

县级以上地方各级人民政府的档案行政管理部门主管本行政区域内的档案

事业，并对本行政区域内机关、团体、企业事业单位和其他组织的档案工作实行监督和指导。

乡、民族乡、镇人民政府应当指定人员负责保管本机关的档案，并对所属单位的档案工作实行监督和指导。

第七条　机关、团体、企业事业单位和其他组织的档案机构或者档案工作人员，负责保管本单位的档案，并对所属机构的档案工作实行监督和指导。

第八条　中央和县级以上地方各级各类档案馆，是集中管理档案的文化事业机构，负责接收、收集、整理、保管和提供利用各分管范围内的档案。

第九条　档案工作人员应当忠于职守，遵守纪律，具备专业知识。

在档案的收集、整理、保护和提供利用等方面成绩显著的单位或者个人，由各级人民政府给予奖励。

第三章　档案的管理

第十条　对国家规定的应当立卷归档的材料，必须按照规定，定期向本单位档案机构或者档案工作人员移交，集中管理，任何个人不得据为己有。

国家规定不得归档的材料，禁止擅自归档。

第十一条　机关、团体、企业事业单位和其他组织必须按照国家规定，定期向档案馆移交档案。

第十二条　博物馆、图书馆、纪念馆等单位保存的文物、图书资料同时是档案的，可以按照法律和行政法规的规定，由上述单位自行管理。

档案馆与上述单位应当在档案的利用方面互相协作。

第十三条　各级各类档案馆，机关、团体、企业事业单位和其他组织的档案机构，应当建立科学的管理制度，便于对档案的利用；配置必要的设施，确保档案的安全；采用先进技术，实现档案管理的现代化。

第十四条　保密档案的管理和利用，密级的变更和解密，必须按照国家有关保密的法律和行政法规的规定办理。

第十五条　鉴定档案保存价值的原则、保管期限的标准以及销毁档案的程序和办法，由国家档案行政管理部门制定。禁止擅自销毁档案。

第十六条　集体所有的和个人所有的对国家和社会具有保存价值的或者应当保密的档案，档案所有者应当妥善保管。对于保管条件恶劣或者其他原因被认为可能导致档案严重损毁和不安全的，国家档案行政管理部门有权采取代为保管等确保档案完整和安全的措施；必要时，可以收购或者征购。

前款所列档案，档案所有者可以向国家档案馆寄存或者出卖；向国家档案馆以外的任何单位或者个人出卖的，应当按照有关规定由县级以上人民政府档案行政管理部门批准。严禁倒卖牟利，严禁卖给或者赠送给外国人。

向国家捐赠档案的，档案馆应当予以奖励。

第十七条　禁止出卖属于国家所有的档案。

国有企业事业单位资产转让时，转让有关档案的具体办法由国家档案行政管理部门制定。

档案复制件的交换、转让和出卖，按照国家规定办理。

第十八条　属于国家所有的档案和本法第十六条规定的档案以及这些档案的复制件，禁止私自携运出境。

第四章　档案的利用和公布

第十九条　国家档案馆保管的档案，一般应当自形成之日起满三十年向社会开放。经济、科学、技术、文化等类档案向社会开放的期限，可以少于三十年，涉及国家安全或者重大利益以及其他到期不宜开放的档案向社会开放的期限，可以多于三十年，具体期限由国家档案行政管理部门制订，报国务院批准施行。

档案馆应当定期公布开放档案的目录，并为档案的利用创造条件，简化手续，提供方便。中华人民共和国公民和组织持有合法证明，可以利用已经开放的档案。

第二十条　机关、团体、企业事业单位和其他组织以及公民根据经济建设、国防建设、教学科研和其他各项工作的需要，可以按照有关规定，利用档案馆未开放的档案以及有关机关、团体、企业事业单位和其他组织保存的档案。

利用未开放档案的办法，由国家档案行政管理部门和有关主管部门规定。

第二十一条　向档案馆移交、捐赠、寄存档案的单位和个人，对其档案享有优先利用权，并可对其档案中不宜向社会开放的部分提出限制利用的意见，档案馆应当维护他们的合法权益。

第二十二条　属于国家所有的档案，由国家授权的档案馆或者有关机关公布；未经档案馆或者有关机关同意，任何组织和个人无权公布。

集体所有的和个人所有的档案，档案的所有者有权公布，但必须遵守国家有关规定，不得损害国家安全和利益，不得侵犯他人的合法权益。

第二十三条　各级各类档案馆应当配备研究人员，加强对档案的研究整理，有计划地组织编辑出版档案材料，在不同范围内发行。

第五章　法律责任

第二十四条　有下列行为之一的，由县级以上人民政府档案行政管理部门、有关主管部门对直接负责的主管人员或者其他直接责任人员依法给予行政处分；构成犯罪的，依法追究刑事责任：

（一）损毁、丢失属于国家所有的档案的；

（二）擅自提供、抄录、公布、销毁属于国家所有的档案的；

（三）涂改、伪造档案的；

（四）违反本法第十六条、第十七条规定，擅自出卖或者转让档案的；

（五）倒卖档案牟利或者将档案卖给、赠送给外国人的；

（六）违反本法第十条、第十一条规定，不按规定归档或者不按期移交档案的；

（七）明知所保存的档案面临危险而不采取措施，造成档案损失的；

（八）档案工作人员玩忽职守，造成档案损失的。

在利用档案馆的档案中，有前款第一项、第二项、第三项违法行为的，由县级以上人民政府档案行政管理部门给予警告，可以并处罚款；造成损失的，责令赔偿损失。

企业事业组织或者个人有第一款第四项、第五项违法行为的，由县级以上人民政府档案行政管理部门给予警告，可以并处罚款；有违法所得的，没收违法所得；并可以依照本法第十六条的规定征购所出卖或者赠送的档案。

第二十五条　携运禁止出境的档案或者其复制件出境的，由海关予以没收，可以并处罚款；并将没收的档案或者其复制件移交档案行政管理部门；构成犯罪的，依法追究刑事责任。

第六章　附　　则

第二十六条　本法实施办法，由国家档案行政管理部门制定，报国务院批准后施行。

第二十七条　本法自 1988 年 1 月 1 日起施行。

二、中华人民共和国档案法实施办法

（1990年10月24日国务院批准1990年11月19日国家档案局令第1号发布，1999年5月5日国务院批准修订，1999年6月7日国家档案局令第5号重新发布）

第一章 总 则

第一条 根据《中华人民共和国档案法》（以下简称《档案法》）的规定，制定本办法。

第二条 《档案法》第二条所称对国家和社会有保存价值的档案，属于国家所有的，由国家档案局会同国家有关部门确定具体范围；属于集体所有、个人所有以及其他不属于国家所有的，由省、自治区、直辖市人民政府档案行政管理部门征得国家档案局同意后确定具体范围。

第三条 各级国家档案馆馆藏的永久保管档案分一、二、三级管理，分级的具体标准和管理办法由国家档案局制定。

第四条 国务院各部门经国家档案局同意，省、自治区、直辖市人民政府各部门经本级人民政府档案行政管理部门同意，可以制定本系统专业档案的具体管理制度和办法。

第五条 县级以上各级人民政府应当加强对档案工作的领导，把档案事业建设列入本级国民经济和社会发展计划，建立、健全档案机构，确定必要的人员编制，统筹安排发展档案事业所需经费。

机关、团体、企业事业单位和其他组织应当加强对本单位档案工作的领导，保障档案工作依法开展。

第六条 有下列事迹之一的，由人民政府、档案行政管理部门或者本单位给予奖励：

（一）对档案的收集、整理、提供利用做出显著成绩的；

（二）对档案的保护和现代化管理做出显著成绩的；

（三）对档案学研究做出重要贡献的；

（四）将重要的或者珍贵的档案捐赠给国家的；

（五）同违反档案法律、法规的行为作斗争，表现突出的。

第二章　档案机构及其职责

第七条　国家档案局依照《档案法》第六条第一款的规定，履行下列职责：

（一）根据有关法律、行政法规和国家有关方针政策，研究、制定档案工作规章制度和具体方针政策；

（二）组织协调全国档案事业的发展，制定发展档案事业的综合规划和专项计划，并组织实施；

（三）对有关法律、法规和国家有关方针政策的实施情况进行监督检查，依法查处档案违法行为；

（四）对中央和国家机关各部门、国务院直属企业事业单位以及依照国家有关规定不属于登记范围的全国性社会团体的档案工作，中央级国家档案馆的工作，以及省、自治区、直辖市人民政府档案行政管理部门的工作，实施监督、指导；

（五）组织、指导档案理论与科学技术研究、档案宣传与档案教育、档案工作人员培训；

（六）组织、开展档案工作的国际交流活动。

第八条　县级以上地方各级人民政府档案行政管理部门依照《档案法》第六条第二款的规定，履行下列职责：

（一）贯彻执行有关法律、法规和国家有关方针政策；

（二）制定本行政区域内的档案事业发展计划和档案工作规章制度，并组织实施；

（三）监督、指导本行政区域内的档案工作，依法查处档案违法行为；

（四）组织、指导本行政区域内档案理论与科学技术研究、档案宣传与档案教育、档案工作人员培训。

第九条　机关、团体、企业事业单位和其他组织的档案机构依照《档案法》第七条的规定，履行下列职责：

（一）贯彻执行有关法律、法规和国家有关方针政策，建立、健全本单位的档案工作规章制度；

（二）指导本单位文件、资料的形成、积累和归档工作；

（三）统一管理本单位的档案，并按照规定向有关档案馆移交档案；

（四）监督、指导所属机构的档案工作。

第十条　中央和地方各级国家档案馆，是集中保存、管理档案的文化事业机构，依照《档案法》第八条的规定，承担下列工作任务：

（一）收集和接收本馆保管范围内对国家和社会有保存价值的档案；

（二）对所保存的档案严格按照规定整理和保管；

（三）采取各种形式开发档案资源，为社会利用档案资源提供服务。

按照国家有关规定，经批准成立的其他各类档案馆，根据需要，可以承担前款规定的工作任务。

第十一条　全国档案馆的设置原则和布局方案，由国家档案局制定，报国务院批准后实施。

第三章　档案的管理

第十二条　按照国家档案局关于文件材料归档的规定，应当立卷归档的材料由单位的文书或者业务机构收集齐全，并进行整理、立卷，定期交本单位档案机构或者档案工作人员集中管理；任何人都不得据为己有或者拒绝归档。

第十三条　机关、团体、企业事业单位和其他组织，应当按照国家档案局关于档案移交的规定，定期向有关的国家档案馆移交档案。

属于中央级和省级、设区的市级国家档案馆接收范围的档案，立档单位应当自档案形成之日起满 20 年即向有关的国家档案馆移交；属于县级国家档案馆接收范围的档案，立档单位应当自档案形成之日起满 10 年即向有关的县级国家档案馆移交。

经同级档案行政管理部门检查和同意，专业性较强或者需要保密的档案，可以延长向有关档案馆移交的期限；已撤销的单位的档案或者由于保管条件恶劣可能导致不安全或者严重损毁的档案，可以提前向有关档案馆移交。

第十四条　既是文物、图书资料又是档案的，档案馆可以与博物馆、图书馆、纪念馆等单位相互交换重复件、复制件或者目录，联合举办展览，共同编辑出版有关史料或者进行史料研究。

第十五条　各级国家档案馆应当对所保管的档案采取下列管理措施：

（一）建立科学的管理制度，逐步实现保管的规范化、标准化；

（二）配置适宜安全保存档案的专门库房，配备防盗、防火、防渍、防有害生物的必要设施；

（三）根据档案的不同等级，采取有效措施，加以保护和管理；

（四）根据需要和可能，配备适应档案现代化管理需要的技术设备。

机关、团体、企业事业单位和其他组织的档案保管，根据需要，参照前款规定办理。

第十六条　《档案法》第十四条所称保密档案密级的变更和解密，依照《中华人民共和国保守国家秘密法》及其实施办法的规定办理。

第十七条　属于集体所有、个人所有以及其他不属于国家所有的对国家和社会具有保存价值的或者应当保密的档案，档案所有者可以向各级国家档案馆寄存、捐赠或者出卖。向各级国家档案馆以外的任何单位或者个人出卖、转让或者赠送的，必须报经县级以上人民政府档案行政管理部门批准；严禁向外国人和外国组织出卖或者赠送。

第十八条　属于国家所有的档案，任何组织和个人都不得出卖。

国有企业事业单位因资产转让需要转让有关档案的，按照国家有关规定办理。

各级各类档案馆以及机关、团体、企业事业单位和其他组织为了收集、交换中国散失在国外的档案、进行国际文化交流，以及适应经济建设、科学研究和科技成果推广等的需要，经国家档案局或者省、自治区、直辖市人民政府档案行政管理部门依据职权审查批准，可以向国内外的单位或者个人赠送、交换、出卖档案的复制件。

第十九条　各级国家档案馆馆藏的一级档案严禁出境。

各级国家档案馆馆藏的二级档案需要出境的，必须经国家档案局审查批准。各级国家档案馆馆藏的三级档案、各级国家档案馆馆藏的一、二、三级档案以外的属于国家所有的档案和属于集体所有、个人所有以及其他不属于国家所有的对国家和社会具有保存价值的或者应当保密的档案及其复制件，各级国家档案馆以及机关、团体、企业事业单位、其他组织和个人需要携带、运输或者邮寄出境的，必须经省、自治区、直辖市人民政府档案行政管理部门审查批准，海关凭批准文件查验放行。

第四章　档案的利用和公布

第二十条　各级国家档案馆保管的档案应当按照《档案法》的有关规定，分期分批地向社会开放，并同时公布开放档案的目录。档案开放的起始时间：

（一）中华人民共和国成立以前的档案（包括清代和清代以前的档案；民国时期的档案和革命历史档案），自本办法实施之日起向社会开放；

（二）中华人民共和国成立以来形成的档案，自形成之日起满 30 年向社会开放；

（三）经济、科学、技术、文化等类档案，可以随时向社会开放。

前款所列档案中涉及国防、外交、公安、国家安全等国家重大利益的档案，以及其他虽自形成之日起已满 30 年但档案馆认为到期仍不宜开放的档案，经上一级档案行政管理部门批准，可以延期向社会开放。

第二十一条　各级各类档案馆提供社会利用的档案，应当逐步实现以缩微品代替原件。档案缩微品和其他复制形式的档案载有档案收藏单位法定代表人的签名或者印章标记的，具有与档案原件同等的效力。

第二十二条　《档案法》所称档案的利用，是指对档案的阅览、复制和摘录。

中华人民共和国公民和组织，持有介绍信或者工作证、身份证等合法证明，可以利用已开放的档案。

外国人或者外国组织利用中国已开放的档案，须经中国有关主管部门介绍以及保存该档案的档案馆同意。

机关、团体、企业事业单位和其他组织以及中国公民利用档案馆保存的未开放的档案，须经保存该档案的档案馆同意，必要时还须经有关的档案行政管理部门审查同意。

机关、团体、企业事业单位和其他组织的档案机构保存的尚未向档案馆移交的档案，其他机关、团体、企业事业单位和组织以及中国公民需要利用的，须经档案保存单位同意。

各级各类档案馆应当为社会利用档案创造便利条件。提供社会利用的档案，可以按照规定收取费用。收费标准由国家档案局会同国务院价格管理部门制定。

第二十三条　《档案法》第二十二条所称档案的公布，是指通过下列形式首次向社会公开档案的全部或者部分原文，或者档案记载的特定内容：

（一）通过报纸、刊物、图书、声像、电子等出版物发表；

（二）通过电台、电视台播放；

（三）通过公众计算机信息网络传播；

（四）在公开场合宣读、播放；

（五）出版发行档案史料、资料的全文或者摘录汇编；

（六）公开出售、散发或者张贴档案复制件；

（七）展览、公开陈列档案或者其复制件。

第二十四条　公布属于国家所有的档案，按照下列规定办理：

（一）保存在档案馆的，由档案馆公布；必要时，应当征得档案形成单位同意或者报经档案形成单位的上级主管机关同意后公布；

（二）保存在各单位档案机构的，由各该单位公布；必要时，应当报经其上级主管机关同意后公布；

（三）利用属于国家所有的档案的单位和个人，未经档案馆、档案保存单位同意或者前两项所列主管机关的授权或者批准，均无权公布档案。

属于集体所有、个人所有以及其他不属于国家所有的对国家和社会具有保存价值的档案，其所有者向社会公布时，应当遵守国家有关保密的规定，不得损害国家的、社会的、集体的和其他公民的利益。

第二十五条　各级国家档案馆对寄存档案的公布和利用，应当征得档案所有者同意。

第二十六条　利用、公布档案，不得违反国家有关知识产权保护的法律规定。

第五章　罚　　则

第二十七条　有下列行为之一的，由县级以上人民政府档案行政管理部门责令限期改正；情节严重的，对直接负责的主管人员或者其他直接责任人员依法给予行政处分：

（一）将公务活动中形成的应当归档的文件、资料据为己有，拒绝交档案机构、档案工作人员归档的；

（二）拒不按照国家规定向国家档案馆移交档案的；

（三）违反国家规定擅自扩大或者缩小档案接收范围的；

（四）不按照国家规定开放档案的；

（五）明知所保存的档案面临危险而不采取措施，造成档案损失的；

（六）档案工作人员、对档案工作负有领导责任的人员玩忽职守，造成档案损失的。

第二十八条　《档案法》第二十四条第二款、第三款规定的罚款数额，根据有关档案的价值和数量，对单位为 1 万元以上 10 万元以下，对个人为 500 元以上 5000 元以下。

第二十九条　违反《档案法》和本办法，造成档案损失的，由县级以上人民政府档案行政管理部门、有关主管部门根据损失档案的价值，责令赔偿损失。

第六章 附 则

第三十条 中国人民解放军的档案工作，根据《档案法》和本办法确定的原则管理。

第三十一条 本办法自发布之日起施行。

三、档案馆建筑设计规范（JGJ 25—2010）

批准部门：中华人民共和国住房和城乡建设部
中华人民共和国国家档案局
施行日期：2011年2月1日

公告
第723号

关于发布行业标准《档案馆建筑设计规范》的公告

现批准《档案馆建筑设计规范》为行业标准，编号为JGJ 25—2010，自2011年2月1日起实施。其中第6.0.5、7.3.2条为强制性条文，必须严格执行。原《档案馆建筑设计规范》（JGJ 25—2000）同时废止。

本规范由我部标准定额研究所组织中国建筑工业出版社出版发行。

中华人民共和国住房和城乡建设部
2010年8月3日

前 言

根据住房和城乡建设部《关于印发〈2008年工程建设标准规范制订、修订计划（第一批）〉的通知》（建标〔2008〕102号）的要求，规范编制组经广泛调查研究，认真总结实践经验，参考有关国际标准和国外先进标准，并在广泛征求意见的基础上，修订本规范。本规范的主要技术内容是：1. 总则；2. 术语；3. 基地和总平面；4. 建筑设计；5. 档案防护；6. 防火设计；7. 建筑设备。本规范修订的主要技术内容是：1. 补充电子档案阅览、政府公开信息查阅、信息化技术等功能用房。2. 增加建筑节能、综合布线、供电等级、防水等级、安全防范、重要电子档案电磁安全屏蔽要求等技术内容。3. 调整术语、建筑设计、档案防护、防火设计、建筑设备中的部分条文。

本规范中以黑体字标志的条文为强制性条文，必须严格执行。

本规范由住房和城乡建设部负责管理和对强制性条文的解释，由国家档案局档案科学技术研究所负责具体技术内容的解释。执行过程中如有意见或建议，请寄送国家档案局档案科学技术研究所（地址：北京市宣武区永安路106号，邮编：100050）。

本规范主编单位：国家档案局档案科学技术研究所

本规范参编单位：中国建筑科学研究院、中国航空规划建设发展有限公司、住房和城乡建设部档案办公室

本规范主要起草人员：冯丽伟 杨战捷 韩光宗 常钟隽 王建库 姜 莉 姜中桥 周 萌 刘晓光 张振强

本规范主要审查人员：何玉如 郭嗣平 吴英凡 王良城 顾 均 祝敬国 孙 兰 李伯富 卢 求

1 总 则

1.0.1 为适应档案馆建设的需要，使档案馆建筑设计满足功能、安全、节能环保等方面的基本要求，制定本规范。

1.0.2 本规范适用于新建、改建、扩建的档案馆建筑设计。

1.0.3 档案馆可分特级、甲级、乙级三个等级。不同等级档案馆的适用范围及耐火等级要求应符合表1.0.3的规定。

表1.0.3 档案馆等级与适用范围及耐火等级

等级	特级	甲级	乙级
适用范围	中央级档案馆	省、自治区、直辖市、计划单列市、副省级市档案馆	地(市)及县(市)档案馆
耐火等级	一级	一级	不低于二级

1.0.4 特级、甲级档案馆的抗震设计应符合现行国家标准《建筑工程抗震设防分类标准》（GB 50223）的规定。位于地震基本烈度七度及以上地区的乙级档案馆应按基本烈度设防，地震基本烈度六度地区重要城市的乙级档案馆宜按七度设防。

1.0.5 档案馆建筑的节能设计应符合现行国家标准《公共建筑节能设计标准》（GB 50189）的规定。

1.0.6 档案馆建筑设计除应符合本规范外，尚应符合国家现行有关标准的规定。

2 术 语

2.0.1 档案馆 archives

集中管理特定范围档案的专门机构。

2.0.2 中央级档案馆 national archives

收藏党和国家中央机构的以及具有全国意义档案的、并经国家有关部门批准建立的档案馆。

2.0.3 档案库区 area of repository

档案库及为其服务的更衣室、缓冲间和交通通道占用区域的总称。

2.0.4 馆区 archives area

档案馆各类业务用房及附属公共设施所占的整个区域。

2.0.5 档案库 archival repository

收藏档案的专门用房。

2.0.6 对外服务用房 opening areas for public

档案馆中对公众开放的用房，包含阅览室、展览厅、报告厅等。

2.0.7 利用者 user

查阅利用档案的人员。

2.0.8 缓冲间 buffer room

在进入档案库区或档案库的入口处，为减少外界气候条件对库内的直接影响而建的沟通库内外并能密闭的过渡房间。

2.0.9 封闭外廊 closed corridor

为减少外界气候对档案库的直接影响，在档案库外建的、用墙和窗与外界隔开的走廊（一面或多面以及绕一圈的环廊）。

2.0.10 档案装具 archives container

用于存放档案的器具，包括档案柜、档案架、密集架等。

2.0.11 主通道 main passageway

档案库内的主要交通、运输通道。

2.0.12 密集架 compact shelving

为节省空间而设计的可沿轨道水平移动的活动存储装置。

2.0.13 消毒室 disinfection room

用化学或物理方法杀虫、灭菌工作的专设房间。

2.0.14　珍贵档案 precious archives

具有重要凭证作用和价值的、不可替代的、年代久远的档案。

2.0.15　特藏库 repository for precious archives

存放珍贵档案的高标准的档案库。

2.0.16　母片库 repository for master

专门存放缩微母片的档案库。

3　基地和总平面

3.0.1　档案馆基地选址应纳入并符合城市总体规划的要求。

3.0.2　档案馆的基地选址应符合下列规定：

1 应选择工程地质条件和水文地质条件较好的地段，并宜远离洪水、山体滑坡等自然灾害易发生的地段；

2 应远离易燃、易爆场所和污染源；

3 应选择交通方便、城市公用设施较完备的地段；

4 应选择地势较高、场地干燥、排水通畅、空气流通和环境安静的地段。

3.0.3　档案馆的总平面布置应符合下列规定：

1 档案馆建筑宜独立建造。当确需与其他工程合建时，应自成体系并符合本规范的规定；

2 总平面布置宜根据近远期建设计划的要求，进行一次规划、建设，或一次规划、分期建设；

3 基地内道路应与城市道路或公路连接，并应符合消防安全要求；

4 人员集散场地、道路、停车场和绿化用地等室外用地应统筹安排；

5 基地内建筑及道路应符合现行行业标准《城市道路和建筑物无障碍设计规范》（JGJ 50）的规定。

4　建筑设计

4.1　一般规定

4.1.1　档案馆建筑应根据其等级、规模和功能设置各类用房，并宜由档案库、对外服务用房、档案业务和技术用房、办公用房和附属用房组成。

4.1.2　档案馆的建筑布局应按照功能分区布置各类用房，并应达到功能合理、流程便捷、内外相互联系又有所分隔，避免交叉。各类用房之间进行档案传送时，不应通过露天通道。

4.1.3　档案馆建筑设计应使各类档案及资料保管安全、调阅方便；查阅环境应安静；工作人员应有必要的工作条件。

4.1.4　四层及四层以上的对外服务用房、档案业务和技术用房应设电梯。两层或两层以上的档案库应设垂直运输设备。

4.1.5　锅炉房、变配电室、车库等可能危及档案安全的用房不宜毗邻档案库。

4.2　档案库

4.2.1　档案库可包括纸质档案库、音像档案库、光盘库、缩微拷贝片库、母片库、特藏库、实物档案库、图书资料库、其他特殊载体档案库等，并应根据档案馆的等级、规模和实际需要选择设置或合并设置。

4.2.2　档案库应集中布置、自成一区。除更衣室外，档案库区内不应设置其他用房，且其他用房之间的交通也不得穿越档案库区。

4.2.3　档案库区的平面布局应简洁紧凑。

4.2.4　档案库区或档案库入口处应设缓冲间，其面积不应小于 $6m^2$；当设专用封闭外廊时，可不再设缓冲间。

4.2.5　档案库区内比库区外楼地面应高出 15mm，并应设置密闭排水口。

4.2.6　每个档案库应设两个独立的出入口，且不宜采用串通或套间布置方式。

4.2.7　档案库净高不应低于 2.60m。

4.2.8　档案库内档案装具布置应成行垂直于有窗的墙面。档案装具间的通道应与外墙采光窗相对应，当无窗时，应与管道通风孔开口方向相对应。

4.2.9　档案装具排列的各部分尺寸应符合下列规定：

1 主通道净宽不应小于 1.20m；

2 两行档案装具间净宽不应小于 0.80m；

3 档案装具端部与墙的净距离不应小于 0.60m；

4 档案装具背部与墙的净距离不应小于 0.10m。

4.2.10　档案装具的档案存储定额的计算指标应符合下列规定：

1 当采用五节档案柜时，库房每 m^2（使用面积）存储档案长度不小于 2.70 延长米；

2 当采用双面档案架时，库房每 m^2（使用面积）存储档案长度不小于 3.30 延长米；

3 当采用密集架时，库房每 m^2（使用面积）存储档案长度不小于 7.20 延长米。

4.2.11 档案库楼面均布活荷载标准值不应小于 5 KN/m^2，采用密集架时不应小于 12 KN/m^2。

4.2.12 当档案库与其他用房同层布置且楼地面有高差时，应满足无障碍通行的要求。

4.2.13 母片库不应设外窗。

4.2.14 珍贵档案存储应专设特藏库。

4.3 对外服务用房

4.3.1 对外服务用房可由服务大厅（含门厅、寄存处等）、展览厅、报告厅、接待室、查阅登记室、目录室、开放档案阅览室、未开放档案阅览室、缩微阅览室、音像档案阅览室、电子档案阅览室、政府公开信息查阅中心、对外利用复印室和利用者休息室、饮水处、公共卫生间等组成。规模较小的档案馆可合并设置。

4.3.2 阅览室设计应符合下列规定：

1 自然采光的窗地面积比不应小于 1∶5；

2 应避免阳光直射和眩光，窗宜设遮阳设施；

3 室内应能自然通风；

4 每个阅览座位使用面积：普通阅览室每座不应小于 3.5m^2；专用阅览室每座不应小于 4.0m^2；若采用单间时，房间使用面积不应小于 12.0m^2；

5 阅览桌上应设置电源；

6 室内应设置防盗监控系统。

4.3.3 缩微阅览室设计应符合下列规定：

1 应避免阳光直射；

2 宜采用间接照明，阅览桌上应设局部照明；

3 室内应设空调或机械通风设备。

4.4 档案业务和技术用房

4.4.1 档案业务和技术用房可由中心控制室、接收档案用房、整理编目用房、保护技术用房、翻拍洗印用房、缩微技术用房、音像档案技术用房、信息化技术用房组成，并应根据档案馆的等级、规模和实际需要选择设置或合并设置。

4.4.2 中心控制室设计应符合下列规定：

1 室内应设空调；

2 与其他用房的隔墙的耐火极限不应低于2.0h，楼板的耐火极限不应低于1.5h，隔墙上的门应采用甲级防火门。

4.4.3 接收档案用房可由接收室、除尘室、消毒室等组成。

4.4.4 消毒室设计应符合下列规定：

1 应采用单独的密闭门；

2 应设有单独的直达屋面外的排气管道，废气排放应符合国家现行有关环境保护标准的规定；

3 室内顶棚、墙面及楼、地面材料应易于清洁；

4 消毒室应在室内外分设控制开关，其排气管道不应穿越其他用房。

4.4.5 整理编目用房可由整理室、编目室、修史编志室、展览加工制作室、出版发行室组成。

4.4.6 保护技术用房可由去酸室、理化试验室、档案有害生物防治室、裱糊修复室、装订室、仿真复制室等组成。

4.4.7 裱糊修复室内应设电热装置、给水排水设施，并应采取相应的安全防护措施。

4.4.8 装订室内应设摆放裁纸设备、压力机及装订机的位置。

4.4.9 翻拍洗印用房应由翻拍室、冲洗室、印像放大室、水洗烘干室、翻版胶印室组成，其中翻拍室和冲洗室可与缩微用房的缩微摄影室和冲洗处理室合用。

4.4.10 缩微技术用房可由资料编排室、缩微摄影室（分大型机室和小型机室）、冲洗处理室、配药和化验室、质量检测室、校对编目室、拷贝复印室、放大还原室和备品库组成。缩微技术用房宜设于首层，应自成一区，并应符合下列规定：

1 缩微摄影室应远离震源及空气污染源。各设备之间严禁灯光干扰。室内地面应坚实平整，便于清洗，墙面不宜采用强反射材料。

2 拷贝复印室应环境清洁，地面应防止产生静电，门窗应密闭、防紫外光照射，并应有强制排风和空气净化设施。

3 冲洗处理室应严密遮光；室内墙面、地面和管道应采取防腐措施，并应有满足冲洗要求的水质、水压、水温和水量的设施设备；冲洗池污水应单独集中处理。

4.4.11 音像档案技术用房可由音像档案技术处理室、编辑室等组成。

4.4.12 信息化技术用房可由服务器机房、计算机房、电子档案接收室、电子文件采集室、数字化用房组成。数字化用房由档案前期处理室、纸质档案扫描室、其他载体档案数字化室、数字化质量检测室、档案中转室组成。

4.4.13 服务器机房和计算机房的设计应符合现行国家标准《电子信息系统机房设计规范》(GB 50174) 的规定。

4.5 办公用房和附属用房

4.5.1 办公用房应符合现行行业标准《办公建筑设计规范》(JCJ 67)的规定。

4.5.2 附属用房可包括警卫室、车库、卫生间、浴室、医务室、变配电室、水泵房、电梯机房、空调机房、通信机房、消防用房等，并应根据档案馆的等级、规模和实际需要选择设置或合并设置。

5 档案防护

5.1 一般规定

5.1.1 档案防护内容应包括温湿度要求，外围护结构要求，防潮、防水、防日光及紫外线照射，防尘、防污染、防有害生物和安全防范等。

5.1.2 温湿度要求应根据档案的重要性和载体等因素确定。

5.1.3 音像、缩微、电子文件等非纸质档案储存库设计，除应符合本规范有关规定外，尚应满足使用保管的特殊要求。

5.2 温湿度要求

5.2.1 纸质档案库的温湿度要求应符合表5.2.1的规定。

表5.2.1 纸质档案库的温湿度要求

用房名称	温度（℃）	相对湿度（%）
纸质档案库	14~24	45~60

5.2.2 特藏库、音像磁带库、胶片库等特殊档案库的温湿度要求应符合表5.2.2的要求。

表5.2.2 特殊档案库的温湿度要求

用房名称		温度（℃）	相对湿度（%）
特藏库		14~20	45~55
音像磁带库		14~24	40~60
胶片库	拷贝片	14~24	40~60
	母片	13~15	35~45

5.2.3 档案库在选定温、湿度后，每昼夜温度波动幅度不得大于±2℃、相对湿度波动幅度不得大于±5%。

5.2.4 部分技术用房和对外服务用房温湿度要求应符合表5.2.4的规定。

表5.2.4 部分技术用房和对外服务用房温湿度要求

用房名称	温度（℃）	相对湿度（%）
裱糊室	18~28	50~70
保护技术试验室	18~28	40~60
复印室	18~28	50~65
音像档案阅览室	20~25	50~60
阅览室	18~28	—
展览厅	14~28	45~60
工作间（拍照、拷贝、校对、阅读）	18~28	40~60

5.3 外围护结构要求

5.3.1 档案库应减少外围护结构面积。外围护结构应根据其使用要求及室内温湿度、当地室外气象计算参数和有无采暖、通风、空调设备等具体情况，通过技术经济比较，合理确定其构造，并应符合下列规定：

1 当需要设置采暖设备时，外围护结构的传热系数应在现行国家标准《公共建筑节能设计标准》（GB 50189）规定的基础上再降低10%；

2 当需要设置空气调节设备时，外围护结构的传热系数应符合现行国家标准《公共建筑节能设计标准》（GB 50189）的规定。

5.3.2 库房屋顶应采取保温、隔热措施，并应符合下列规定：

1 平屋顶上采用架空层时，基层应设保温、隔热层；架空层应通风流畅，其高度不应小于0.30m；

2 炎热多雨地区的坡屋顶其下层为空间夹层时，内部应通风流畅。

5.3.3 档案库门应为保温门；窗的气密性能、水密性能及保温性能分级要求应比当地办公建筑的要求提高一级。

5.3.4 档案库每开间的窗洞面积与外墙面积比不应大于1∶10，档案库不得采用跨层或跨间的通长窗。

5.4 防潮和防水

5.4.1 馆区内应排水通畅，不得出现积水。

5.4.2　室内外地面高差不应小于0.50m；室内地面应有防潮措施。

5.4.3　档案库应防潮、防水。特藏库和无地下室的首层库房、地下库房应采取可靠的防潮、防水措施。屋面防水等级应为Ⅰ级；地下防水等级应为一级，并应设置机械通风或空调设备。

5.5　防日光直射和紫外线照射

5.5.1　档案库、档案阅览、展览厅及其他技术用房应防止日光直接射入，并应避免紫外线对档案、资料的危害。

5.5.2　档案库、档案阅览、展览厅及其他技术用房的人工照明应选用紫外线含量低的光源。当紫外线含量超过75μW/1m时，应采取防紫外线的措施。

5.6　防尘和防污染

5.6.1　档案馆区内的绿化设计，应有利于满足防尘、净化空气、降温、防噪声等要求。

5.6.2　档案库应防止有害气体和颗粒物对档案的危害。

5.6.3　锅炉房、除尘室、消毒室、试验室以及洗印暗室等的位置应合理安排，并应结合需要设置通风设备。

5.6.4　档案库楼、地面应平整、光洁、耐磨。档案库内部装修、档案装具和固定家具等应表面平整、构造简洁，并应选用环保材料。

5.7　有害生物防治

5.7.1　管道通过墙壁或楼、地面处均应用不燃材料填塞密实，其他墙身孔洞也应采取防护措施，底层地面应采用坚实地坪。

5.7.2　库房门与地面的缝隙不应大于5mm，且宜采用金属门。

5.7.3　档案馆应设消毒室或配备消毒设备。

5.7.4　档案库外窗的开启扇应设纱窗。

5.8　安全防范

5.8.1　档案馆建筑的外门及首层外窗均应有可靠的安全防护设施。

5.8.2　档案馆应设置入侵报警、视频监控、出入口控制、电子巡查等安全防范系统。

5.8.3　档案馆的重要电子档案保管和利用场所应满足电磁安全屏蔽要求。

6　防火设计

6.0.1　档案馆建筑防火设计，应符合现行国家标准《建筑设计防火规范》（GB 50016）、《高层民用建筑设计防火规范》（GB 50045）和《建筑内部装修设计防火规范》（GB 50222）的有关规定。

6.0.2 档案库区中同一防火分区内的库房之间的隔墙均应采用耐火极限不低于3.0h的防火墙，防火分区间及库区与其他部分之间的墙应采用耐火极限不低于4.0h的防火墙，其他内部隔墙可采用耐火极限不低于2.0h的不燃烧体。档案库中楼板的耐火极限不应低于1.5h。

6.0.3 供垂直运输档案、资料的电梯应临近档案库，并应设在防火门外；电梯井应封闭，其围护结构应为耐火极限不低于2.0h的不燃烧体。

6.0.4 特藏库宜单独设置防火分区。

6.0.5 特级、甲级档案馆和属于一类高层的乙级档案馆建筑均应设置火灾自动报警系统。其他乙级档案馆的档案库、服务器机房、缩微用房、音像技术用房、空调机房等房间应设置火灾自动报警系统。

6.0.6 馆区应设室外消防给水系统。特级、甲级档案馆中的特藏库和非纸质档案库、服务器机房应设惰性气体灭火系统。特级、甲级档案馆中的其他档案库房、档案业务用房和技术用房，乙级档案馆中的档案库房可采用洁净气体灭火系统或细水雾灭火系统。

6.0.7 档案库内不得设置明火设施。档案装具宜采用不燃烧材料或难燃烧材料。

6.0.8 档案馆库区建筑及每个防火分区的安全出口不应少于2个。

6.0.9 档案库区缓冲间及档案库的门均应向疏散方向开启，并应为甲级防火门。

6.0.10 库区内设置楼梯时，应采用封闭楼梯间，门应采用不低于乙级的防火门。

6.0.11 档案馆建筑应配置灭火器，并应符合现行国家标准《建筑灭火器配置设计规范》（GB 50140）的规定。

7 建筑设备

7.1 给水排水

7.1.1 馆区内应设给水排水系统。

7.1.2 档案库区内不应设置除消防以外的给水点，且其他给水排水管道不应穿越档案库区。

7.1.3 给水排水立管不应安装在与档案库相邻的内墙上。

7.1.4 各类用房的污水排放，应符合国家规定的排放标准。

7.2 采暖通风和空气调节

7.2.1 档案库及档案业务和技术用房设置空调时，室内温湿度要求应符合本规范表5.2.1、表5.2.2和表5.2.4的规定。

7.2.2 档案库不宜采用水、气为热媒的采暖系统。确需采用时，应采取有效措施，严防漏水、漏气，且采暖系统不应有过热现象。

7.2.3 每个档案库的空调应能够独立控制。

7.2.4 通风、空调管道应有气密性良好的进、排风口。

7.2.5 母片库应设独立的空调系统。

7.3 电气

7.3.1 档案馆供电等级应与档案馆的级别、建设规模相适应。

7.3.2 特级档案馆应设自备电源。

7.3.3 特级档案馆的档案库、变配电室、水泵房、消防用房等的用电负荷不应低于一级。

7.3.4 甲级档案馆宜设自备电源，且档案库、变配电室、水泵房、消防用房等的用电负荷不宜低于一级；乙级档案馆的档案库、变配电室、水泵房、消防用房等的用电负荷不应低于二级。

7.3.5 库区电源总开关应设于库区外，档案库的电源开关应设于库房外，并应设有防止漏电、过载的安全保护装置。

7.3.6 档案馆的电源线、控制线应采用铜质导体。

7.3.7 档案库、服务器机房、计算机房、缩微技术用房内的配电线路应穿金属管保护，并宜暗敷。

7.3.8 空调设备和电热装置应单独设置配电线路，并应穿金属管槽保护。

7.3.9 档案库灯具形式及安装位置应与档案装具布置相配合。缩微阅览室、计算机房照明宜防止显示屏出现灯具影像和反射眩光。

7.3.10 档案馆照明的照度标准应符合表7.3.10的规定。

表7.3.10 档案馆照明的照度标准

房间名称	参考平面及其高度	照度标准值（lx）
阅览室	0.75m 水平面	300
出纳台	0.75m 水平面	300
档案库	0.25 米垂直面	≥50

续表

房间名称	参考平面及其高度	照度标准值（lx）
修裱、编目室	0.75m 水平面	300
计算机房	0.75m 水平面	300

7.3.11　档案馆建筑防雷设计应符合现行国家标准《建筑物防雷设计规范》（GB 50057）的规定，且特级、甲级档案馆应为第二类防雷建筑物，乙级档案馆应为第三类防雷建筑物。

7.3.12　档案馆应适应档案信息化建设的要求，并应根据办公自动化及安全、保密等要求进行综合布线、预留接口，通信与计算机网络设施应满足工作需要。

本规范用词说明

1 为便于在执行本规范条文时区别对待，对要求严格程度不同的用词说明如下：

1）表示很严格，非这样做不可的：

正面词采用“必须”，反面词采用“严禁”；

2）表示严格，在正常情况下均应这样做的：

正面词采用“应”，反面词采用“不应”或“不得”；

3）表示允许稍有选择，在条件许可时首先应这样做的：

正面词采用“宜”，反面词采用“不宜”；

4）表示有选择，在一定条件下可以这样做的，采用“可”。

2 条文中指明应按其他有关标准执行的写法为“应符合……的规定”或“应按……执行”。

引用标准名录

1《建筑设计防火规范》（GB 50016）

2《高层民用建筑设计防火规范》（GB 50045）

3《建筑物防雷设计规范》（GB 50057）

4《建筑灭火器配置设计规范》（GB 50140）

5《电子信息系统机房设计规范》（GB 50174）

6《公共建筑节能设计标准》（GB 50189）

7《建筑内部装修设计防火规范》（GB 50222）

8《建筑工程抗震设防分类标准》（GB 50223）

9《城市道路和建筑物无障碍设计规范》（JGJ 50）

10《办公建筑设计规范》（JGJ 67）

四、档案馆建设标准（建标 103-2008）

主编部门：中华人民共和国国家档案局
批准部门：中华人民共和国建设部
中华人民共和国发展和改革委员会
施行日期：2008 年 7 月 1 日

前　言

为了贯彻落实《中华人民共和国档案法》《中华人民共和国档案法实施办法》，促进国家档案馆建设，提高国家档案馆建设决策科学化与管理规范化水平，依据建设部《关于印发〈2004 年工程项目建设标准、投资估算指标、建设项目评价办法与参数编制项目计划〉的通知》（建标函〔2005〕19 号）要求，编制《档案馆建设标准》。

《档案馆建设标准》编制的指导思想是，严格遵循国家法律法规和相关方针政策，以坚持更好地为公众服务，充分发挥档案事业在建设和谐社会中的作用为宗旨，从我国国情出发，因地制宜，合理确定建设规模和水平，做到功能齐全，设施完善，经济实用，满足档案收集、整理、保管、利用等工作需要。

《档案馆建设标准》明确了国家档案馆建设规模和项目构成，确定了房屋建筑面积指标，提出了选址与规划布局、建筑设计的基本要求。

本建设标准对政府投资的档案馆建设必须严格执行，对企业投资的可参考适用。

本建设标准系初次编制，在施行过程中请各单位注意总结经验，积累资料。如发现需要修改和补充之处，请将需要修改和补充的意见及时反馈。有关意见及资料请寄中华人民共和国国家档案局，以便今后修改时考虑。

目 录

第一章　总　则

第一条　为加强和规范我国的档案馆建设，提高工程项目投资决策和建设管理水平，维护档案的完整与安全，便于社会各方面利用，制定本标准。

第二条　本标准是档案馆建设的全国统一标准，是编制、评估和审批档案馆建设项目建议书、可行性研究报告和初步设计的依据，也是有关部门对档案馆工程项目建设全过程监管检查的依据。

第三条　本标准适用于省（自治区、直辖市、计划单列市、副省级市）、市（地、州、盟）、县（市、区、旗）三级综合档案馆的新建、扩建、改建工程项目。

城市建设档案馆等专门档案馆的新建、扩建、改建工程项目，依照本标准执行。

第四条　档案馆建设必须遵守《中华人民共和国档案法》《中华人民共和国档案法实施办法》等有关法律法规，从我国国情出发，因地制宜，合理确定建设规模和水平，做到功能齐全，设施完善，经济实用，满足档案收集、整理、保管、利用等工作需要。

第五条　档案馆建设应满足档案馆作为安全保管党和国家重要档案的基地、爱国主义教育基地、档案信息服务中心、已公开现行文件利用中心和政府信息查阅的法定场所的设置要求，同时要满足社会公共文化服务的要求。

第六条　政府投资的档案馆建设应纳入当地的国民经济和社会发展规划，城市总体规划，和政府投资计划。

第七条　档案馆建设应统筹规划，立足长远。资金投入确有困难的，可一次规划，分期建设。

第八条　档案馆建设除遵守本标准外，还应符合国家现行的其他有关标准、规范和定额、指标的规定。

第二章　建设规模和项目构成

第九条　档案馆建设规模按行政区划分级，以应保存的馆藏档案数量为基本依据分类，参照辖区人口数量并综合辖区经济、地理等因素合理确定。

馆藏档案数量是指现存和今后30年应进馆档案、资料的数量之和。

第十条　档案馆建设按照省、市、县三级作如下分类：

级别	类次	馆藏档案数量
省级	一类	90万卷以上
	二类	70万~90万卷
	三类	70万卷以下
市级	一类	40万卷以上
	二类	30万~40万卷
	三类	30万卷以下
县级	一类	20万卷以上
	二类	10万~20万卷
	三类	10万卷以下

第十一条　档案馆建设项目由房屋建筑、场地和档案馆专用设施组成。

第十二条　档案馆房屋建筑由档案库房、对外服务用房、档案业务和技术用房、办公室用房等主要功能用房和附属用房及建筑设备组成。

第十三条　档案库房由纸质档案库、音像档案库、光盘库、缩微拷贝片库、母片库、珍藏库、实物档案库、图书资料库、其他特殊载体档案库和过渡间组成。

省级档案馆需设置异地备份库时，应根据备份档案数量参照本标准执行，其建筑面积不计入本标准。

第十四条　对外服务用房由服务大厅（含门厅、寄存处、饮水处等）、接待室、查阅登记室、目录室、开放档案阅览室、未开放档案阅览室、缩微档案阅览室、音像档案阅览室、现行文件阅览室、现行文件保管室、展览厅、报告厅、对外利用复印室和利用者休息室、餐厅、公共卫生间组成。

第十五条　档案业务和技术用房由中心控制室、接收档案用房、整理编目用房、保护技术用房、翻拍洗印用房、缩微技术用房、信息化技术用房组成。

接收档案用房由接收室、除尘室、消毒室组成。

整理编目用房由整理室、编目室、修史编志室、展览加工制作室、出版发行室组成。

保护技术用房由去酸室、理化试验室、档案有害生物防治室、档案保护静电复印室、裱糊修复室、装订室、仿真复制室、音像档案处理室组成。

翻拍洗印用房由翻拍室、冲洗室、影像放大室、水洗烘干室、翻版胶印室组成。

缩微技术用房由资料编排室、缩微摄影室（分大型机室和小型机室）、冲洗处理室、配药和化验室、质量检测室、校对编目室、拷贝复印室、放大还原室和备品库组成。

信息化技术用房由服务器机房、计算机房、电子档案接收室、电子文件采集室、数字化用房组成。数字化用房由档案前期处理室、纸质档案扫描室、其他载体档案数字化室、数字化质量检测室、档案中转室组成。

第十六条　档案馆办公室用房和与档案馆并建的档案行政管理部门办公室用房的组成参照《党政机关办公用房建设标准》。

第十七条　附属用房及建筑设备包括警卫室、车库、卫生间、浴室、医务室和变配电室、水泵房、水箱间、锅炉房、电梯机房、制冷机房、通信机房、消防用房、安防用房等各类设备用房及相应的建筑设备。

第十八条　档案馆场地主要由人员集散场地、道路、停车场和绿化用地等组成。

第十九条　档案馆专用设施主要包括档案专用运输设备、档案装具、档案保护技术设备、缩微设备、专用信息化设备。

第三章　房屋建筑面积指标

第二十条　档案馆房屋建筑面积指标按照不同级别和类型予以确定。

第二十一条　省级档案馆建筑面积指标应符合表一的规定。

表一　省级档案馆建筑面积指标

单位：m^2

面积指标 / 项目	一类	二类	三类
档案库房	5500～6800	4300～5500	3000～4300
对外服务用房	5500～6500	4600～5500	3700～4600
档案业务和技术用房	6500～7400	5500～6500	4600～5500
办公室用房	1500～1700	1200～1500	900～1200
附属用房	1900～2200	1600～1900	1200～1600
总　计	20900～24600	17200～20900	13400～17200

注：表列各类用房指标分配见附录一，使用系数为 0.7。

馆藏档案数量超过 110 万卷的省级档案馆，档案库房面积指标可在省级一类的基础上，按照本标准的计算方法等比增加。寒冷和严寒地区的总面积指标可以在原来基础上增加 4%～6%。

第二十二条　市级档案馆建筑面积指标应符合表二的规定。

表二　市级档案馆建筑面积指标

单位：m^2

面积指标 / 项目	一类	二类	三类
档案库房	3100～3800	2300～3100	1500～2300
对外服务用房	2800～3200	2300～2800	1800～2300
档案业务和技术用房	3200～3700	2800～3200	2300～2800
办公室用房	700～900	600～700	400～600
附属用房	1000～1200	800～1000	600～800
总　计	10800～12800	8800～10800	6600～8800

注：表列各类用房指标分配见附录二，使用系数为 0.7。

馆藏档案数量超过 50 万卷的市级档案馆，档案库房面积指标可在市级一类的基础上，按照本标准的计算方法等比增加。寒冷和严寒地区的总面积指标可以在原来基础上增加 4%～6%。

第二十三条　县级档案馆建筑面积指标应符合表三的规定。

表三　县级档案馆建筑面积指标

单位：m^2

面积指标 / 项目	一类	二类	三类
档案库房	1800~2800	900~1800	500~900
对外服务用房	1100~1400	800~1100	300~800
档案业务和技术用房	900~1400	500~900	200~500
办公室用房	400~600	200~400	100~200
附属用房	400~600	200~400	100~200
总计	4600~6800	2600~4600	1200~2600

注：表列各类用房指标分配见附录三，使用系数为 0.7。

馆藏档案数量超过 25 万卷的县级档案馆，档案库房面积指标可在县级一类的基础上，按照本标准的计算方法等比增加。寒冷和严寒地区的总面积指标可以在原来基础上增加 4%~6%。

第二十四条　档案馆办公室用房面积应按照《党政机关办公用房建设标准》执行。

第二十五条　附属用房按档案库房、对外服务用房、档案业务和技术用房、办公室用房总面积的 10%计算。

第四章　选址与规划布局

第二十六条　档案馆的选址应符合下列要求：

1. 应选择工程地质条件和水文地质条件较好地区；
2. 应远离易燃、易爆场所，不应设在有污染腐蚀性气体源的下风向；
3. 应选择交通便利，城市公用设施比较完备的地区；
4. 应选择地势较高、排水通畅、空气流通和环境安静的地段。

第二十七条　档案馆建设用地应根据建筑要求因地制宜，科学合理确定用地面积及技术指标。

档案馆建筑用地覆盖率宜为 30%~40%，绿地率宜为 30%，或遵照当地规划部门的规定执行。

停车场用地面积根据工作人员和外来利用档案人员数量合理确定并符合当

地规划部门的规定。

第二十八条　档案馆总平面应满足以下规划要点：

1. 档案馆宜独立建设。县级档案馆可与其他功能相近的文化项目联合建设，但应有独立的管理区域；

2. 档案馆建筑应根据功能要求和工作流程合理布局，做到基本功能完备、流程便捷；

3. 档案馆建筑用地应根据建筑要求，合理确定总平面规划的各项经济技术指标，应节约使用土地，并优先利用社会公共资源；

4. 档案馆建筑按照功能分为库房区、对外服务区、业务技术区、办公区和附属用房区，库房区应相对独立，对外服务区宜设置专用出入口；

5. 档案馆对外服务区、业务技术区、办公区应具有良好的自然采光和通风条件；

6. 锅炉房、变配电室等可能危及档案安全的用房，在布局中应与库房区保持安全距离；

7. 人员集散场地、道路、停车场和绿化用地等室外用地应统筹安排；

8. 馆区内的道路应与城市道路或公路连接，符合消防和疏散要求并便于档案的运送、装卸；

9. 档案馆室内外均应按《城市道路和建筑物无障碍设计规范》（JGJ 50—2001）要求进行无障碍设计，标识指示系统清晰明确；

10. 档案馆对外服务的车库（场）建设应符合当地规划条件的要求，宜将车库（场）设置于地下，本标准未包括这部分用房的构成、建筑面积指标；

11. 本标准未包括人防设施的项目构成、建筑面积，其标准和等级应符合当地人防部门的要求。

第五章　建筑设计

第二十九条　档案库房与其他各类用房之间应有分隔，各部门间的档案传送线路应安全顺畅，内外联系应避免交叉。

第三十条　四层及四层以上的对外服务用房、档案业务和技术用房应设电梯，二层及二层以上的档案库房应单独设置垂直运输设备。

第三十一条　档案馆围护结构应满足保温、隔热、温湿度控制、防潮、防水、防日光、防紫外线照射、防尘、防污染、防有害生物和防盗等防护要求。

第三十二条　档案库房设计应符合以下原则：

1. 库区应根据档案类别、保管要求和经济性，设置不同类型的库房和确定柱网、层高与载荷，珍贵档案存储应设珍藏库。档案库房层高应满足排架高度、管道安装维修的要求；

2. 库区内应设工作人员更衣室，其余附属用房不应设在库区内；

3. 库区或库房入口处应设过渡间；

4. 档案库设于地下时，必须采取防潮、防水措施。

第三十三条　档案馆重要电子档案保管和利用场所应满足安全屏蔽要求。

第三十四条　档案馆建筑应严格执行现行防火规范，档案库等重要用房应设置火灾自动报警设施，并采用相应的灭火系统。

第三十五条　各级档案馆要适应档案信息化建设的要求，根据办公自动化及安全、保密等要求综合布线、预留接口，通讯与计算机网络设施应满足工作需要。

第三十六条　档案馆建筑应符合国家公共建筑节能设计标准，并采用节能设备。

第三十七条　档案馆建筑应设置门禁、报警、监视监控等安防系统。

第三十八条　档案馆供电应满足设备和照明的需要，省级和市级档案馆应实行双路供电，如不能双路供电，可自备发电机组。

第三十九条　档案馆建筑外观设计应符合城市规划要求，与周围环境协调，做到实用、经济、美观。室内装修设计首先应满足各类用房使用功能的要求。

附录一　省级档案馆各类用房指标分类表

附表 1-1　省级档案馆档案库房使用面积指标分类表

单位：万卷（档案数量）　m^2（面积）

面积指标 / 用房名称	一类		二类		三类		备注
	档案数量	使用面积	档案数量	使用面积	档案数量	使用面积	
档案库房	90~110	3600~4400	70~90	2800~3600	50~70	2000~2800	按 $40m^2$/万卷计算
使用面积小计		3600~4400		2800~3600		2000 2800	

注：根据实际需要在表中所列用房总面积范围内按照标准正文分类要求合理确定各类用房面积。

附表 1-2　省级档案馆对外服务用房使用面积指标分类表

单位：m^2（面积）

用房名称＼面积指标	一类		二类		三类		备注
	个数	使用面积	个数	使用面积	个数	使用面积	
服务大厅	1	300~350	1	250~300	1	200~250	
接待室	1	150~180	1	120~150	1	90~120	
查阅登记室	1	150~180	1	120~150	1	90~120	
目录室	1	150~180	1	120~150	1	90~120	
开放档案阅览室	1	350~400	1	300~350	1	250~300	按 3.5m^2/人计算
未开放档案阅览室	1	150~180	1	120~150	1	90~120	按 4m^2/人计算
缩微档案阅览室	1	100~120	1	80~100	1	60~80	
音像档案阅览室	1	150~180	1	120~150	1	90~120	
现行文件阅览室	1	150~180	1	120~150	1	90~120	按 4m^2/人计算
现行文件保管室	1	150~180	1	120~150	1	90~120	
展览厅	2	1200~1400	2	1000~1200	2	800~1000	
报告厅	1	280~300	1	250~280	1	220~250	
对外利用复印室	1	80~90	1	70~80	1	60~70	复印档案、装订档案复印件
利用者休息室	1	80~100	1	70~80	1	60~70	利用者休息场所
餐厅	1	80~90	1	70~80	1	60~70	利用者就餐场所
公共卫生间	1	80~90	1	70~80	1	60~70	
使用面积小计		3600~4200		3000~3600		2400~3000	

注：表中所列各项功能用房的个数、面积指标，可根据实际需要在总面积指标范围内作适当调整。

附表 1-3　省级档案馆档案业务和技术用房使用面积指标分类表

单位：m^2（面积）

面积指标 用房名称	一类		二类		三类		备注
	个数	使用面积	个数	使用面积	个数	使用面积	
中心控制室	1	150~160	1	120~150	1	90~120	
接收室	1	150~160	1	120~150	1	90~120	
除尘室	1	100~120	1	90~100	1	80~90	
消毒室	1	100~120	1	80~100	1	60~80	
整理室	1	100~120	1	80~100	1	60~80	
编目室	1	300~320	1	280~300	1	250~280	
修史编志室	1	140~160	1	120~140	1	100~120	
展览加工制作室	1	100~120	1	90~100	1	80~90	
出版发行室	1	200~220	1	180~200	1	160~180	
去酸室	1	100~120	1	90~100	1	80~90	
理化试验室	1	140~160	1	120~140	1	100~120	
档案有害生物防治室	1	100~120	1	90~100	1	80~90	
档案保护静电复印室	1	100~120	1	80~100	1	60~80	
裱糊修复室	1	200~220	1	180~200	1	160~180	
装订室	1	100~120	1	90~100	1	80~90	
仿真复制室	1	100~120	1	90~100	1	80~90	
音像档案处理室	1	140~160	1	120~140	1	100~120	
影像放大室	1	100~120	1	80~100	1	60~80	
水洗烘干室	1	100~120	1	80~100	1	60~80	
翻版胶印室	1	100~120	1	80~100	1	60~80	
资料编排室	1	100~120	1	80~100	1	60~80	
缩微摄影室（大型机）	1	180~200	1	140~180	1	120~140	
缩微摄影室（小型机）/翻拍室	1	100~120	1	80~100	1	60~80	
冲洗处理室/冲洗室	1	60~70	1	50~60	1	40~50	

续表

用房名称 \ 面积指标	一类		二类		三类		备注
	个数	使用面积	个数	使用面积	个数	使用面积	
配药和化验室	1	60~70	1	50~60	1	40~50	
质量检测室	1	60~70	1	50~60	1	40~50	
校对编目室	1	60~70	1	50~60	1	40~50	
拷贝复印室	1	60~70	1	50~60	1	40~50	
放大还原室	1	60~70	1	50~60	1	40~50	
备品库	1	50~60	1	40~50	1	30~40	
服务器机房	1	140~160	1	120~140	1	100~120	
计算机房	1	150~160	1	120~150	1	90~120	
电子档案接收室	1	100~120	1	90~100	1	80~90	
电子文件采集室	1	100~120	1	90~100	1	80~90	
数字化用房	1	300~320	1	280~300	1	250~280	
使用面积小计		4200~4800		3600~4200		3000~3600	

注：(1) 表中所列各项功能用房的个数、面积指标，可根据实际需要在总面积指标范围内作适当调整。

(2) 数字化用房按照正文第十五条合理划分房屋类型。

附表 1-4 省级档案馆办公室用房使用面积指标分类表

单位：人（人数） m^2（面积）

用房名称 \ 面积指标	一类		二类		三类		备注
	个数	使用面积	个数	使用面积	个数	使用面积	
办公室用房	158~188	948~1128	128~158	768~948	98~128	588~768	按 $6m^2$/人计算
使用面积小计		950~1130		770~950		590~770	取整数

注：根据实际需要在表中所列用房总面积范围内按照标准正文分类要求合理确定各类用房面积。

附表 1-5　省级档案馆附属用房使用面积指标分类表

单位：m^2（面积）

用房名称＼面积指标	一类	二类	三类	备注
	使用面积	使用面积	使用面积	
附属用房	1240～1450	1020～1240	800～1020	按照档案库房、对外服务用房、档案业务和技术用房、办公室用房四类用房总面积 10%计算
使用面积小计	1240～1450	1020～1240	800～1020	

注：根据实际需要在表中所列用房总面积范围内按照标准正文分类要求合理确定各类用房面积。

附录二　市级档案馆各类用房指标分类表

附表 2-1　市级档案馆档案库房使用面积指标分类表

单位：万卷（档案数量）　m^2（面积）

用房名称＼面积指标	一类		二类		三类		备注
	档案数量	使用面积	档案数量	使用面积	档案数量	使用面积	
档案库房	40～50	2000～2500	30～40	1500～2000	20～30	1000～1500	按 50m^2/万卷计算
使用面积小计		2000～2500		1500～2000		1000～1500	

注：根据实际需要在表中所列用房总面积范围内按照标准正文分类要求合理确定各类用房面积。

附表2-2　市级档案馆对外服务用房使用面积指标分类表

单位：m^2（面积）

面积指标 用房名称	一类		二类		三类		备注
	个数	使用面积	个数	使用面积	个数	使用面积	
服务大厅	1	120~140	1	100~120	1	80~100	
接待室	1	70~80	1	60~70	1	50~60	
查阅登记室	1	70~80	1	60~70	1	50~60	
目录室	1	70~80	1	60~70	1	50~60	
开放档案阅览室	1	200~250	1	150~200	1	100~150	按3.5m^2/人计算
未开放档案阅览室	1	70~80	1	60~70	1	50~60	按4m^2/人计算
缩微档案阅览室	1	30~40	1	20~30	1	10~20	
音像档案阅览室	1	70~80	1	60~70	1	50~60	
现行文件阅览室	1	70~80	1	60~70	1	50~60	按4m^2/人计算
现行文件保管室	1	70~80	1	60~70	1	50~60	
展览厅	2	600~700	2	500~600	2	400~500	
报告厅	1	180~210	1	160~180	1	120~160	
对外利用复印室	1	45~50	1	40~45	1	35~40	复印档案、装订档案复印件
利用者休息室	1	45~50	1	40~45	1	35~40	利用者休息场所
餐厅	1	45~50	1	40~45	1	35~40	利用者就餐场所
公共卫生间	1	45~50	1	40~45	1	35~40	
使用面积小计		1800~2100		1500~1800		1200~1500	

注：表中所列各项功能用房的个数、面积指标，可以根据实际需要在总面积指标范围内作适当调整。

附表 2-3　市级档案馆档案业务和技术用房使用面积指标分类表

单位：m^2（面积）

面积指标 / 用房名称	一类		二类		三类		备注
	个数	使用面积	个数	使用面积	个数	使用面积	
中心控制室	1	75~80	1	70~75	1	65~70	
接收室	1	75~80	1	70~75	1	65~70	
除尘室	1	55~60	1	50~55	1	45~50	
消毒室	1	45~50	1	40~45	1	35~40	
整理室	1	45~50	1	40~45	1	30~40	
编目室	1	230~240	1	220~230	1	200~220	
修史编志室	1	75~80	1	70~75	1	65~70	
展览加工制作室	1	55~60	1	50~55	1	45~50	
出版发行室	1	90~120	1	80~90	1	60~80	
去酸室	1	55~60	1	50~55	1	45~50	
理化试验室	1	75~80	1	70~75	1	65~70	
档案有害生物防治室	1	55~60	1	50~55	1	45~50	
档案保护静电复印室	1	40~50	1	30~40	1	20~30	
裱糊修复室	1	100~120	1	90~100	1	80~90	
装订室	1	55~60	1	50~55	1	45~50	
仿真复制室	1	55~60	1	50~55	1	45~50	
音像档案处理室	1	75~80	1	70~75	1	65~70	
影像放大室	1	40~50	1	30~40	1	20~30	
水洗烘干室	1	40~50	1	30~40	1	20~30	
翻版胶印室	1	40~50	1	30~40	1	20~30	
资料编排室	1	40~50	1	30~40	1	20~30	
缩微摄影室（大型机）	1	90~100	1	80~90	1	20~80	
缩微摄影室（小型机）/翻拍室	1	40~50	1	30~40	1	20~30	
冲洗处理室/冲洗室	1	20~30	1	15~20	1	0~15	

续表

面积指标 / 用房名称	一类		二类		三类		备注
	个数	使用面积	个数	使用面积	个数	使用面积	
配药和化验室	1	20~30	1	15~20	1	0~15	
质量检测室	1	20~30	1	0~20			
校对编目室	1	20~30	1	0~20			
拷贝复印室	1	20~30	1	0~20			
放大还原室	1	20~30	1	0~20			
备品库	1	15~20	1	0~15			
服务器机房	1	75~80	1	70~75	1	65~70	
计算机房	1	75~80	1	70~75	1	65~70	
电子档案接收室	1	55~60	1	50~55	1	45~50	
电子文件采集室	1	55~60	1	50~55	1	45~50	
数字化用房	1	160~180	1	150~160	1	140~150	
使用面积小计		2100~2400		1800~2100		1500~1800	

注：(1) 表中所列各项功能用房的个数、面积指标，可以根据实际需要在总面积指标范围内作适当调整。

(2) 数字化用房按照正文第十五条合理划分房屋类型。

附表 2-4　市级档案馆办公室用房使用面积指标分类表

单位：人（人数）　m^2（面积）

面积指标 / 用房名称	一类		二类		三类		备注
	个数	使用面积	个数	使用面积	个数	使用面积	
办公室用房	80~95	480~570	65~80	390~480	45~65	270~390	按 $6m^2$/人计算
使用面积小计		480~570		390~480		270~390	

注：各地可以根据实际需要在表中所列用房总面积范围内按照标准正文分类要求合理确定各类用房面积。

附表 2-5　市级档案馆附属用房使用面积指标分类表

单位：m^2（面积）

面积指标 / 用房名称	一类	二类	三类	备注
	使用面积	使用面积	使用面积	
附属用房	640~760	520~640	400~520	按照档案库房、对外服务用房、档案业务和技术用房、办公室用房四类用房总面积10%计算（取整数）
使用面积小计	640~760	520~640	400~520	

注：根据实际需要在表中所列用房总面积范围内按照标准正文分类要求合理确定各类用房面积。

附录三　县级档案馆各类用房指标分类表

附表 3-1　县级档案馆档案库房使用面积指标分类表

单位：万卷（档案数量）　m^2（面积）

面积指标 / 用房名称	一类		二类		三类		备注
	档案数量	使用面积	档案数量	使用面积	档案数量	使用面积	
档案库房	20~30	1200~1800	10~20	600~1200	5~10	300~600	按 $60m^2$/万卷计算
使用面积小计		1200~1800		600~1200		300~600	

注：根据实际需要在表中所列用房总面积范围内按照标准正文分类要求合理确定各类用房面积。

附表3-2 县级档案馆对外服务用房使用面积指标分类表

单位：m^2（面积）

面积指标 / 用房名称	一类		二类		三类		备注
	个数	使用面积	个数	使用面积	个数	使用面积	
服务大厅	1	60~80	1	40~60	1	0~40	
接待室	1	30~40	1	20~30	1	0~20	
查阅登记室	1	30~40	1	20~30	1	10~20	
目录室	1	30~40	1	20~30	1	10~20	
开放档案阅览室	1	80~90	1	70~80	1	60~70	按3.5m^2/人计算
未开放档案阅览室	1	30~40	1	20~30	1	10~20	按4m^2/人计算
缩微档案阅览室							
音像档案阅览室	1	30~40	1	20~30	1	0~20	
现行文件阅览室	1	30~40	1	20~30	1	0~20	按4m^2/人计算
现行文件保管室	1	40~50	1	30~40	1	20~30	
展览厅	2	160~200	2	120~160	1	80~120	
报告厅	1	60~80	1	40~60	1	0~40	
对外利用复印室	1	30~40	1	20~30	1	0~20	复印档案、装订档案复印件
利用者休息室	1	30~40	1	20~30	1	10~20	利用者休息场所
餐厅	1	30~40	1	20~30	1	0~20	利用者就餐场所
公共卫生间	1	30~40	1	20~30	1	0~20	
使用面积小计		700~900		500~700		200~500	

注：表中所列各项功能用房的个数、面积指标，可根据实际需要在总面积指标范围内作适当调整。

附表 3-3 县级档案馆档案业务和技术用房使用面积指标分类表

单位：m^2（面积）

面积指标 用房名称	一类		二类		三类		备注
	个数	使用面积	个数	使用面积	个数	使用面积	
中心控制室	1	30~50	1	0~30			
接收室	1	30~50	1	20~30	1	10~20	
除尘室	1	25~35	1	20~25	1	0~20	
消毒室	1	15~25	1	0~15			
整理室	1	0~20					
编目室	1	90~120	1	60~90	1	40~60	
修史编志室	1	30~50	1	20~30	1	10~20	
展览加工制作室	1	25~35	1	0~25			
出版发行室	1	20~40	1	0~20			
去酸室	1	25~35	1	0~25			
理化试验室							
档案有害生物防治室	1	25~35	1	20~25	1	10~20	
档案保护静电复印室	1	0~10					
裱糊修复室	1	45~55	1	40~45	1	30~40	
装订室	1	25~35	1	0~25			
仿真复制室	1	25~35	1	0~25			
音像档案处理室							
影像放大室							
水洗烘干室							
翻版胶印室							
资料编排室							
缩微摄影室（大型机）							
缩微摄影室（小型机）/翻拍室							
冲洗处理室/冲洗室							

续表

用房名称＼面积指标	一类		二类		三类		备注
	个数	使用面积	个数	使用面积	个数	使用面积	
配药和化验室							
质量检测室							
校对编目室							
拷贝复印室							
放大还原室							
备品库							
服务器机房	1	30~50	1	20~30	1	10~20	
计算机房	1	30~50	1	20~30	1	10~20	
电子档案接收室	1	25~35	1	20~25	1	0~20	
电子文件采集室	1	25~35	1	20~25	1	0~20	
数字化用房	1	80~100	1	40~80	1	30~40	
使用面积小计		600~900		300~600		150~300	

注：(1) 表中所列各项功能用房的个数、面积指标，可以根据实际需要在总面积指标范围内作适当调整。

(2) 数字化用房按照正文第十五条合理划分房屋类型。

附表 3-4 县级档案馆办公室用房使用面积指标分类表

单位：人（人数） m^2（面积）

用房名称＼面积指标	一类		二类		三类		备注
	个数	使用面积	个数	使用面积	个数	使用面积	
办公室用房	43~63	258~378	23~43	138~258	13~23	78~138	按 $6m^2$/人计算
使用面积小计		260~380		140~260		80~140	取整数

注：各地可以根据实际需要在表中所列用房总面积范围内按照标准正文分类要求合理确定各类用房面积。

附表 3-5　县级档案馆附属用房使用面积指标分类表

单位：m^2（面积）

面积指标 / 用房名称	一类	二类	三类	备注
	使用面积	使用面积	使用面积	
附属用房	280~400	150~280	70~150	按照档案库房、对外服务用房、档案业务和技术用房、办公室用房四类用房总面积 10% 计算（取整数）
使用面积小计	280~400	150~280	70~150	

注：根据实际需要在表中所列用房总面积范围内按照标准正文分类要求合理确定各类用房面积。

五、档案虫霉防治一般规则（DA/T 35—2007）

前　言

本标准是根据我国档案技术保护工作的需要而制定的。

本标准中数据的提出主要是参照《档案馆建筑设计规范》（JGJ 25—2000）。

本标准由全国档案工作标准化技术委员会提出。

本标准由国家档案局归口。

本标准起草单位：湖北省档案局（馆）。

本标准主要起草人：鲁中才、陈文樵、章笑梅、方开玉、葛成芬、张列、唐文进。

1. 范围

本标准按照“以防为主，防治结合，综合治理”的原则，就档案工作全过程中的虫霉预防和除治工作提出规范和技术指标。

本标准适用于我国各级各类档案馆（室）纸质档案的虫霉防治。

2. 规范性引用文件

下列文件中的条款通过本标准的引用而成为本标准的条款。凡是注日期的引用文件，其随后所有的修改单（不包括勘误的内容）或修订版均不适用于本标准，然而，鼓励根据本标准达成协议的各方研究是否可使用这些文件的最新版本。凡是不注日期的引用文件，其最新版本适用于本标准。

JGJ 25—2000 档案馆建筑设计规范

DA/T 1—2000 档案工作基本术语

DA/T 25—2000 档案修裱技术规范

3. 术语和定义

下列术语和定义适用于本标准。

3.1 档案害虫 pest in archives

直接或间接危害档案的昆虫。

3.2 档案霉菌 mould in archives

在档案库内及档案制成材料中滋生并对档案及有关设施设备造成危害的霉菌。

3.3 档案虫霉预防 pest and mould prevention in archives

根据档案害虫、霉菌的生活习性和传播途径所采取的防止虫霉接触或感染档案并创造一个不适宜档案害虫、霉菌生存环境的措施。

3.4 档案虫霉除治 pest and mould control in archives

利用物理或化学方法杀灭档案害虫或霉菌的方法、措施。

3.5 物理杀虫 pest control with mechanical methods

利用高温、低温、辐射、低氧等物理方法杀灭档案害虫的方法。

3.6 化学杀虫 pest control with insecticide

利用投放化学药品杀灭档案害虫的方法。

3.7 物理方法除霉 mould control with mechanical methods

通过温度、辐射、声波、渗透压等物理措施除霉的方法。

3.8 化学方法除霉 mould control with fungicide

使用化学药剂对档案霉菌进行熏蒸或擦拭以杀灭档案霉菌的方法。

4. 档案虫霉预防

4.1 档案形成过程中的虫霉预防。

4.1.1 对档案制成材料和保管材料的要求。

4.1.1.1 档案纸张材料应采用无酸纸（中性或弱碱性纸）。

4.1.1.2 馆藏档案在缩微、数字化过程中的虫霉预防。

4.1.2 对虫霉传染源控制的要求。

4.1.2.1 创造并维持一个洁净的环境，维持档案适宜的温湿度。

4.1.2.2 加强对档案的虫霉检查。

4.1.2.3 档案在包装、存放、运输过程中要严格控制害虫、霉菌对档案的感染侵蚀。

4.1.2.4 档案空库在档案入库前应进行杀虫灭菌处理。

4.2 档案接收过程中的虫霉预防。

4.2.1 虫霉检查。

4.2.1.1 在接收档案时，逐卷检查档案虫霉状况。

4.2.1.2 虫害检查的方法有：观察搜索法、震落法、胶粘法、仪器探测法、性信息素法和放射性同位素标记示踪法等。

4.2.1.3 霉菌检查的方法：逐卷逐页查找纸张上的霉斑、菌落、菌丝等，尤其是要注意检查易生霉部位，如装订处、装裱粘贴处等。

4.2.2 档案入库前的杀虫、灭菌处理。

4.2.2.1 档案接收以后，必须进行严格杀虫灭菌处理（方法见 5 和 6）。

4.2.2.2 档案杀虫灭菌后在过渡间阶段的观察、检查和处理。

档案经过杀虫灭菌处理后，应在过渡间单独存放一段时间，并检查杀虫灭菌的效果。经检查确认档案害虫、霉菌全部死亡，档案方能入库；如果经过检查，仍发现有活虫或霉菌，还必须再次进行杀虫灭菌处理，直至活虫、霉菌全部灭净后档案方能入库。

4.3 档案整理过程中的虫霉预防。

4.3.1 环境要求。

4.3.1.1 档案整理环境温湿度遵照 JGJ 25—2000 的规定。

4.3.1.2 档案整理工作区及工作间应保持清洁，使用空气净化过滤器，净化空气。

4.3.2 对档案整理工作间每年应作 1~2 次防虫灭菌处理（方法见 5.2.2）。

4.4 档案保管过程中的虫霉预防。

4.4.1 环境要求。

4.4.1.1 档案库房周围环境须符合 JGJ 25—2000 中第 3 章的要求。

4.4.1.2 保持库房良好的密封性能。库房门窗要少且无缝隙、无破损，所有门窗要安装纱门、纱窗。

4.4.1.3 库房采用钢筋水泥或石质地基，进行防潮隔热处理。有白蚁的地区地基要用毒土处理。

4.4.1.4 选用对档案制成材料无不良影响的档案装具保存档案。

4.4.1.5 入库门要安装风幕机。空调和其他机械通风口要安装空气过滤器，以保持库内空气洁净。

4.4.1.6 档案库内温度一般控制在 14℃~24℃，每昼夜允许波动幅度为±2℃，相对湿度控制在 45%~60%，每昼夜允许波动幅度为±5%。

4.4.2 药物预防。

应选用国家有关部门认定和推荐使用的安全、高效、广谱、低毒、残效期长、无腐蚀、不损害人体健康和对档案制成材料无不良影响的驱虫、防霉药剂，放置在档案库房及柜架内。

4.5 档案利用过程中的虫霉预防。

4.5.1 保持阅档室洁净卫生。

4.5.1.1 翻阅珍贵档案原件时，应配戴洁净手套。

4.5.1.2 利用后的档案经过消毒处理后，方可入库。

4.6 档案修裱过程中的虫霉预防。

4.6.1 所有修裱用具和材料应清洁，无虫菌源污染。

4.6.2 待修裱的档案已被虫菌感染的，应先进行灭菌杀虫处理。局部、轻度的霉菌污染可在通风橱中用脱脂棉球蘸取 10%以上的甲醛（或 75%的酒精）溶液擦除；危害较重的应进行严格处理（方法见 5 和 6）。

4.6.3 修裱用淀粉浆糊应加入适量浓度为 10%乙萘酚酒精溶液或苯酚等驱虫防霉剂。

4.6.4 修裱所用的绷子及工具、通风橱等装具应定期进行除尘去污、杀虫灭菌处理。

5. 档案害虫的除治

5.1 物理杀虫方法

主要有：低温冷冻杀虫、微波杀虫、远红外线辐照杀虫、钴-60γ 射线辐照杀虫、气调杀虫等。

5.1.1 低温冷冻杀虫

5.1.1.1 杀虫方法与要求

少量档案的低温冷冻杀虫可采用冰箱、冷柜，大规模杀虫处理需使用大型冷库。

a）需低温冷冻杀虫处理的档案应作防潮包装处理。

b）低温冷冻杀虫的温度和时间的参考数据：

-15℃冷冻5~7天；-20℃冷冻3~4天；-25℃冷冻2~3天；-32℃冷冻1~2天；

c）经冷冻处理的档案取出冷冻箱后，应在常温下缓冲2~4h，除去包装后入库。

5.2 化学杀虫

根据药剂侵入虫体方式的不同，化学杀虫药剂分为熏蒸剂、触杀剂、胃毒剂等。用于档案害虫防治的化学杀虫剂要求高效、广谱、低毒、低残留、残效期长且对档案制成材料无明显不良影响。

可用于档案害虫防治的化学杀虫剂主要有磷化铝、溴甲烷、环氧乙烷、硫酰氟等。

5.2.1 磷化铝熏蒸杀虫

5.2.1.1 杀虫方法与注意事项

a）磷化铝对人有剧毒，操作时必须由专门技术人员严格按照《剧毒药品操作规程》进行；

b）消毒间密闭性能要好，消毒期间周围30~50m范围内禁止非消毒人员活动；

c）施药人员穿戴好防毒面具、工作服、橡皮手套、胶鞋等；

d）药品剂量应严格控制，不同虫期，剂量不同。一般幼虫期限剂量低于成虫期；

e）施药完毕后，施药人员须迅速退出，密封好门窗及所有缝隙。气温在12℃~15℃时密闭5天；16℃~20℃时密闭4天；20℃以上时密闭3天；

f）密闭期间定时用硝酸银试纸测毒，如有泄漏要及时密封。消毒期满戴上防毒面具开启门窗和机械通风设施进行排毒；

g）磷化铝对铜有极强的腐蚀作用，消毒前应将铜质设备和用品转移或涂上保护层；

h）消毒间要留一玻璃观察孔以便监视消毒间内情况；

i）消、排毒后要进行认真清洗，排毒后药物残渣要深埋。

5.2.2 溴氰菊酯喷雾杀虫

5.2.2.1 杀虫方法与注意事项

a）溴氰菊酯杀虫主要适用于空库、档案装具及库内外定期防护性消毒杀虫；

b）使用2.5%溴氰菊酯乳油或可湿性粉剂杀虫，需用清水稀释成0.1%的药液，按每平方米12.5mg有效成分的剂量均匀喷布于库房的地面、墙壁及档案装具表面；

c）施药时机上最好选择在气温较低、档案受害虫侵染之前对库房及其周围过道等进行全面喷布消毒；

d）切忌将溴氰菊酯药剂与强碱性物质或与有机磷杀虫剂相混；

e）喷药时应穿工作服和戴防护眼镜，以确保施药人员安全。

6. 档案霉菌的除治

6.1 物理方法灭菌

6.1.1 灭菌

6.1.1.1 微波灭菌方法与注意事项

a）档案放入专用微波炉内，设定运转时间（一般为7~8min）；

b）选购设计合理、密闭而无微波泄漏的档案微波灭菌专用机，以有效地保护档案并防止微波泄漏造成人体伤害；

c）严格控制温度和运转时间；

d）档案中不能夹带金属物品，否则会发生纸张起火、碳化等事故；

e）正确使用微波设备，炉内必须装入足够分量的档案，严禁空转和欠量运转；

f）灭菌完成后，将档案移至洁净的过渡间缓冲以后入库。

6.1.2 钴-60射线灭菌

是一种利用放射性同位素钴-60发射出的高能量γ射线灭菌的物理方法。

6.1.2.1 方法及注意事项

采用钴-60射线灭菌时，应严格注意人员防护，必须严格控制辐照剂量，否则会影响档案纸张、装订材料的理化性能和字迹颜色。

6.2 化学方法灭菌

6.2.1 环氧乙烷灭菌

6.2.1.1 使用方法与注意事项

a）熏蒸室温度维持在29℃以上，相对湿度维持在30%~50%的范围内；

b）因环氧乙烷极易燃烧，一般以1∶9（重量比）的比例与二氧化碳或氮气混合，装入钢瓶使用；

c）用药量一般为 $400g/m^3$，熏蒸时间依浓度、温度确定，一般要求密闭 24~48h；

d）环氧乙烷对人每日连续接触的极限是 50ppm。

六、磁性载体档案管理与保护规范（DA/T 15—1995）

中华人民共和国国家档案局 1996-02-26 发布，1996-10-01 实施

1. 标准

本标准规定了对磁性载体文件的积累、归档要求和磁性载体档案的管理、贮存与保护等诸环节的要求。本标准适用于机关、团体、企事业单位的磁性载体文件和磁性载体档案的管理与保护。不适用于计算机光盘、激光视盘和激光唱盘。

2. 引用标准

下列标准所包含的条文，通过在本标准中的引用而构成为本标准的条文。在标准出版时，所示版本均为有效。所有标准都会被修订，使用本标准的各方应探讨、使用下列标准最新版本的可能性。

GB 1989-80 信息处理交换用七位编码字符集在 9 磁道 12.7mm 磁带上的表示方法

GB 7309-87 盒式录音磁带总技术条件

GB 7574-87 信息处理—信息交换用的磁带标号和文卷结构

GB 8566-88 计算机软件产品开发文件编制指南

GB 9385-88 计算机软件需求说明编制指南

GB 9386-88 计算机软件测试文件编制规范

GB 9416.1-88 信息处理数据交换用 130mm 改进调频制记录的位密度为 7958 磁道翻转/弧度、道密度为 1.9 道/毫米的双面软磁盘第一部分：尺寸、物理性能和磁性能

GB 11956-89 高速复制录音磁带

GB/T 14306-93 VHS 盒式录像磁带

GB 14307-93 录像磁带性能测量方法

3. 定义

本标准采用下列定义：

3.1 磁性载体文件系指以磁性材料（如计算机磁带、软磁盘、录像带、录音带）为信息载体的文件。

3.2 磁性载体档案

磁性载体档案系指国家机构、社会组织和个人在社会活动及科学实践中直接形成的有保存价值的磁性载体文件。

3.3 软件

软件系指计算机程序和相应的数据及其他文件，包括固件中的程序和数据。

3.4 软件文件

软件文件指软件的书面描述和说明。它规定了软件的功能、性能、组成及软件设计、测试、维护和使用方法。

3.5 保管单位

保管单位系指一组具有有机联系的、价值和密级相同或相近的文件材料的集合体。本标准规定的保管单位形式为盒、盘等。

4. 积累

4.1 磁性载体文件的积累工作由文件形成部门负责，确保积累文件内容的完整性、准确性。档案部门负责监督、检查、指导。

4.2 磁性载体文件应一式两份，与相应的纸质文件同时积累并进行登记。

4.3 磁性载体文件形成部门对已形成的磁性载体文件应同纸质文件一样及时整理，同一盘（带）中存放多份文件的应建立磁性载体文件目录清单。

4.4 软件文件的积累范围是软件生存期各阶段形成的文件，各阶段形成的文件执行 GB 8566—88、GB 8567—88、GB 9385—88 和 GB 9386—88 的有关规定。

4.5 磁性载体文件的更改单、版本更新通知都应积累、登记。

5. 磁性载体文件的归档要求

5.1 磁性载体文件形成部门负责对需要归档的磁性载体文件进行整理、编辑，根据本单位情况，待项目结束后将磁性载体文件按照 GB 1989—80、GB 7574—87 和 GB 9416.1—88 转换成标准格式，一式两份（A、B 盘），及时向档案部门移交归档。

5.2 归档的磁性载体文件必须是可读文件。必须在有关的设备上演示或检测，运转正常，无病毒，清洁，无划伤，确保文件的完整性和内容的准确性。

5.3 归档使用的录音（像）带、软磁盘的性能质量，应分别符合 GB 7309-87、GB 9416.1-88、GB/T 14306-93 的规定。

5.4 同一项目同一类别的磁性载体文件应存储在同种磁性载体上。

5.5 应将 4.3 中建立的磁性载体文件目录清单与磁性载体档案一同归档。

5.6 归档的磁性载体文件应由文件形成部门编制归档说明。

5.6.1 磁带（软磁盘）需简要说明带（盘）中存储文件的内容、运行的软硬件环境、版本号、文件的完整性和准确性等。

5.6.2 录像片需简要说明该片的内容、制式、语别、密级、规格和放映时间。同时，还应归档一套可供借阅的备份录像片。

5.6.3 录音带需简要说明讲话内容、讲话人姓名、职务、录制日期、密级等。

6. 磁性载体档案的管理

6.1 磁性载体文件的归档工作应执行国家、单位的有关规定和本标准规定。

6.2 磁性载体文件的归档与管理工作应遵循集中统一、确保安全、便于利用的原则，由各单位的档案部门归口管理。

6.3 磁性载体文件管理应重视磁性载体的选择，禁止使用劣质磁盘、磁带、录像带、录音带做载体。

6.4 严格做好磁性载体档案的保密工作。

6.5 应将 5.1 中归档的一式二份磁性载体档案中的一份作为保存件，不得外借。

6.6 各级档案部门应建立磁性载体档案的借阅制度，严格执行借阅审批手续。

6.7 借阅和归还磁性载体档案时，按规定进行质量检查、验收。

6.8 归档的磁带（软磁盘）必须贴上标签。

6.8.1 磁带（软磁盘）套、盒上需标注带（盘）编号、档号、软件名称、版本号、文件数、密级、编制人、编制日期等标识。

6.8.2 录像带盒上需标注带编号、档号、片名、放映时间、摄制单位、摄制日期、规格、制式、语别、密级等标识。

6.8.3 录像带盒上需标注带编号、档号、讲话人姓名、职务、主要内容和录制日期、密级、讲话时间等。

6.9 在贮存磁性载体档案的同时，应保存有关磁性载体档案的文字资料，内容包括：写操作日期、系列号、文件号、记录密度模式、当前目录、状态、生产者鉴定、使用日期及其他一些需要著录的内容。不得用铅笔或水溶性墨水书写。

7. 磁性载体档案贮存与保护

7.1 贮存前的准备

7.1.1 长期贮存的磁带性能要求

应使用有背涂层的磁带；被存磁带不应损坏、污染；磁带上不允许有皱折；磁带应缠绕在钢性轮毂上，绝不能缠绕在有橡胶“轴”套的轮毂上，并且应卷绕平整、松紧适度。录像带、录音带各项指标应符合 GB/T 14306-93、GB 7309-87、GB 11956-89 的要求。

7.1.2 贮存前的物理准备

a. 长期贮存的磁性载体档案的信息要用经过调整、清洁的设备录制。

b. 贮存前，检查磁带缠绕是否规整、边缘有无损坏，并应将磁带在存储环境中平衡 1~3 天，然后在全长度上使用清洁机慢速、均匀、连续地重新缠绕，缠绕张力为 1.7~2.2N（牛顿）。

c. 应将磁带在干燥的环境中（相对湿度小于 40%）快封到塑料袋中和（或）密封容器中，以防粘和剂、润滑剂挥发。

7.2 贮存

7.2.1 库房温湿度要求

温湿度变化范围：应在温度 15℃~27℃、相对湿度 40%~60%范围内选定一组值，一旦选定，在 24 小时内温度变化不得超过±3℃、相对湿度变化不得超过±5%。最佳环境温度是 18℃、相对湿度是 40%。

7.2.2 清洁管理要求

a. 不要用手触摸磁带（软磁盘），应戴非棉制手套操作；

b. 不要使磁带（软磁盘）接触不清洁表面，如地面、桌面等；

c. 装磁带（软磁盘）的装具应洁净无尘；

d. 库房地面不应打蜡、铺地毯；

e. 吸尘器的排出气应通向专用容器或库房外；

f. 库房中禁止使用打印机。

7.2.3 风压要求

库房宜保持为正压，减少灰尘对环境的污染，库房中应无腐蚀性气体，并保证通风良好。

7.2.4 防水要求

库房内的设备要避免水淹，磁带（软磁盘）架最低一层搁板应高于地面 30cm 以上。

7.2.5 防火要求

a. 库房及装具应使用耐火材料，库房内及附近不得有易燃物品；

b. 库房内严禁出现明火；

c. 库房中应备有 CO_2 型灭火器；

d. 库房物品如纸张、木材、洗涤液等应尽量少，并且应摆放整齐，不能有路障；

e. 对重要档案应专柜存放。

7.2.6 防磁要求

a. 磁性载体档案与磁场源（永久磁铁、马达、变压器等）之间的距离不得少于 76mm；

b. 可使用软磁物质（软铁、铁淦氧、镍铁合金等）构成容器、箱柜，对磁场进行屏蔽；

c. 磁性载体档案如装入有磁屏蔽的容器中，应距容器外壁至少 76cm；

d. 使用无屏蔽的容器运输时，磁性载体档案距容器外壁至少 76cm；

e. 不得将任何磁性材料及其制品（包括磁化杯、保健磁铁、磁铁图钉等）带入库房；

f. 在存有重要档案的库区，应设置测磁设备，以查出隐蔽的磁场。

7.2.7 防紫外线要求

不允许紫外线直接照射磁性载体档案。

7.2.8 放置要求

磁带（软磁盘）应放入磁带（软磁盘）盒中，垂直放置或一盘盘悬挂放置。

7.2.9 保养及维护

应定期保养及维护磁性载体档案，并应建立磁性载体档案检测、保养卡，包括：

a）清洁

要保证磁带机、软盘驱动器、清洗机的清洁，除要定期清洗磁带外，当发现运行磁带（软磁盘）有碎片脱落时，应立即对全系统进行清洗，磁带盘、磁带盒清洗溶剂可选用二氯二氟甲烷、异丙醇、甲醇等，并在通风良好的环境中操作。

b）倒带

1）倒带间隔

在温度为 18℃±1℃、相对湿度为 40%±5%的环境中贮存的磁带，建议倒带间隔为3.5年。如果不能保持上述温湿度范围，倒带间隔应视保存环境不同相应缩短。

2）倒带卷绕张力

倒带速度要慢，张力要恒定，保持1.7~2.2N（牛顿），倒带后，磁带要保持在标准的读/写（录/放）状态。

c）检查及修复

检查及修复包括：磁带（软磁盘）外观检查、计算机磁带漏码/误差检查及受损磁带（软磁盘）修复。遭受高温、水泡的磁带。

d）复制

1）每年对大型磁性载体档案按3%的比例随机抽样读检，如发现有永久误差，则应对整套磁性载体档案重新检查，对发生永久误差的磁性载体档案进行复制；

2）极重要磁性载体档案的复制周期由单位自定；

3）正常保存的磁性载体档案，可每10年复制一次。

7.3 再使用

磁性载体档案再使用场所的温度、相对湿度与库房的温度、相对湿度相差范围应分别为±3℃、±5%。否则，应在再使用前，将计算机磁带在使用环境中平衡3天以上，录音带、录像带需平衡24h以上。在读带前还应将磁带按正常速度全程进带、倒带各两次。

7.4 运输要求

7.4.1 磁带（软磁盘）应封装在塑料袋中，再放入容器里运输，运输时要轻拿轻放，严禁剧烈震动和翻滚。

7.4.2 应防潮、防曝晒、防重压。

7.4.3 运输环境的温度、相对湿度范围分别为4℃~32℃，20%~80%。

7.4.4 应避免使用金属探测器进行探测（X射线除外）。

7.5 特殊要求

除遵守前面各项内容外，还应注意：

7.5.1 磁带

a. 拿取卷轴时，要拿轮毂处，不要挤压法兰盘；

b. 剪掉磁带末端已经损坏的部分；

c. 不能将磁带末端接触脏的地方（如不能将磁带拖到地面上等）；

d. 应仔细将磁带装在卷轴上，防止它的末端皱折；

e. 开始记录之前，应留出不少于 1m 的空白带；

f. 至少用 15 分钟时间运转磁带，检查带边的卷曲情况，并观察装在卷轴上的磁带是否平坦整齐，带边有任何变形迹象都是不允许的；

g. 贮存前应将磁带在贮存环境中重新卷绕。

7.5.2 软磁盘

a. 不要弯折软磁盘；

b. 不要用橡皮筋、曲别针来固定软磁盘的纸套；

c. 应先将标签写好，再贴到软盘上。如软盘上已有标签，不要用硬笔如圆珠笔在盘上写；

d. 软磁盘上不能放置重物；

e. 如要修改盘上标签内容，应划改。

7.5.3 录像带

除遵守前面各项内容外，还应注意，不要将录像带放在电视机壳顶上。

7.5.4 磁带机、软盘驱动器及工作间

应定期检查及清洗磁带机、软盘驱动器；磁带机及软盘驱动器应放在上风口，而易产生碎屑的设备如打印机、穿孔机等应置下风处。

7.5.5 磁性载体档案数据的保护

a. 避免机械原因损坏磁带、软磁盘；

b. 在使用时，严格遵守操作规程；

c. 避开强磁场；

d. 使用工具软件查阅文件内容时，应谨慎，防止破坏文件。

七、照片档案管理规范（GB/T 11821—2002）

1 范围

本标准规定了银盐感光材料照片档案的收集要求，整理程序和保管条件。

本标准适用于各级各类档案室、档案馆的照片档案管理。

2 规范性引用文件

下列文件中的条款通过本标准的引用而成为本标准的条款。凡是注日期的引用文件，其随后所有的修改单（不包括勘误的内容）或修订版均不适用于本标准，然而，鼓励根据本标准达成协议的各方研究是否可使用这些文件的最新版本。凡是不注日期的引用文件，其最新版本适用于本标准。

GB/T 7156 文献保密等级代码

GB/TIS 418 档案分类标引规则

DA/T 18 档案著录规则

DA/T 19 档案主题标引规则

JGJ 25 档案馆建筑设计规范

中华人民共和国档案法实施办法

国家档案局关于机关档案保管期限的规定（国档发〔1987〕27 号）

中华人民共和国保守国家秘密法

中华人民共和国保守国家秘密实施办法

3 术语和定义

下列术语和定义适用于本标准。

3.1 照片档案

国家机构、社会组织或个人在社会活动中直接形成的以静止摄影影像为主要反映方式的有保存价值的历史记录。照片档案一般包括底片、照片和说明三部分。

3.2 芯页

用以固定照片或底片，并标注说明的中性偏碱性纸质载体，是照片册、底片册的组成单元。

4 照片档案的收集

4.1 收集范围

4.1.1 记录本单位主要职能活动和重要工作成果的照片。

4.1.1.1 领导人和著名人物参加与本单位、本地区有关的重大公务活动的照片。

4.1.1.2 本单位组织或参加的重要外事活动的照片。

4.1.1.3 记录本单位、本地区重大事件、重大事故、重大自然灾害及其他异常情况和现象的照片。

4.1.2 记录本地区地理概貌、城乡建设、重点工程、名胜古迹、自然风光以及民间风俗和著名人物的照片。

4.1.3 其他具有保存价值的照片。

4.2 收集要求

4.2.1 对属于收集与归档范围的照片，应按照规定定期向本单位档案机构或档案工作人员归档，集中管理，任何单位或个人不得据为己有。

4.2.2 对存有真伪疑义的照片应采取必要措施进行鉴定。

4.2.3 对反映同一内容的若干张照片，应选择其主要照片归档。主要照片应具备主题鲜明、影像清晰、画面完整、未加修饰剪裁等特点。

4.2.4 底片、照片、说明应齐全。

4.2.5 底片与照片影像应一致。

4.2.6 对无底片的照片应制作翻拍底片；对无照片的底片应制作照片。

4.2.7 照片档案的移交和征集应符合有关标准的要求。

4.3 收集时间

4.3.1 对具有归档价值的照片，其摄影者或承办单位应及时整理，向档案室归档，一般不应跨年度。

4.3.2 依照《中华人民共和国档案法实施办法》的规定，照片档案随立档单位其他载体形态的档案一起向有关档案馆移交。在特殊情况下，经同级档案行政管理部门同意可以提前或延迟移交。

4.3.3 档案馆应按收集范围随时征集零散的对国家和社会具有保存价值的照片。

5 照片档案的整理

5.1 整理原则

照片档案的整理应遵循有利于保持照片档案的有机联系、有利于保管、有利于提供利用的原则。照片档案的底片、照片应分开存放。

5.2 照片、底片的鉴定

5.2.1 保管期限

保管期限是按照片、底片的价值划定的存留年限，分为永久、长期、短期三种。对照片、底片保管期限的划分按照《国家档案局关于机关档案保管期限的规定》执行。

5.2.2 密级

密级是指照片、底片保密程度的等级。密级的划定按照《中华人民共和国保守国家秘密法》《中华人民共和国保守国家秘密法实施办法》、GB/T 7156及有关规定执行。

5.3 底片的整理

5.3.1 底片的编号

底片号是固定和反映底片在全宗内排列顺序的一组字符代码，由全宗号、保管期限代码、张号组成。其格式如下：

全宗号—保管期限代码—张号

全宗号：档案馆给立档单位编制的代号。

保管期限代码：分别用“1、2、3”或“Y、C、D”对应代表永久、长期、短期。

张号：在某一全宗某一保管期限内底片的排列从“1”开始的顺序编号。

5.3.2 底片号的登录

5.3.2.1 宜使用铁笔将底片号横排刻写在胶片乳剂面片边处（刻写不下时，前段可不写），不得影响画面；也可采用其他方式将底片号附着在胶片乳剂面片边处，不得污染胶片。

5.3.2.2 底片号登录顺序应与照片号登录顺序保持一致。

5.3.3 底片袋的标注

底片放入底片袋内保管，一张一袋。应在底片袋的右上方标明底片号。对翻拍底片，应在底片袋的左上方标明“F”字样。对拷贝底片，应在底片袋的左上方标明“K”字样。

5.3.4 底片的入册

5.3.4.1 底片册一般由297mm×210mm大小的若干芯页和封面、封底组成。

5.3.4.2 应按底片号顺序将底片袋依次插入底片册。

5.3.4.3 芯页的插袋上应标明相同的底片号。

5.3.5 大幅底片的放置

对幅面超过底片册芯页尺寸的大幅底片，应在乳剂面垫衬柔软的中性偏碱性纸张后，放入专用的档案袋或档案盒中，按底片号顺序排列。

5.3.6 册内备考表

5.3.6.1 册内备考表项目包括：本册情况说明、立册人、检查人、立册时间。册内备考表应放在册内最后位置。

5.3.6.2 本册情况说明：填写册内底片缺损、补充、移出、销毁等情况。对底片册立册以后发生或发现的问题，应由有关的档案管理人员填写说明，并签名、标注时间。

5.3.7 底片册的封面

底片册的封面应印制“底片册”字样。

5.3.8 底片册的册脊

底片册册脊的项目包括：全宗号、保管期限、起止张号、册号。

5.3.9 底片册的排列

底片册按照全宗号、保管期限、册号的顺序排列，上架保存。

5.4 照片的整理

5.4.1 照片的分类

应在全宗内按保管期限—年度—问题进行分类。跨年度且不可分的照片，也可按保管期限—问题—年度进行分类。分类方案应保持前后一致，不应随意变动。

5.4.2 照片的排列

应在分类方案的最低一级类目内，按问题结合时间、重要程度等进行排列。为便于提供利用，照片排列及入册时应同时考虑不同保密等级照片的定位。

5.4.3 照片的编号

照片号是固定和反映每张照片在全宗内分类与排列顺序的一组字符代码，由全宗号、保管期限代码、册号、张号或全宗号、保管期限代码、张号组成。照片号有两种格式：

格式一：全宗号—保管期限代码—册号—张号

格式二：全宗号—保管期限代码—张号

若采用格式二，可选用照片、底片分别编号法或合一编号法（影像相符的照片、底片编号相同）。选用合一编号法宜以照片、底片齐全为基础。

全宗号：档案馆给立档单位编制的代号。

保管期限代码：分别用“1、2、3”或“Y、C、D”对应代表永久、长期、短期。

册号：在某一全宗某一保管期限内照片册的排列从“1”开始的顺序编号。

张号：格式一中的张号是指照片在册内的排列从“1”开始的顺序编号。格式二中的张号是指在某一全宗某一保管期限内照片的排列从“1”开始的顺序编号。

5.4.4 照片的入册

5.4.4.1 照片册一般由 297mm×210mm 大小的若干芯页和封面、封底组成。芯页以 30 页左右为宜，有活页式和定页式两种。

5.4.4.2 应按照分类、排列顺序即照片号顺序将照片固定在芯页上，组成照片册。

5.4.5 大幅照片的放置

对于照片册放置不下的大幅照片，可将其放入专用的档案袋或档案盒中，按照片号顺序排列。如竖直放置，应首先将照片固定在专用的纸板上，再放入袋、盒中；如水平放置，照片的堆放高度不宜超过 5cm。以竖直放置为宜。

5.4.6 单张照片说明的填写

5.4.6.1 说明的格式

说明应采用横写格式，分段书写。其格式如下：

题名：

照片号：

底片号：

参见号：

时间：

摄影者：

文字说明：

5.4.6.2 说明的内容

5.4.6.2.1 题名应简明概括、准确反映照片的基本内容，人物、时间、地点、事由等要素尽可能齐全。

5.4.6.2.2 照片号按 5.4.3。

5.4.6.2.3 底片号按 5.3.1。

若采用照片、底片合一编号法，可不填写底片号。

5.4.6.2.4 参见号是指与本张照片有密切联系的其他载体档案的档号。其格式如下：

(相关档案种类) 档号

注：括号内为选择性著录内容。

示例 1：文书档案 0113-2-18

示例 2：科技档案 G-J-21

照片档案由档案室移交至档案馆后，应对其参见号进行核对，对与实况不符的应及时调整。

5.4.6.2.5 照片的拍摄时间用8位阿拉伯数字表示，第1至4位表示年，第5至6位表示月，第7至8位表示日。

示例：1953年3月2日写作19530302。

5.4.6.2.6 摄影者一般填写个人，必要时可加写单位。

5.4.6.2.7 文字说明应综合运用事由、时间、地点、人物、背景、摄影者等要素，概括揭示照片影像所反映的全部信息；或仅对题名未及内容作出补充。其他需要说明的事项亦可在此栏表述，例如照片归属权不属于本单位的，应注明照片版权、来源等。

5.4.6.2.8 密级应按GB/T 7156所规定的字符在照片周围选一固定空白处标明，使用印章亦可。

5.4.6.3 说明的位置

单张照片的说明，可根据照片固定的位置，在照片的右侧、左侧或正下方书写。

5.4.6.4 大幅照片的说明

对大幅照片的说明可另纸书写，与照片一同保存。一组联系密切的照片中的大幅照片，应随该组照片一同在册内编号，填写单张照片说明，并注明其存放地址。

5.4.7 组合照片说明的填写

5.4.7.1 一组（若干张）联系密切的照片按顺序排列后，可拟写组合照片说明。采用组合照片说明的照片，其单张照片说明可以从简。

5.4.7.2 组合照片说明应概括揭示该组照片所反映的全部信息内容及其他需要说明的事项。

5.4.7.3 应在组合照片说明中指出所含照片的起止张号和数量。

5.4.7.4 同组中的每一张照片均应在单张照片说明的左上角或右上角标出组联符号。组联符号按组依次采用“①”、“②”、“③”……同组中的照片其组联符号相同。如册内只有一组照片和其他散片时，组联符号采用“①”。组联符号不宜越册。

5.4.7.5 整理照片时因保管期限或密级的不同，有些同组的照片可能会被分散到不同的照片册内，应在组合照片说明中指出这些密切相关照片的保管期限、册号和组号。

示例：相关照片长期—4—⑥

上例中保管期限亦可采用“2”或“C”表示。

5.4.7.6 组合照片说明可放在本组第一张照片的上方，也可放在本册所有照片之前。

5.4.8 册内备考表

按5.3.6。

5.4.9 照片册的封面

照片册的封面应印制“照片册”字样。

5.4.10 照片册的册脊

照片册册脊的项目包括：全宗号、保管期限、册号、起止张号。

5.4.11 照片册的排列

照片册按照全宗号、保管期限、册号的顺序排列，上架保存。

5.5 照片档案目录的编制

5.5.1 目录的著录

5.5.1.1 著录项目

照片档案目录的著录项目包括：照片号、底片号、题名、时间、摄影者、备注、参见号、册号、页号、组内张数、分类号、项目号、主题词或关键词、密级、保管期限、类型规格、档案馆代号、文字说明等。

5.5.1.2 条目的著录单位

以照片的自然张或若干张（一组）为单位著录成为照片档案目录的条目。

5.5.1.3 组合照片的著录

5.5.1.3.1 以一组照片为单位著录时，题名应根据题名拟写要素，简明概括、准确反映一组照片的基本内容。

5.5.1.3.2 以一组照片为单位著录时，照片号、底片号、页号均应著录起止号；时间应著录起止时间；参见号、摄影者可以著录多个。

5.5.1.4 大幅照片的标注

对于大幅照片、底片，应在备注栏内注明“大幅”和存放地址。以一组照片为单位著录时，还应在备注栏内注明其中所含的大幅照片的照片号、底片号。

5.5.1.5 著录与标引的要求

照片档案著录与标引的方法和要求，应按照DA/T 18、GB/T 15418、DA/T 19执行。

5.5.2 目录的编制

5.5.2.1 目录种类

照片档案目录种类包括册内目录、基本目录、分类目录、主题目录、摄影者目录等。

5.5.2.2 基本目录

照片档案基本目录的必备项目是：照片号、题名、时间、摄影者、底片号、备注，可根据需要增加项目。基本目录的条目应按照片号排序。

5.5.2.3 册内目录

册内照片目录为选择性目录。其组成项目是：照片号、题名、时间、页号、底片号、备注。册内目录的条目应按照片号排序。册内目录位于册内最前面。

6 照片档案的保管

6.1 包装物与装具

6.1.1 底片袋

底片袋应使用表面略微粗糙和无光泽的中性偏碱性纸质材料制作，其 pH 值应在 7.2~9.5 之间，α-纤维素含量应高于 87%。

底片袋应使用中性胶粘剂，接缝应在袋边。

6.1.2 底片册、照片册

底片册、照片册所用封面、封底、芯页均应采用中性偏碱性纸质材料制作，其 pH 值应在 7.2~9.5 之间，化学性能稳定，且不易产生碎屑或脱落的纤维。

6.1.3 贮存柜架

底片、照片应在能关闭的装具中保存，如存储柜、抽屉、有门的书架或文件架等。

贮存柜架应采用不可燃、耐腐蚀的材料，避免使用木制及类似材料。木制材料易燃烧、易腐蚀，还可能挥发出某些有害气体，促使底片、照片老化或褪色。贮存柜架的喷涂用料应稳定耐用，且对贮存的底片、照片无有害影响。

对贮存柜架进行排列时，应保证空气能在其内部循环流通。

6.2 温度、湿度要求

6.2.1 推荐的存贮最高温度和相对湿度见附表 1。

附表 1　推荐的存贮最高温度和相对湿度

类　型	中期贮存		长期贮存	
	最高温度/℃	相对湿度/%	最高温度/℃	相对湿度/%
黑白底片	25	20~50	21 15 10	20~30 20~40 20~50
彩色底片	25	20~50	2 −3 −10	20~30 20~40 20~50
黑白照片	25	20~50	18	30~50
彩色照片	25	20~50	2	30~40

注 1：中期贮存是指胶片、照片在表中规定的温、湿度条件下至少能保存 10 年。
长期贮存是指胶片、照片在表中规定的温、湿度条件下至少能保存 100 年。
注 2：推荐值内较低的温度、湿度环境，更能延长胶片、照片的寿命。

6.2.2 底片、照片应恒温、恒湿保存。长期贮存环境，24h 内温度的周期变化不应大于±2℃，相对湿度变化不应大于±5%。中期贮存环境，24h 内温度的周期变化不应大于±5℃，相对湿度变化不应大于±10%。

6.2.3 所推荐的温度、湿度条件，应在各单独的贮存器具内或整个贮存室内加以保证。

6.2.4 底片、照片贮存的温湿度与提供利用房间的温湿度若存在较大差别，应设缓冲间，在其提供利用前应在缓冲间过渡几小时。

6.3 空气调节和净化要求

6.3.1 空气调节要求

6.3.1.1 为保证贮存库的温湿度条件，应配备独立的空气调节系统。

6.3.1.2 贮存库的气压应保持正压状态，以防止外界空气渗入。

6.3.1.3 去湿应选用恒湿控制的自动制冷型除湿机。加湿应选用可控式加湿机，不应使用水盆或饱和化学溶液，以免导致湿度过高。

6.3.2 空气净化要求

6.3.2.1 进入贮存室或贮存柜的空气应首先经过机械过滤器过滤，以免空气中的固体颗粒擦伤胶片或与胶片起反应。过滤器宜采用干介质型，应不可燃，其捕捉率不应低于85%。

6.3.2.2 应使用洗涤或吸收等空气净化装置，去除空气中的二氧化硫、硫化氢、过氧化物、臭氧、酸性雾气、氨和氧化氮等气体杂质。

6.3.2.3 油漆的挥发气体是一种氧化污染源，应控制使用。若贮存环境新刷油漆，应在三个月后投入使用。对其他存有污染源的新贮存环境，亦应搁置一段时期后再投入使用。

6.3.2.4 硝酸片基胶片会释放出有害气体，因此，不应与其他胶片同处存放，也不应与其他胶片使用同一通风系统。

6.4 库房有关要求

库房条件和防火、防水、防潮、防日光及紫外线照射、防污染、防有害生物、防震、防盗等要求，应符合JGJ 25的规定。

6.5 保管要求和措施

6.5.1 贮存库房应保持整齐、清洁，应有严格的使用和存放规则。

6.5.2 照片档案入库前应进行检查。对受污染的照片、底片应进行必要的技术处理，防止受污染的照片、底片入库。

6.5.3 接触底片的人员应戴洁净的棉质薄手套，轻拿底片的边缘。

6.5.4 底片册、照片册应立放，不应堆积平放，以免堆在下面的底片、照片受压后造成粘连。

6.5.5 珍贵的、重要的、使用频率高的底片应进行拷贝，异地保存。拷贝片提供利用，以便更好地保存母片。

6.5.6 每隔两年应对底片、照片进行一次抽样检查，不超过五年进行一次全面检查。若温湿度出现严重波动，应缩短检查的间隔期。检查中应密切注意底片、照片的变化情况（卷曲、变形、变脆、粘连、破损、霉斑、褪色等），亦应注意包装材料的变质问题，并做好检查记录。若发现问题，应查明原因，及时采取补救措施。

2002年12月4日发布　　　2003年5月1日实施

参 考 文 献

1 李鸿健. 档案保护技术学. 北京:中国档案出版社,1984
2 吴宝康. 档案学理论与历史初探. 四川科学技术出版社,1986
3 冯振荣,等. 档案保护技术基础知识. 北京:中国档案出版社,1987
4 国家档案局教育处. 档案保护技术学概要. 北京:中国档案出版社,1987
5 吴宝康,丁永奎. 当代中国档案学论. 北京:中国档案出版社,1988
6 中国档案学会保护技术委员会. 档案保护技术研讨会论文选编. 北京:档案出版社,1988
7 金　波. 档案保护技术学. 北京:高等教育出版社,2000
8 郭莉珠. 档案保护技术学教程. 北京:中国人民大学出版社,2000
9 郭宏著. 文物保存环境概论. 北京:科学出版社,2001
10 刘旭光,高航,王承. 档案保护技术学简明教程. 北京:中央文献出版社,2005
11 郭莉珠. 档案保护技术学教程. 北京:中国人民大学出版社,2008
12 周耀林. 档案文献遗产保护理论与实践. 武汉:武汉大学出版社,2008
13 孙洪鲁. QY 系列去酸、纸浆修补机的研制与应用. 中国档案,2007(11)
14 孙洪鲁,王宜欣. 北川受损档案干燥方案设计概要. 中国档案,2008(11)
15 孙洪鲁,王宜欣."北川受损档案"抢救与修复技术. 中国档案,2009(5)
16 时晓东. 档案的防火、防霉与空气净化. 档案学通讯,2005(4)
17 米开福. 档案害虫的防治措施. 四川档案,2003(3)
18 陈　菲. 档案库房空气真菌污染分析. 档案学研究,2010(2)
19 夏　中. 试析档案库房温湿度管理与实践. 兰台世界,2010(S2)
20 谭衡亚. 略论纸质档案的现代保护技术策略. 兰台世界,2009(23)
21 赵　鹏. 从档案安全体系建设的角度看档案保护. 中国档案,2010(6)
22 张　敏. 对国家重点档案的预防性保护研究. 北京档案,2010(11)
23 张美芳. 取长补短——中美图书档案保护技术比较. 档案与建设,2009(8)
24 姜吉林. 中国古代档案载体及其保护技术. 兰台世界,2009(23)
25 蔡金福. 建筑设计底图档案保护之我见. 浙江档案,2010(6)
26 肖文建. 重大自然灾害中档案文献保护研究现状及述评. 档案学研究,2010(5)
27 张艳欣. 2000~2009 年档案保护技术研究论文统计分析. 档案学研究,2010(6)
28 王　燕. 对当前档案保护工作的几点思考. 档案管理,2010(6)

29 连　萍．借鉴文物保护技术,促进传统档案保护．四川档案,2005(6)

30 尹慧道．论纸质档案低温杀虫和玻璃化冷冻技术．档案学通讯,2006(3)

31 聂云霞．略论现代纸质档案去酸技术．档案学研究,2007(5)

32 孙洪鲁,黄丽华．重大自然灾害后受损档案的抢救与预防技术．档案学研究,2010(5)

33 殷力志．档案库房管理禁忌及防治．山西档案,2007(1)

34 赵国基．库房管理并非小事．档案,2006(4)

35 郑怀秋．档案库房技术改造与恒温恒湿空调机组的节能运行．档案与建设,2005(6)

36 姜　莉．档案库房环境研究．中国档案,2004(11)

37 鲁小明．档案库房空气品质的优化控制．档案时空,2004(10)

38 王士奇．我们设计绿色智慧档案馆的原则．中国企业档案,2017(2)